U0716981

明　宋濂等撰

元史

第三册

卷二七至卷四四（紀）

中華書局

元史卷二十七

本紀第二十七

英宗一

英宗睿聖文孝皇帝，諱碩德八剌，仁宗嫡子也。母莊懿慈聖皇后，弘吉剌氏，以大德七年二月甲子生。仁宗欲立爲太子，帝入謁太后固辭，曰：「臣幼無能，且有兄在，宜立兄，以臣輔之。」太后不許。延祐三年十二月丁亥，立爲皇太子，授金寶，開府置官屬。監察御史段輔、太子詹事郭貫等，首請近賢人，擇師傅，帝嘉納之。六年十月戊午，受玉册，詔命百司庶務必先啓太子，然後奏聞。帝謂中書省臣曰：「至尊委我以天下事，日夜寅畏，惟恐弗堪。卿等亦當洗心滌慮，恪勤乃職，勿有隳壞，以貽君父憂。」

七年春正月戊戌，仁宗不豫，帝憂形于色，夜則焚香，泣曰：「至尊以仁慈御天下，庶績順成，四海清晏。今天降大厲，不如罰殛我身，使至尊永爲民主。」辛丑，仁宗崩，帝哀毁過禮，素服寢于地，日歠一粥。癸卯，太陰犯斗。甲辰，太子太師鐵木迭兒以太后命爲右丞相。丙午，遣使分讞内外刑獄。戊申，賑通、漷二州蒙古貧民。汰知樞密院事四員。禁巫、祝、日者交通宗戚、大官。

二月壬(午)〔子〕，〔一〕罷造永福寺。賑大同、豐州諸驛饑。以江浙行省左丞相黑驢爲中書平章政事。丁巳，修佛事。戊午，祭社稷。建御容殿于永福寺。汰富民竄名宿衞者，給役蒙古諸驛。己未，命儲糧于宣德、開平、和林諸倉，以備賑貸供億。復以都水監隸中書。辛(丑)〔酉〕，〔二〕太陰犯軒轅御女。平章政事赤斤鐵木兒、御史大夫脫歡罷爲集賢大學士。壬戌，太陰犯靈臺。甲子，鐵木迭兒、阿散請捕逮四川行省平章政事趙世延赴京。參議中書省事乞失監坐鬻官，刑部以法當杖，太后命笞之，帝曰：「不可。法者天下之公，徇私而輕重之，非示天下以公也。」卒正其罪。丙寅，以陝西行省平章政事趙世榮爲中書平章政事，江西行省右丞木八剌爲中書右丞，參知政事張思明爲中書左丞，中書左丞換住罷爲嶺北行省右丞。丁卯，太陰犯日星。白雲宗〔總〕攝沈明仁爲不法坐罪，〔三〕詔籍江南冒爲白雲僧者爲民。己巳，修鎮雷佛事于京城四門。罷上都乾元寺規運總管府。庚午，太陰犯斗。辛未，括民間係官山場、河泊、窰冶、廬舍。壬申，召陝西行臺御史大夫答失鐵木兒赴闕。以遼陽、大同、上都、甘肅官牧羊馬牛駝給朔方民戶，仍給曠地屯種。癸酉，括勘崇祥院地，其冒以官地獻者追其直，以民地獻者歸其主。決開平重囚。丙子，定京城環衞更番法，准五衞漢軍歲例。丁丑，奪前中書平章政事李孟所受秦國公制命，仍仆其先墓碑。戊寅，中書平章政事兀伯都剌罷爲甘肅行省平章政事，阿禮海牙罷爲湖廣行省平章政事。鐵木迭兒以前御史中丞楊朶兒只、中書平章政事蕭拜住違太后旨，矯命殺之，並籍其家。徽政院使失列門，以太后命請更朝官，帝曰：「此豈除官時耶？且先帝舊臣，豈宜輕動。俟予卽位，議于宗親、元老，賢者任之，邪者黜之，可也。」司農卿完者不花言：「先帝以土田頒賜諸臣者，宜悉歸之官。」帝問曰：「所賜爲誰？」對曰：「左丞相阿散所得爲多。」帝曰：「予常諭卿等，當以公心輔弼。卿於先朝嘗請海舶之稅，以阿散奏而止。今卿所言，乃復私憾耳，非公議也，豈輔弼之道耶。」遂出完者不花爲湖南宣慰使。奪僧輦眞吃剌思等所受司徒、國公制，仍銷其印。

三月辛巳，以中書禮部領教坊司。壬午，賑陳州、嘉定州饑。爪哇遣使入貢。戊子，太陰犯酒旗上星，熒惑犯進賢。徵諸王、駙馬流竄者，給侍從，遣就分邑。庚寅，帝卽位，詔曰：

洪惟太祖皇帝膺期撫運，肇開帝業；世祖皇帝神機睿略，統一四海。以聖繼聖，迨我先皇帝，至仁厚德，涵濡羣生，君臨萬國，十年于兹。以社稷之遠圖，定天下之大本，協謀宗親，授予册寶。方春宮之與政，遽昭考之賓天。諸王貴戚，元勳碩輔，咸謂朕宜體先帝付託之重，皇太后擁護之慈，旣深繫於人心，詎可虛於神器，合辭勸進，誠意交孚。乃於三月十一日，卽皇帝位于大明殿。可赦天下。

尊太后爲太皇太后。是夜，太陰犯明堂。壬辰，太皇太后受百官朝賀于興聖宮。鐵木迭兒進開府儀同三司、上柱國、太師。敕羣臣超授散官者，朝會毋越班次。賜諸王也孫鐵木兒、脫脫那顏等金銀、幣帛有差。賑寧夏路軍民饑。甲午，作佛事於寶慈殿。賑木憐、渾都兒等十一驛饑。乙未，日有暈若連環。丙申，斡羅思等內附，賜鈔萬四千貫，遣還其部。遣知樞密事也兒吉尼檢覈鞏昌等路屯戍，選甘州戍卒。戊戌，汰上都留守司留守五員。定吏員秩止從七品如前制。庚子，降太常禮儀院、通政院、都護府、崇福司，並從二品；蒙古國子監、都水監、尙乘寺、光祿寺，並從三品；給事中、闌遺監、尙舍寺、司天監，並正四品；其官遞降一等有差，七品以下不降。賜邊戍諸王、駙馬及將校士卒金銀、幣帛有差。市羊五十萬、馬十萬，贍北邊貧乏者。辛丑，禁擅奏璽書。以樞密院兼領左、右衞率府。壬寅，降前中書平章政事李孟爲集賢侍講學士，悉奪前所受制命。御史臺臣請降詔諭百司以肅臺綱，帝曰：「卿等但守職盡言，善則朕當服行，否亦不汝罪也。」甲辰，詔中外毋沮議鐵木迭兒。敕罷醫、卜、工匠任子，其藝精絕者擇用之。丙午，有事於南郊，告卽位。丁未，罷崇祥院，以民匠都總管府隸將作院。

夏四月庚戌〔朔〕，有事于太廟，告卽位。追奪佛速司徒官。罷少府監。復儀鳳、教坊、廣惠諸司品秩。罷行中書省丞相。河南行省丞相也先鐵木兒、湖廣行省丞相朶兒只的斤、遼陽行省丞相，並降爲本省平章政事，惟征東行省丞相高麗王不降。賜諸王鐵木兒不花鈔萬五千貫。甲寅，太白犯塡星。乙卯，復國子監、都水監，秩正三品。罷回回國子監、行通政院。封諸王徹徹禿爲寧遠王。申詔京師勢家與民均役。那懷、渾都兒驛戶饑，賑之。戊午，祀社稷，告卽位。己未，紹慶路洞蠻爲寇，命四川行省捕之。祭遁甲神于香山。命平章政事王毅等徵理在京諸倉庫糧帛虧額。申嚴和林酒禁。庚申，降百官越階者，並依所受之職。以太常禮儀院使拜住爲中書平章政事。以西僧牙八的里爲元永延教三藏法師，授金印。壬戌，太陰犯房。以卽位，賞宿衞軍。括馬三萬匹，給蒙古流民，遣還其部。給通、漷二州蒙古戶夏布。鐵木迭兒請參決政務，禁諸臣毋隔越擅奏，從之。乙丑，仁宗喪卒哭，作佛事七日。戊辰，車駕幸上都。海運至直沽，調兵千人防戍。封王煦爲鷄林郡公。議祔仁宗，以陰陽拘忌，權結綵殿於太室東南，以奉神主。己巳，河間、眞定、濟南等處蒙古軍饑，賑之。罷市舶司，禁賈人下番。課回回散居郡縣者，戶歲輸包銀二兩。增兩淮、荆湖、江南東西道田賦，斗加二升。賑大都、淨州等處流民，給糧馬，遣還北邊。戊寅，以蒙古、漢人驛傳復隸通政院。有獻七寶帶者，因近臣以進，帝曰：「朕登大位，不聞卿等薦賢而爲人進帶，是以利誘朕也。其還之。」是月，左衞屯田旱、蝗，左翊屯田蟲食麥苗，亳州水。

五月己卯〔朔〕，禁僧馳驛，仍收元給璽書。庚辰，上都留守賀伯顏坐便服迎詔棄市，籍其家。辛巳，汝寧府霖雨傷麥禾，發粟五千石賑糶之。丁亥，罷沅陵縣浦口千戶所。己丑，中書省臣請禁擅奏除拜，帝曰：「然恐朕遺忘，或乘間奏請，濫賜名爵，汝等當復以聞。」復置稱海、五條河屯田。命僧禱雨。大同雲內、豐、勝諸郡縣饑，〔四〕發粟萬三千石貸之。左丞相阿散罷爲嶺北行省平章政事。以拜住爲中書左丞相，乃剌忽、塔失海牙並爲中書平章政事，只兒哈郎爲中書參知政事。庚寅，太陰犯心。辛卯，參知政事欽察罷爲集賢學士。賑上都城門及駐冬衞士。遣使榷廣東番貨。弛陝西酒禁。壬辰，和林民閻海瘞殍死者三千餘人，旌其門。癸巳，太陰犯天狗。甲午，瀋陽軍民饑，給鈔萬二千五百貫賑之。乙未，請大行皇帝謚于南郊。丙申，太白犯畢。禁宗戚權貴避徭役及作奸犯科。戊戌，有告嶺北行省平章政事阿散、中書平章政事黑驢及御史大夫脫忒哈、徽政使失列門等與故要束謀妻亦列失八謀廢立，拜住請鞫狀，帝曰：「彼若借太皇太后爲詞，奈何？」命悉誅之，籍其家。追封隴西公汪世顯爲隴右王。辛丑，以知樞密院事鐵木兒脫爲中書平章政事。壬寅，監察御史請罷僧、道、工、伶濫爵及建寺、豢獸之費。甲辰，以誅阿散、黑驢、賀伯顏等詔天下。敕百司日勤政務，怠者罪之。丙午，御史劉恒請興義倉及奪僧、道官。敕捕亦列失八子江浙行省平章政事買驢，仍籍其家。丁未，封王禪爲雲南王，往鎮其地。饒州番陽縣進嘉禾，一莖六穗。以賀伯顏、失列門、阿散家貲、田宅賜鐵木迭兒等。

六月己酉〔朔〕，流徽政院使米薛迷于金剛山。以脫忒哈、失列門故奪人畜産歸其主。甲寅，前太子詹事床兀兒伏誅。京師疫，修佛事于萬壽山。乙卯，昌王阿失部饑，賜鈔千萬貫賑之。賞誅阿散等功，賜拜住以下金銀、鈔有差。丙辰，召河南行省平章政事埜仙帖穆兒至京師。收脫忒哈廣平王印。丁巳，以江西行省左丞相脫脫爲御史大夫，宗正扎魯火赤鐵木兒不花知樞密院事。戊午，罷徽政院。廣東採珠提舉司罷，以有司領其事。封知樞密院事塔失鐵木兒爲薊國公。己未，定邊地盜孳畜罪犯者，令給各部力役，如不悛，斷罪如內地法。庚申，太陰犯斗。賜角觝百二十人鈔各千貫。辛酉，詔免僧人雜役。壬戌，敕諸使至京者，大事五日、小事三日遣還。是夜，月食旣。癸亥，太陰犯壘壁陣。乙丑，賑北邊饑民，有妻子者鈔千五百貫，孤獨者七百五十貫。新作太祖幄殿。西番盜洛各目降。丁卯，太白犯井。賜諸王阿木里台宴服、珠帽。戊辰，賑雷家驛戶鈔萬五千貫。辛未，太陰犯昴。甲戌，賜北邊諸王伯要台等十人鈔各二萬五千貫。邊民賑米三月。修寧夏欽察魯佛事，給鈔二百一十二萬貫。丁丑，改紅城中都威衞爲忠翊侍衞親軍都指揮使司，隸樞密院。罷章慶司、延福司、羣牧監、宮正司、遼陽萬戶府。復徽儀司爲繕珍司，善政司爲都總管府。內宰司、延慶司、甄用監復爲正三品。益都蝗。荆門州旱。棣州、高郵、江陵水。

秋七月戊寅〔朔〕，賜諸王曲魯不花鈔萬五千貫。命玄教宗師張留孫修醮事于崇眞宮。壬午，立普定路屯田，分烏撒、烏蒙屯田卒二千赴之。運和林糧于扎昆倉，以便邊軍。市馬三萬、羊四萬，給邊軍貧乏者。癸未，括馬於大同、興和、冀寧三路，以頒衞士。甲申，車駕將北幸，調左右翊軍赴北邊浚井。以知樞密院事買驢、哈丹並爲遼陽行省平章政事。丙戌，賜諸王買奴等鈔二十五萬貫。丁亥，太陰犯斗。諸王告住等部火，賑糧三月、鈔萬五千貫。晉王也孫鐵木兒部饑，賑鈔五千萬貫。壬辰，罷女直萬戶府及狗站脫脫禾孫。散遼陽紅花萬戶府兵。遣扈從諸營還大都，禁踐民禾。安南內附人陳巖言其國貢使多爲覘伺，敕湖廣行省汰遣之。乙未，賜西僧沙加鈔萬五千貫。以甘肅行省平章欽察〔台〕知樞密院事。〔三〕回回太醫進藥曰打里牙，給鈔十五萬貫。丙申，以昌平、灤陽十二驛供億繁重，給鈔三十萬貫賑之。中書平章政事乃剌忽罷。降封安王兀都不花爲順陽王。禁獻珍寶製衮冕。戊戌，熒惑犯房。樞密院臣言：「塔海萬戶部不剌兀赤與北兵戰，拔軍士三百人以還，棄其子於野，殺所乘馬以啗士卒，請賞之。」賜鈔五千貫。斡魯思辰告諸王月兒魯鐵木兒謀變，賞鈔萬五千貫，敕中外希賞自請者勿予。己亥，太陰犯昴。賜女巫伯牙台鈔萬五千貫。庚子，以江南行御史臺中丞廉恂爲中書平章政事。辛丑，賜公主扎牙八剌等鈔七萬五千

貫。晉王也孫鐵木兒遣使以地七千頃歸朝廷，請有司徵其租，歲給糧鈔，從之。以遼陽金
銀鐵冶歸中政院。癸卯，賜伶人鈔二萬五千貫，酒人十五萬貫。(己)〔乙〕巳，〔六〕以知樞密
院事也(先)〔兒〕吉尼爲江西行省平章政事。〔七〕是月，後衞屯田及潁、息、汝陽、上蔡等縣水，
霸州及堂邑縣蝻。

八月丁未朔，嶺北省臣忻都坐以官錢犒軍免官，詔復其職。戊申，祭社稷。罷曲靖路
人匠提舉司。賑晉王部軍民鈔二百五十萬貫。禜星于司天監。辛亥，賑龍居河諸軍。乙
卯，賜上都駐冬衞士鈔四百萬貫。諸王木南卽部饑，興聖宮牧駝戶貧乏，並賑之。丙辰，祔
仁宗聖文欽孝皇帝、莊懿慈聖皇后于太廟，鐵木迭兒攝太尉，奉玉册行事。太白犯靈臺。
戊午，鐵木迭兒以趙世延嘗劾其姦，誣以不敬下獄，請殺之，幷究省、臺諸臣。不允。帝幸
涼亭，從容謂近侍曰：「頃鐵木迭兒必欲置趙世延于死地，朕素聞其忠良，故每奏不納。」左
右咸稱萬歲。乙丑，熒惑犯天江。丁卯，太白犯太微垣右執法。宮人官奴，坐用日者請太
皇太后禜星，杖之，籍其貲。脫思馬部宣慰使亦憐眞坐違制不發兵，〔八〕杖流奴兒干之地。
庚午，發米十萬石賑糶京師貧民。壬申，太陰犯軒轅御女。甲戌，廣東新州饑，賑之。河
間路水。

九月甲申，建壽安山寺，給鈔千萬貫。括興和馬以贍北部貧民。禁五臺山樵採。罷上

都、嶺北、甘肅、河南諸郡酒禁。乙酉，太陰犯壘壁陣。丙戌，熒惑犯斗。壬辰，敕議玉華宮歲享睿宗登歌大樂。土番利族、阿俄等五種寇成谷，遣鞏昌總帥以兵討之。循州溪蠻秦元吉爲寇，遣守將捕之。癸巳，太陰犯昴。瀋陽水旱害稼，弛其山場河泊之禁。戊戌，太陰犯鬼。己亥，太白犯亢。庚子，常澧州洞蠻貞公合諸洞爲寇，〔九〕命土官追捕之。癸卯，親王脫不花、搠思班遣使來賀登極。甲辰，雲南木邦路土官給邦子忙兀等入貢，賜幣有差。遣馬扎蠻等使占城、占臘、龍牙門，索馴象。以廩藏不充，停諸王所部歲給。

冬十月丁未，時享太廟。庚戌，太陰犯熒惑于斗。將作院使也速坐董製珠衣怠工，杖之，籍其家。壬子，作佛事于文德殿四十日。申嚴兩淮鹽禁。丁巳，酉陽聳儂洞蠻田謀遠爲寇，命守臣招捕之。戊午，車駕至自上都。詔太常院臣曰：「朕將以四時躬祀太室，宜與羣臣集議其禮。此追遠報本之道，毋以朕勞於對越而有所損。其悉遵典禮。」安南國遣其臣鄧恭儉來貢方物。庚申，敕譯佛書。辛酉，賜勞探馬赤宿衞者，遣還所部。癸亥，太陰犯井。乙丑，幸大護國仁王寺。帝師請以醮八兒監藏爲土蕃宣慰(司)〔使〕都元帥，〔一〇〕從之。酉陽土官冉世昌遣其子冉朝率大、小石隄洞蠻入貢。丙寅，定恭謝太廟儀式。丁卯，爲皇后作鹿頂殿于上都。己巳，罷玉華宮祀睿宗登歌樂。敕翰林院譯詔，關白中書。庚午，命拜住督造壽安山寺。癸酉，流諸王阿刺鐵木兒於雲南。

十一月丙子朔，帝御齋宮。丁丑，恭謝太廟，至仁宗太室，卽流涕，左右感動。戊寅，以海運不給，命江浙行省以財賦府租益之，還其直，歸宣徽、中政二院。檢勘沙、淨二州流民，勒還本部。以登極，大賚諸王、百官，中書會其數，計金五千兩、銀七十八萬兩、鈔百二十一萬一千貫、幣五萬七千三百六十四匹、帛四萬九千三百二十二匹、木綿九萬二千六百七十二匹、布二萬三千三百九十八匹、衣八百五十九襲，鞍勒、弓矢有差。給嶺北驛牛馬。造今年鈔本，至元鈔五千萬貫、中統鈔二百五十萬貫。汰衞士冒受歲賜者。庚辰，併永平路灤邑縣于石城。遣定住等括順陽王兀都思不花邸財物，入章佩監、中政院。禁京城諸寺邸舍匿商稅。辛巳，以親祀太廟禮成，御大明殿受朝賀。甲申，敕翰林國史院纂修仁宗實錄。丁亥，作佛事于光天殿。戊子，幸隆福宮。己丑，宣德蒙古驛饑，命通政院賑之。丁酉，詔各郡建帝師八思巴殿，其制視孔子廟有加。戊戌，交趾蠻儂志德寇脫零那乞等六洞，命守將討之。遣使閱實各行省戍兵。己亥，計京官俸鈔，給米三分。癸卯，熒惑犯壘壁陣。甲辰，鐵木迭兒言：「和市織幣薄惡，由董事者不謹，請免右丞高昉等官，仍令郡縣更造，徵其元直。」不允。太常禮儀院擬進時享太廟儀式。

十二月乙巳朔，詔曰：「朕祇遹貽謀，獲承丕緒，念付託之惟重，顧繼述之敢忘。爰以延祐七年十一月丙子，被服袞冕，恭謝于太廟。旣大禮之告成，宜普天之均慶。屬茲踰歲，用易紀元，于以導天地之至和，于以法春秋之謹始，可以明年爲至治元年。減天下租賦二分，包銀五分。免大都、上都、興和三路差稅三年。優復煮鹽、煉鐵等戶二年。開燕南、山東河泊之禁，聽民采取。命官家屬流落邊遠者，有司資給遣之；其子女典鬻於人者，聽還其家。監察御史、廉訪司歲舉可任守令者二人。七品以上官，有偉畫長策可以濟世安民者，實封上之。士有隱居行義，明治體，不求聞達者，有司具狀以聞。」丁未，播州蠻的羊籠等來降。庚戌，鑄銅爲佛像，置玉德殿。壬子，賜壽寧公主鈔七萬五千貫。癸丑，以天壽節，預遣使修醮于龍虎山。乙卯，率百官奉玉册、玉寶，加上太皇太后尊號曰儀天興聖慈仁昭懿壽元全德泰寧福慶徽文崇祐太皇太后。翰林學士忽都魯都兒〔迷失〕譯進宋儒眞德秀大學衍義，〔二〕帝曰：「修身治國，無踰此書。」賜鈔五萬貫。河南饑，帝問其故，羣臣莫能對，帝曰：「良由朕治道未洽，卿等又不盡心乃職，委任失人，致陰陽失和，災害荐至。自今各務勤恪，以應天心，毋使吾民重困。」太陰掩昴。丙辰，以太皇太后加號禮成，御大明殿受朝賀。丁巳，詔諭中外。戊午，太陰犯井。庚申，太陰犯鬼。辛酉，作延春閣後殿。壬戌，召西僧輦眞哈剌思赴京師，敕所過郡縣肅迎。乙丑，禜星于回回司天監四十晝夜。丙寅，以典瑞院使闊徹伯知樞密院事。修祕密佛事于延春閣。丁卯，鐵木迭兒、拜住言：「比者詔內外言得失，今上封事者，或直進御前。乞令臣等開視，乃入奏聞。」帝曰：「言事者直至朕前可也，如細民輒訴訟者則禁之。」給武宗皇后鈔七十五萬貫。以大學衍義印本頒賜羣臣。戊辰，以太皇太后加號禮成，告太廟。己巳，敕罷明年二月八日迎佛。中書右丞木八剌罷爲江西行省右丞。以中書參知政事只兒哈郎爲右丞，江南浙西道廉訪使薛處敬爲中書參知政事。遣使閱奉元路軍需庫。辛未，拜住進鹵簿圖，帝以唐制用萬二千三百人耗財，乃定大駕爲三千二百人，法駕二千五百人。上思州猺結交趾寇忠州。癸酉，帝聞賀伯顏母老，憫之，以所籍京兆田磑還其家。江浙行省平章政事伯顏察兒、江西行省平章政事白撒都並坐貪墨免官。

是歲，決獄輕重七千六百三十事。河決汴梁原武，浸灌諸縣；滹沱決文安、大(成)〔城〕等縣；〔二〕渾河溢，壞民田廬。秦州成紀縣暴雨，山崩，朽壤墳起，覆沒畜產。汴梁延津縣大風晝晦，桑多損。大同雨雹，大者如鷄卵。諸衞屯田隕霜害稼。益津縣雨黑霜。

至治元年春正月丁丑，修佛事于文德殿。壬午，增置漷州都漕運司同知、運判各一員。甲申，召高麗王王(章)〔璋〕赴上都。〔三〕丙戌，帝服衮冕，享太廟，以左丞相拜住亞獻，知樞密院事闊徹伯終獻。詔羣臣曰：「一歲惟四祀，使人代之，不能致如在之誠，實所未安。歲必親祀，以終朕身。」廷臣或言祀事畢宜赦天下，帝諭之曰：「恩可常施，赦不可屢下。使殺人獲免，則死者何辜？」遂命中書陳便宜事，行之。丁亥，帝欲以元夕張燈宮中，參議中書省事張養浩上書諫止，帝遽命罷之，曰：「有臣若此，朕復何憂。自今朕凡有過，豈獨臺臣當諫，人皆得言。」賜養浩帛二匹。諸王忽都答兒來朝。癸巳，諸王斡羅思部饑，發淨州、平地倉糧賑之。蘄州蘄水縣饑，賑糧三月。奉元路饑，禁酒。乙未，太陰掩房。己亥，降延福監為延福提舉司，廣福監為廣福提舉司，秩從五品。以壽安山造佛寺，置庫掌財帛，秩從七品。甲辰，辰星犯外屏。水、金、火、土四星聚奎。

二月，汴梁、歸德饑，發粟十萬石賑糶。河南、安豐饑，以鈔二萬五千貫、粟五萬石賑之。戊申，祭社稷。改中都威衞為忠翊侍衞親軍都指揮使司。己酉，作仁宗神御殿于普慶寺。辛亥，調軍三千五百人修上都華嚴寺。壬子，夜，金、火、土三星聚于奎。大永福寺成，賜金五百兩、銀二千五百兩、鈔五十萬貫、幣帛萬匹。丁巳，畋于柳林，敕更造行宮。監察御史觀音保、鎖咬兒哈的迷失、成珪、李謙亨諫造壽安山佛寺，殺觀音保、鎖咬兒哈的迷失，杖珪、謙亨，竄于奴兒干地。己未，樞密院臣請授副使吳元珪榮祿大夫，以階高不允，授正奉大夫。賑木憐道三十一驛貧戶。辛酉，太白犯熒惑。癸亥，太陰犯心。甲子，置承徽寺，秩正三品，割常州、宜興民四萬戶隸之。丁卯，以僧法洪為釋源宗主，授榮祿大夫、司徒。禁越臺、省訴事。罷先朝傳旨濫選者。戊辰，賜公主扎牙八剌從者鈔七十五萬貫。

三月甲戌〔朔〕，營王也先帖木兒部畜牧死損，賜鈔五十萬貫。丙子，建帝師八思巴寺於京師。丁丑，御大明殿受緬國使者朝貢。太陰掩昴。賜公主買的鈔五萬貫，駙馬滅憐鈔二萬五千貫。召諸王太平于汴。發民丁疏小直沽白河。庚辰，廷試進士泰普化、宋本等六十四人，賜及第、出身有差。辛巳，車駕幸上都。遣使賜西番撒思加地僧金二百五十兩、銀二千二百兩、袈裟二萬，幣、帛、旛、茶各有差。壬午，遣呪師朶兒只往牙濟、班卜二國取佛經。癸未，製御服珠袈裟。甲申，敕纂修仁宗實錄，后妃、功臣傳。乙酉，寶集寺金書西番波若經成，置大內香殿。益壽安山造寺役軍。己丑，大同路麒麟生。甲午，置雲南王府。己亥，宦者孛羅鐵木兒坐罪，流奴兒干地。庚子，賑寧國路饑。辛丑，以鐵失爲御史大夫，佩金符，領忠翊侍衞親軍都指揮使。癸卯，益都、般陽饑，以粟賑之。

夏四月丙午，給喃答失王府銀印，秩正三品；寬徹、忽塔迷失王府銅印，秩從三品。庚戌，享太廟。江州、贛州、臨江霖雨，袁州、建昌旱，民皆告饑，發米四萬八千石賑之。丁巳，廣德路旱，發米九千石減直賑糶。戊午，太陰犯心。己未，造象駕金脊殿。吉陽黎蠻寇寧遠縣。庚申，太陰犯斗。戊辰，敕賜鐵木迭兒父祖碑。命宦者孛羅台爲太常署令，太常官言刑人難與大祭，遂罷之。

五月丙子，毁上都回回寺，以其地營帝師殿。賑益都、膠州饑。丁丑，霸州蝗。戊寅，太白犯鬼積尸氣。太陰犯軒轅。庚辰，太陰犯明堂。濮州大饑，命有司賑之。壬午，遷親王圖帖穆爾于海南。禁日者毋交通諸王、駙馬，掌陰陽五科者毋泄占候。以興國路去歲旱，免其田租。丁亥，修佛事于大安閣。庚寅，賑諸王哈賓鐵木兒部。沂州民張昱坐妖言，濟南道士李天祥坐教人兵藝，杖之。女直蠻赤興等十九驛饑，賑之。辛卯，海漕糧至直沽，遣使祀海神天妃。作行殿于縉山流杯池。高郵府旱。癸巳，寶定路飛蟲食桑。〔一四〕乙未，命世家子弟成童者入國學。辛丑，太常禮儀院進太廟制圖。壬寅，開元路霖雨。

六月癸卯朔，日有食之。作金浮屠于上都，藏佛舍利。乙卯，以鐵木迭兒領宣政院事。丁巳，參知政事敬儼罷爲陝西行御史臺中丞。戊午，涇州雨雹。己未，太陰犯虛梁。滁州霖雨傷稼，蠲其租。辛酉，太白經天。趙弘祚等言事，勒歸鄉里，仍禁妄言時政。壬戌，龍虎山張嗣成來朝，授太玄輔化體仁應道大眞人。乙丑，遣使往銓江浙、江西、湖廣、四川、雲南五省邊郡官選。丁卯，熒星于司天臺。大同路雨雹。戊辰，衞輝、汴梁等處蝗。己巳，以上都留守只兒哈郎爲中書平章政事。臨江路旱，免其租。通濟屯霖雨傷稼。霸州大水，渾河溢，被災者二萬三千三百戶。

秋七月壬申〔朔〕，賜晉王也孫鐵木兒鈔百萬貫。遼陽、開元等路及順州、邢臺等縣大水。癸酉，衞輝路胙城縣蝗。乙亥，賑南恩、新州饑。丙子，淮安路屬縣水。丁丑，享太廟。

戊寅，通州潞縣榆棣水決。庚辰，鹵簿成。滹沱河及范陽縣巨馬河溢。辛巳，盩厔縣僧圓明作亂，遣樞密院判官章台督兵捕之。壬午，通許、臨淮、盱眙等縣蝗。癸未，封太尉孛蘭奚爲和國公。乙酉，大雨，渾河防決。庚寅，淸池縣蝗。癸巳，太陰犯昴。黄平府蠻盧砰爲寇，削萬戶何之祺等官一級。遣吏部尙書敎化、禮部郎中文矩使安南，頒登極詔。諸王闊別薨，賻鈔萬五千貫。丙申，禁服色踰制。己亥，奉仁宗及帝御容於大聖壽萬安寺。蒲陰縣大水。庚子，修上都城。詔河南、江浙流民復業。淮西蒙城等縣饑。郃陽道士劉志先以妖術謀亂，復命章台捕之。薊州平谷、漁陽等縣大水。大都、保定、眞定、大名、濟寧、東平、東昌、永平等路，高唐、曹、濮等州水。順德、大同等路雨雹。乞兒吉思部水。

八月壬寅〔朔〕，修都城。安陸府水，壞民廬舍。癸卯，賑膠州饑。甲辰，高郵興化縣水，免其租。丙午，泰興、江都等縣蝗。丁未，太陰犯心。戊申，祭社稷。上都鹿頂殿成。己酉，太陰犯斗。庚戌，以軍士貧乏，遣知樞密院事鐵木兒不花整治，仍詔諭中外，有敢擾害者罪之。賑北部孤寡糧、鈔。賜公主速哥八剌鈔五十萬貫。兀兒速、憨哈納思等部貧乏，戶給牝馬二匹。壬子，熒惑犯軒轅。乙卯，中書平章政事鐵木兒脫罷爲上都留守。壬戌，淮安路鹽城、山陽縣水，免其租。車駕駐蹕興和，左右以寒甚，請還京師，帝曰：「兵以牛馬爲重，民以稼穡爲本。朕遲留，蓋欲馬得芻牧，民得刈穫，一舉兩得，何計乎寒。」雷州路海康、遂溪二縣海水溢，壞民田四千餘頃，免其租。秦州成紀縣山崩。

九月乙亥，熒惑犯靈臺。京師饑，發粟十萬石減價糶之。丙子，駐蹕昂兀嶺。壬午，熒惑犯太微西垣上將。賜諸王撒兒蠻鈔五萬貫。壬辰，中書平章政事塔失海牙坐受賕杖免。丁酉，熒惑犯太微垣右執法。車駕還大都。庚子，安陸府漢水溢，壞民田，賑之。

冬十月辛丑朔，修佛事於大內。妖僧圓明等伏誅。甲（午）〔辰〕，〔一五〕太白經天。戊申，熒惑犯太微垣左執法。庚戌，親享太廟。壬子，拜住獻嘉禾，兩莖同穗。癸丑，敕翰林、集賢官年七十者毋致仕。以內郡水，罷不急工役。敕蒙古子女鬻爲回回、漢人奴者，官收養之。禁中書掾曹，毋泄機事。命樞密遣官整視各郡兵馬。戊午，置趙王馬札罕部錢糧總管府，秩正三品。己未，肇慶路水，賑之。丙寅，河南行省參知政事你咱馬丁坐殘忍免官。丁卯，增置侍儀司通事舍人六員，侍儀舍人四員。己巳，遣燕鐵木兒巡邊。

十一月辛未，熒惑犯進賢。（己）〔乙〕亥，〔一六〕幸大護國仁王寺。丙子，太陰犯虛梁。戊寅，御大明殿，羣臣上尊號曰繼天體道敬文仁武大昭孝皇帝。是夜，辰星犯房。己卯，以受尊號詔天下，拜住請釋囚，不允。庚辰，益壽安山寺役卒三千人。辛巳，命御史大夫鐵失領左、右阿速衞。丙戌，太陰犯井。丁亥，以敎官待選者借注廣海巡檢。己丑，太陰犯酒旗，又犯軒轅。庚寅，拜住等言：「受尊號，宜謝太廟，行一獻禮。世祖亦嘗議行，武宗則躬行謝禮。」詔曰：「朕當親謝。」命太史卜日，樞密選兵肄鹵簿。辛卯，太陰犯明堂。癸巳，以營田提舉司徵酒稅擾民，命有司兼榷之。甲午，以遼陽行省管內山場隸中政院。丙申，敕立故丞相安童碑于保定新城。戊戌，鞏昌成州饑，發義倉賑之。己亥，太白犯西咸。

十二月庚子〔朔〕，給蒙古子女冬衣。辛丑，立亦啓烈氏爲皇后，遣攝太尉、中書右丞相鐵木迭兒持節授玉册、玉寶。癸卯，以立后詔天下。慶遠路饑，眞定路疫，並賑之。甲辰，熒惑犯亢。戊申，躬謝太廟。庚戌，太陰犯昴。作太廟正殿。甲寅，疏玉泉河。車駕幸西僧灌頂寺。己未，封唆南藏卜爲白蘭王，賜金印。眞定、保定、大名、順德等路水，民饑，禁釀酒。以金虎符頒各行省平章政事。辛酉，熒惑入氐。甲子，置田糧提舉司，掌薊、景二州田賦，以給衞士貧乏者，秩從五品。命帝師公哥羅古羅思監藏班藏卜詣西番受具足戒，賜金千三百五十兩、銀四千五十兩、幣帛萬匹、鈔五十萬貫。以諸王怯伯使者數入朝，發兵守北口及盧溝橋。河間路饑，賑之。復以馬家奴爲司徒。乙丑，置中瑞司。冶銅五十萬斤作壽安山寺佛像。寧海州蝗。歸德、遼陽、通州等處水。

校勘記

〔一〕壬(午)〔子〕　按是月辛亥朔，無壬午日。此「壬午」在丁巳初七日前，爲壬子初二日之誤，今改。類編已校。

〔二〕辛（丑）〔酉〕　按是月辛亥朔，無辛丑日。本書卷四八天文志作「辛酉」十一日，據改。類編已校。

〔三〕白雲宗（總）〔總〕攝沈明仁　據本書卷二六仁宗紀延祐四年六月癸亥條補。道光本已校。

〔四〕大同雲內豐勝諸郡縣饑　按本書卷五八地理志，大同路領有雲內、豐、東勝諸州，隋唐時有勝州，遼又置東勝州，金、元沿之。此處疑「勝」上脫「東」字。

〔五〕欽察〔台〕　據下文至治二年十二月庚辰條、至治三年七月辛卯條補。

〔六〕（己）〔乙〕巳　按是月戊寅朔，無己巳日。此「己巳」在癸卯二十六日後，爲乙巳二十八日之誤，今改。

〔七〕也（先）〔兒〕吉尼　據上文延祐七年三月丙申條改。按也兒吉尼一名本書多見。蒙史已校。新元史已校。

〔八〕脫思馬部　按脫思馬在今青海，非部族、部落名。本書卷六〇地理志有「脫思麻路」，卷九一百官志有「脫思馬田地」。疑「部」當作「路」。

〔九〕常澧州洞蠻貞公　按元文類卷四一經世大典序錄招捕，貞公慈利州人，州屬澧州路。此處「常」字疑衍。

〔一〇〕土蕃宣慰（司）〔使〕都元帥　按本書卷八七百官志，土蕃宣慰司都元帥府，其長爲「宣慰使都元帥」。本書卷一七世祖紀至元二十九年二月庚寅、卷二三武宗紀至大二年九月己亥條均作「宣尉使都元帥」，據改。

〔一一〕忽都魯都兒〔迷失〕　據上文仁宗紀延祐四年四月乙丑條補。忽都魯都兒迷失之名，本書屢見。

〔一二〕大(成)〔城〕　據本書卷五八地理志改。續通鑑已校。

〔一三〕召高麗王王(章)〔璋〕赴上都　見卷二一校勘記〔一六〕。又按高麗史卷三四忠宣王世家、卷三五忠肅王世家，王璋此時已流放土番，元廷所召者爲王燾。蒙史改「章」爲「燾」，是。

〔一四〕寶定路　按元代無「寶定路」，疑爲「保定路」之誤。

〔一五〕甲(午)〔辰〕　本書卷四八天文志作「甲辰，太白經天」，據改。按是月辛丑朔，無甲午日。道光本已校。

〔一六〕(己)〔乙〕亥　按是月庚午朔，己亥爲三十日。此「己亥」在辛未初二日、丙子初七日間，爲乙亥初六日之誤，今改。類編已校。

元史卷二十八

本紀第二十八

英宗二

二年春正月己巳朔，安南、占城各遣使來貢方物。壬申，〔一〕保定雄州饑，賑之。庚午，廣太廟。甲戌，禁漢人執兵器出獵及習武藝。丁丑，太陰犯昴。親祀太廟，始陳鹵簿，賜導駕耆老幣帛。戊寅，敕有司存卹孔氏子孫貧乏者。己卯，山東、保定、河南、汴梁、歸德、襄陽、汝寧等處饑，發米三十九萬五千石賑之。庚辰，太白犯建星。公主阿剌忒納八剌下嫁，賜鈔五十萬貫。辛巳，太白犯建星。敕：「臺憲用人，勿拘資格。」儀封縣河溢傷稼，賑之。癸未，流徽政院使羅源于耽羅。建行殿于柳林。封塔察兒為薊國公。辛卯，太陰犯心。癸巳，以西僧羅藏為司徒。灤州饑，糶米十萬石賑之。甲午，熒惑犯房。丁酉，太白犯牛。

二月己亥朔，熒惑犯建閉星。庚子，置左、右欽察衞親軍都指揮使司，命拜住總之。罷上都歇山殿及帝師寺役。辛丑，賜鐵失父祖碑。癸卯，以江南行臺御史大夫欽察爲中書平章政事，江浙行省參政王居仁爲中書參知政事，薛處敬罷爲河南行省左丞。丙午，熒惑犯罰星。戊申，祭社稷。順德路九縣水旱，賑之。太陰犯井。庚戌，熒惑犯東咸。辛亥，太陰犯酒旗及軒轅。壬子，太白犯壘壁陣。賜諸王案忒不花鈔七萬五千貫。以徹兀台禿忽魯死事，賜鈔三萬五千貫。諸王怯伯遣使進文豹。河間路饑，禁釀酒。癸丑，太陰犯明堂。甲寅，以太廟役軍造流盃池行殿。廣海郡邑官曠員，敕願往任者，陞秩二等。乙卯，以遼陽行省平章政事買驢爲中書平章政事。西僧亦思剌蠻展普疾，詔爲釋大辟四一人、笞罪二十人。戊午，賑眞定等路饑。己未，太陰犯天江。括馬賜宗仁衞。壬戌，太白犯壘壁陣。諸王怯伯遣使進海東青鶻。癸亥，遼陽等路饑，免其租，仍賑糧一月。甲子，恩州水，民饑、疫，賑之。

三月己巳，中書省臣言：「國學廢弛，請令中書平章政事廉恂、參議中書事張養浩、都事孛朮魯翀董之。外郡學校，仍命御史臺、翰林院、國子監同議興舉。」從之。敕四宿衞、興聖宮及諸王部勿用南人。斡羅思告訐父母，斬之。辛未，禁捕天鵝，違者籍其家。壬申，復張珪司徒。臨安路河西諸縣饑，賑之。癸酉，河南兩淮諸郡饑，禁釀酒。丙子，延安路饑，賑糧一月。罷京師諸營繕役卒四萬餘人。河間、河南、陝西十二郡春旱秋霖，民饑，免其租之半。戊寅，修都城。庚辰，敕：「江浙僧寺田，除宋故有永業及世祖所賜者，餘悉稅之。」癸未，賑遼陽女直、漢軍等戶饑。乙酉，賑濮州水災。丙戌，以親祀禮成，賜與祭者幣。普減內外官吏一資。萬戶哈剌那海以私粟賑軍，賜銀、幣，仍酬其直。給行通政院印。賜潛邸四宿衞士鈔有差。復置市舶提舉司於泉州、慶元、廣東三路，禁子女、金銀、絲綿下番。丁亥，鳳翔道士王道明妖言伏誅。己丑，有暈貫日如連環。賜諸王斡羅溫孫銀印。命有司建木華黎祠於東平，仍樹碑。以國用匱竭，停諸王賞賚及皇后答里麻失〔里〕等歲賜。〔三〕庚寅，曹州、滑州饑，賑之。命將作院更製冕旒。辛卯，遣御史錄囚。置甘州八剌哈孫驛。監察御史何守謙坐贓杖免。壬辰，賑上都十一驛。給宗仁衞蒙古子女衣糧。賜諸王脫烈鐵木兒鈔五萬貫。甲午，遼陽哈里賓民饑，賑之。丁酉，幸柳林。駙馬許訥之子速怯訴曰：「臣父謀叛，臣母私從人。」帝曰：「人子事親，有隱無犯。今有過不諫，乃復告訐。」命誅之。賑奉元路饑。

夏四月戊戌朔，車駕幸上都。己亥，嶺北蒙古軍饑，給糧遣還所部。庚子，賑彰德路饑。壬寅，眞州火，徽州饑，並賑之。辛亥，涇州雨雹，免被災者租。壬子，公主失憐答里薨，賜鈔五萬貫。甲寅，南陽府西穰等屯風、雹，洪澤、芍陂屯田去年旱、蝗，並免其租。丙辰，恩州饑，禁釀酒。乙丑，中書省臣請節賞賚以紓民力，帝曰：「朕思所出倍於所入，出納之際，卿輩宜愼之，朕當撙節其用。」丙寅，賜邊卒鈔、帛。賑東昌、霸州饑民。松江府上海縣水，仍旱。

五月己巳，以公主速哥八剌爲趙國大長公主。免德安府被災民租。修滹沱河堤。彰德府饑，禁釀酒。庚午，泰符、〔三〕臨邑二縣民謀逆，其首王驢兒伏誅，餘杖流之。睢、許二州去年水旱，免其租。辛未，駙馬脫脫薨，賜鈔五萬貫。丙子，熒惑退犯東咸。庚辰，賑固安州饑。置營於永平，收養蒙古子女，遣使諭四方，匿者罪之。癸未，以御史大夫脫脫爲江南行臺御史大夫。置宗仁蒙古侍衞親軍都指揮使司。甲申，車駕幸五臺山。賑夏津、永清二縣饑。以只兒哈郎爲御史大夫。乙酉，以拜住領宗仁蒙古侍衞親軍都指揮使司事，佩三珠虎符。京師饑，發粟二十萬石賑（糴）〔糶〕。〔四〕雲南行省平章答失鐵木兒、朶兒只坐贓杖免。戊子，禁民集衆祈神。庚寅，河南、陝西、河間、保定、彰德等路饑，發粟賑之，仍免常賦之半。調各衞漢軍二千，充宗仁衞屯田卒。熒星于五臺山。甲午，賑鞏昌階州饑。丙申，以吳全節爲玄教大宗師，特進上卿。

閏月戊戌，封諸葛忠武侯爲威烈忠武顯靈仁濟王。辛丑，萬戶李英以良民爲奴，擅文其面，坐罪。癸卯，禁白蓮佛事。睢陽縣亳社屯大水，饑，賑之。諸王阿馬、承童坐擅徙脫列捏王衞士，並杖流海南。甲辰，御史臺臣請黜監察御史不稱職者以示懲勸，從之。丙午，嶺北戍卒貧乏，賜鈔三千二百五十萬貫、帛五十萬匹。戊申，奉元路鄜縣及成州饑，並賑之。以鐵木迭兒子同知樞密院事班丹知樞密院事。己酉，也不干八禿兒戍邊有功，賜以金、鈔。壬子，作紫檀殿。乙卯，以淮安路去歲大水，遼陽路隕霜殺禾，南康路旱，並免其租。壬戌，安豐屬縣霖雨傷稼，免其租。興元褒城縣饑，賑之。甲子，眞定、山東諸路饑，弛其河泊之禁。丙寅，辰州沅陵縣洞蠻爲寇，遣兵捕之。敕：「已除不赴任者，奪其官。」封公主速哥八剌乳母爲順國夫人。

六月丁卯朔，車駕至五臺山，禁扈從宿衞，毋踐民禾。置中慶、大理二路推官各一員。戊辰，揚州屬縣旱，免其租。己巳，廣元路綿谷、昭化二縣饑，官市米賑之。壬申，熒惑犯心。癸酉，申禁日者妄談天象。甲戌，新平、上蔡二縣水，免其租。丙子，修渾河堤。壬午，辰州江水溢，壞民廬舍。丁亥，奉元屬縣水，淮安屬縣旱，並免其租。庚寅，思州風、雹，建德路水，皆賑之。

秋七月戊戌，淮安路水，民饑，免其租。己亥，熒惑犯天江。丁未，賜拜住平江田萬畝。壬子，遣親王闊闊禿總兵北邊，賜金二百五十兩、銀二千五百兩、鈔五十萬貫。戊午，太陰犯井宿〔越〕〔鉞〕星。〔五〕車駕次應州，曲赦金城縣囚徒。庚申，陞靖州爲路。辛酉，次〔澤〕〔渾〕源州。〔六〕中書左丞張思明坐罪杖免，籍其家。甲子，錄京師諸役軍匠病者千人，各賜鈔遣還。南康路大水，廬州六安縣大雨，水暴至，平地深數尺，民饑，命有司賑糧一月。

八月戊辰，祭社稷。己巳，道州寧遠縣民符翼軫作亂，有司討擒之。壬申，蔚州民獻嘉禾。甲戌，次奉聖州。築宗仁衞營。給廬州流民復業者行糧。戊寅，詔畫蠶麥圖於鹿頂殿壁，以時觀之，可知民事也。己卯，廬州路六安、舒城縣水，賑之。庚辰，增壽安山寺役卒七千人。庚寅，鐵木迭兒卒，命給直市其葬地。甲午，瑞州高安縣饑，命有司賑之。

九月戊戌，大寧路、水達達等驛水傷稼，賑之。給蒙古子女貧乏者鈔七百五十萬貫。戊申，給壽安山造寺役軍匠死者鈔，人百五十貫。庚戌，申禁江南典雇妻妾。辛亥，幸壽安山寺，賜監役官鈔，人五千貫。甲寅，賑淮東泰興等縣饑。丙辰，太皇太后崩。戊午，賜蒙古子女鈔百五十萬貫。己未，太陰犯明堂。庚申，敕停今年冬祀南郊。癸亥，地震。甲子，臨安河西縣春夏不雨，種不入土，居民流散，命有司賑給，令復業。作層樓於涿州鹿頂殿西。丙寅，〔七〕西僧班吉疾，賜鈔五萬貫。

冬十月丁卯，太史院請禁明年興作土功，從之。戊辰，享太廟，以國哀迎香去樂，修廟工役未畢，妨陳宮懸，止用登歌。丙子，押濟思國遣使來貢方物。江南行臺大夫脫脫，坐請告未得旨輒去職，杖謫雲南。庚辰至辛巳，太陰犯井。甲申，建太祖神御殿于興教寺。己丑，熒惑犯壘壁陣。以拜住爲中書右丞相。南恩州賊潭庚生等降。

十一月甲午朔，日有食之。己亥，以立右丞相詔天下。流民復業者，免差稅三年。站戶貧乏鬻賣妻子者，官贖還之。凡差役造作，先科商賈末技富實之家，以優農力。免陝西明年差稅十之三，各處官佃田明年租十之二，江淮創科包銀全免之。御史李端言：「近者京師地震，日月薄蝕，皆臣下失職所致。」帝自責曰：「是朕思慮不及致然。」因敕羣臣亦當修飭，以謹天戒。罷世祖以後冗置官。括江南僧有妻者爲民。安南國遣使來貢方物，回賜金四百五十兩、金幣九，帛如之。癸卯，地震。甲辰，太白犯壘壁陣。罷徽政院。乙巳，熒惑犯壘壁陣。丙午，造龍船三艘。戊申，太陰掩井。岷州旱、疫，賑之。賜戍北邊萬戶、千戶等官金帶。御史李端言：「朝廷雖設起居注，所錄皆臣下聞奏事目。上之言動，宜悉書之，以付史館。世祖以來所定制度，宜著爲令，使吏不得爲奸，治獄者有所遵守。」並從之。乙卯，遣西僧高主瓦迎帝師。宣德府宣德縣地屢震，賑被災者糧、鈔。己未，太陰犯東咸。定脫脫禾孫入流官選，給印與俸。置八番軍民安撫司，改長官所二十有八爲州縣。庚申，太陰犯天江。辛酉，熒惑犯歲星。眞人蔡（遁）〔道〕泰殺人，〔八〕伏誅；刑部尚書不答失里坐受其金，范德郁坐詭隨，並杖免。平江路水，損官民田四萬九千六百三十頃，免其租。

十二月甲子朔，南康建昌州大水，山崩，死者四十七人，民饑，命賑之。（己）〔乙〕丑，〔九〕太白、歲星、熒惑三星聚于室，太白犯壘壁陣。丁卯，中書平章政事買驢罷爲大司農，廉恂罷爲集賢大學士，以集賢大學士張珪爲中書平章政事。戊辰，以掌道教張嗣成、吳全節、藍道元各三授制命、銀印，敕奪其二。壬申，免回回人戶屯戍河西者銀稅。甲戌，兩江來安路總管岑世興作亂，遣兵討之。鐵木迭兒子宣政院使八思吉思，坐受劉夔冒獻田地伏誅，仍籍其家。乙亥，太陰掩井。丙寅，〔一〇〕增鎭南王脫不花戍兵。戊寅，太白犯歲星。庚辰，葛蠻安撫司副使龍仁貴作亂，湖廣行省督兵捕之。以知樞密院事欽察台爲宣政院使，參知政事速速爲中書左丞，宗仁侍衞親軍都指揮使馬剌爲參知政事。癸未，紹興路柔遠州洞蠻把者爲寇，〔一一〕遣兵捕之。以御史大夫只兒哈郎知樞密院事。封闊闊禿爲武寧王，授金印。以地震日食，命中書省、樞密院、御史臺、翰林、集賢院，集議國家利害之事以聞。敕兩都營繕仍舊，餘如所議。弛河南、陝西等處酒禁。禁近侍奏取沒入錢物。乙酉，杭州火，賑之。丙戌，定謚太皇太后曰昭獻元聖，遣太常禮儀院使朵台以謚議告于太廟。陞寧昌府爲下路，增置一縣。併雲南西沙縣入寧州。賜淮安忠武王伯顏祠祭田二十頃。己丑，熒惑犯外屏。太陰犯建星。辛卯，給蒙古流民糧、鈔，遣還本部。張珪足疾免朝賀。西僧灌頂疾，請釋囚，帝曰：「釋囚祈福，豈爲師惜。朕思惡人屢赦，反害善良，何福之有。」宣徽院臣言：「世祖時晃吉剌歲輸尙食羊二千，成宗時增爲三千，今請增五千。」帝不許，曰：「天下之民，皆朕所有，如有不足，朕當濟之。若加重賦，百姓必致困窮，國亦何益。」命遵世祖舊制。徽州、廬州、濟南、眞定、河間、大名、歸德、汝寧、鞏昌諸處及河南芍陂屯田水，大同、衞輝、江陵屬縣及豐贍署大惠屯風，河南及雲南烏蒙等處屯田旱，汴梁、順德、河間、保定、慶元、濟寧、濮州、益都諸屬縣及諸衞屯田蝗。

三年春正月癸巳朔，暹國及八番洞蠻酋長，各遣使來貢。曹州禹城縣去秋霖雨害稼，縣人邢著、程進出粟以賑饑民，命有司旌其門。乙未，享太廟。己亥，思明州盜起，湖廣行省督兵捕之。庚子，刑部尙書烏馬兒坐贓杖免。壬寅，命太僕寺增給牝馬百匹，供世祖、仁宗御容殿祭祀馬湩。和林阿蘭禿等驛戶貧乏，給鈔賑之。以行中書省平章政事復兼總軍政，軍官有罪，重者以聞，輕者就決。罷上都、雲州、興和、宣德、蔚州、奉聖州及鷄鳴山、房山、黃蘆、三叉諸金銀冶，聽民採鍊，以十分之三輸官。授前樞密院副使吳元珪、王約集賢大學士，翰林侍講學士韓從益昭文舘大學士，並商議中書省事。拜住言：「前集賢侍講學士趙居信、直學士吳澄，皆有德老儒，請徵用之。」帝喜曰：「卿言適副朕心，更當搜訪山林隱逸之士。」遂以居信爲翰林學士承旨，澄爲學士。增置上都留守司判官二員，以漢人爲之，專掌刑名。置仁宗中宮位提舉司二，秩正五品，隸承徽寺。太陰犯鉞星，又犯井。癸卯，太陰犯井。甲辰，鎭西武寧王部饑，〔三〕賑之。遣諸王忽刺出往鎭雲南，賜鈔萬五千貫。辛亥，中命鐵失振舉臺綱。壬子，建諸王驛於京師。遣回回砲手萬戶赴汝寧、新蔡，遵世祖舊制，教習砲法。靜江、邕、柳諸郡獠為寇，命湖廣行省督兵捕之。甲寅，以宗仁衞蒙古子女額足萬戶，命罷收之。乙卯，征東末吉地兀者戶，以貂鼠、水獺、海狗皮來獻，詔存卹三歲。丙辰，泉州民留應總作亂，命江浙行省遣兵捕之。丁巳，定封贈官等秩。辛酉，禁故殺子孫誣平民者。增置兵部尚書一員。四川行省平章政事趙世延，為其弟訟不法事，繫獄待對，其弟逃去，詔出之。仍著為令：逃者百日不出，則釋待對者。命樞密副使完顏納丹、侍御史曹伯啓、也可扎魯忽赤不顏、集賢學士欽察、翰林直學士曹元用，聽讀仁宗時纂集累朝格例。敕：「常調官外不次銓用者，但陞以職，勿陞其階。」

二月癸亥朔，作上都華嚴寺、八思巴帝師寺及拜住第，役軍六千二百人。定軍官襲職，嫡長子孫幼者，令諸兄弟姪攝之，所受制敕書權襲，以息爭訟。是夜，熒惑、太白、填星三星聚于胃。丙寅，翰林國史院進仁宗實錄。遣教化等往西番撫初附之民，徵畜牧，治郵傳。戊辰，祭社稷。天壽節，賓丹、爪哇等國遣使來貢。己巳，修(廣)〔通〕惠河牐十有九所。〔一三〕治野狐、桑乾道。癸酉，畋于柳林，顧謂拜住曰：「近者地道失寧，風雨不時，豈朕纂承大寶行事有闕歟？」對曰：「地震自古有之，陛下自責固宜，良由臣等失職，不能燮理。」帝曰：「朕在位三載，於兆姓萬物，豈無乖戾之事。卿等宜與百官議，有便民利物者，朕卽行之。」置鎮遠王也不干王傅官屬。罷播州黃平府長官所一，徙其民隸黃平。是夜，太白犯昴。辛巳，造五輅。司徒劉夔、同僉宣政院事囊加台，坐妄獻地土、冒取官錢，伏誅。格例成定，凡二千五百三十九條，內斷例七百一十七、條格千一百五十一、詔赦九十四、令類五百七十七，名曰大元通制，頒行天下。是夜，太陰犯東咸。癸未，賑北邊軍鈔二十五萬錠、糧二萬石。命宣徽院選蒙古子男四百入宿衞。罷徽政院總管府三：都總管府隸有司，怯憐口及人匠總管府隸陝西行中書省。降開成路為州。丙戌，雨土。京師饑，發粟二萬石賑糶。造五輅旗。丁亥，敕金書藏經二部，命拜住等總之。戊(午)〔子〕，〔一四〕封鷹師不花為趙國公。辛卯，以太子賓客伯都廉貧，賜鈔十萬貫。諸王月思別遣使來朝。罷稱海宣慰司及萬戶府，改立屯田總管府。諸王怯伯遣使貢蒲萄酒。海漕糧至直沽，遣使祀海神天妃。

三月壬辰朔，車駕幸上都。賜諸王喃答失(言)鈔二百五十萬貫，〔一五〕復給諸王脫歡歲賜。丁酉，平江路嘉定州饑，發粟六萬石賑之。戊戌，安豐芍陂屯田女直戶饑，賑糧一月。庚子，崇明(諸)州饑，發米萬八千三百石賑之。甲辰，台州路黃巖州饑，〔一六〕賑糧兩月。丁未，西番參卜郎諸族叛，敕鎮西武靖王搠思班等發兵討之。戊申，祔太皇太后于順宗廟室，遣攝太尉、中書右丞相拜住奉玉册、玉寶上尊謚曰昭獻元聖皇后。辛亥，以圓明、王道明之亂，禁僧、道度牒、符錄。丙辰，敕：「醫、卜、匠官，居喪不得去職，七十不聽致仕，子孫無蔭敍、能紹其業者，量材錄用。」監察御史拜住、教化，坐舉八思吉思失當，並黜免。諸王火魯灰部軍驛戶饑，賑之。

夏四月壬戌朔，敕天下諸司命僧誦經十萬部。丙寅，察罕腦兒蒙古軍驛戶饑，賑之。丁卯，旌內黃縣節婦王氏。己巳，浚金水河。甲戌，命張珪及右司員外郎王士熙勉勵國子監學。敕都功德使闊兒魯至京師。釋囚大辟三十一人，杖五十七以上者六十九人。放籠禽十萬，令有司償其直。己卯，詔行助役法，遣使考視稅籍高下，出田若干畝，使應役之人更掌之，收其歲入以助役費，官不得與。北邊軍饑，賑之。蒙古大千戶部，比歲風雪斃畜牧，賑鈔二百萬貫。敕京師萬安、慶壽、聖安、普慶四寺，揚子江金山寺、五臺萬聖祐國寺，作水陸佛事七晝夜。丁亥，故羅羅斯宣慰使述古妻漂末權領司事，遣其子娑住邦來獻方物。戊子，南豐州民及鞏昌蒙古軍饑，賑之。

五月辛卯〔朔〕，設大理路白鹽城榷稅官，秩正七品；中慶路榷稅官，秩從七品。置安慶灊山縣、雲南寧遠州。戊戌，太白經天。庚子，大風，雨雹，拔柳林行宮內外大木二千七百。辛丑，以鐵失獨署御史大夫事。壬寅，雲南行省平章政事忽辛坐贓杖免。詔中外開言路。置慶元路嶧山縣，〔一七〕增尉一員。徙安寨縣於龍安驛。癸卯，太陰犯房。乙巳，嶺北米貴，禁釀酒。戊申，監察御史蓋繼元、宋翼言：「鐵木迭兒奸險貪污，請毀所立碑。」從之，仍追奪官爵及封贈制書。帝御大安閣，見太祖、世祖遺衣皆以縑素木綿爲之，重加補綴，嗟歎良久，謂侍臣曰：「祖宗創業艱難，服用節儉乃如此，朕焉敢頃刻忘之！」太白犯畢。癸丑，荆湖宣慰使脫列受賂，事覺，召至京師，御史臺臣請遣就鞫，不允。乙卯，賜勳舊子撒兒蠻、按灰鐵木兒、也先鐵木兒鈔，人萬五千貫。以鈔千萬貫，市羊馬給嶺北戍卒，人騋馬二、牝馬二、羊十五。禁驛戶，無質賣官地。丙辰，東安州水，壞民田千五百六十頃。戊午，眞定路武邑縣雨水害稼。奉元行宮正殿災。上都利用監庫火，帝令衞士撲滅之。因語羣臣曰：「世皇始建宮室，于今安焉。朕嗣登大寶，而値此燬，此朕不能圖治之故也。」欽察衞兵戍邊，有卒累功，請賞以官，帝曰：「名爵豈賞人之物。」命賜鈔三千貫。大名路魏縣霖雨。大同路鴈門屯田旱損麥。諸衞屯田及永清縣水。保定路歸信縣蝗。

六月，寇圍寧都，州民孫正臣出糧餉軍，旌其門。丁卯，西番參卜郎諸寇未平，遣徽政使醜驢往督師。〔一八〕戊辰，毁鐵木迭兒父祖碑，追收元受制書，告諭中外。贈乳母忽秃台定襄郡夫人，其夫阿來追封定襄王，謚忠愍。壬申，將作院使哈撒兒不花坐罔上營利，杖流東裔，籍其家。留守司以雨請修都城，有旨：「今歲不宜大興土功，其略完之。」癸酉，置太廟夾室。贈燕赤吉台太赤爲襄安王。諸王別思鐵木兒統兵北部，别頒歲賜。太常請纂修累朝儀禮，從之。癸未，塡星犯畢。乙酉，易、安、滄、莫、霸、祁諸州及諸衞屯田水，壞田六千餘頃。諸王怯伯數寇邊，至是遣使來降，帝曰：「朕非欲彼土地人民，但吾民不罹邊患，軍士免於勞役，斯幸矣。今既來降，當厚其賜以安之。」

秋七月辛卯朔，宣政使欽察台自傳旨署事，中書以體制非宜，請通行禁止，從之。壬辰，占城國王遣其弟保佑八剌遮奉表來貢方物。眞定路驛戶饑，賑糧二千四百石。癸卯，太廟成。班丹坐贓杖免。賜剌禿屯田貧民鈔四十六萬八千貫市牛具。〔一九〕甲辰，諸王帖木兒還自雲南，入宿衞，賜鈔二萬五千貫。乙巳，招諭左右兩江黃勝許、岑世興。己酉，封諸王忽都鐵木兒爲威遠王，授金印。減海道歲運糧二十萬石，併免江淮增科糧。甲寅，買馬行宮駕車六百五十四。丙辰，永寧王卜〔顏〕鐵木兒爲不法，〔二〇〕命宗正府及近侍雜治其傅。籍鐵木迭兒家貲。諸王徹徹禿入朝請印，帝以其政績未著，不允，賜鈔二十五萬貫。御史臺請降旨開言路，帝曰：「言路何嘗不開，但卿等選人未當爾。」漷州雨，水害屯田稼。眞定州諸路屬縣蝗。〔二一〕冀寧、興和、大同三路屬縣隕霜。東路蒙古萬戶府饑，賑糧兩月。

八月癸亥，車駕南還，駐蹕南坡。是夕，御史大夫鐵失、知樞密院事也先帖木兒、大司農失禿兒、前平章政事赤斤鐵木兒、前雲南行省平章政事完者、鐵木迭兒子前治書侍御史鎖南、鐵失弟宣徽使鎖南、典瑞院使脫火赤、樞密院副使阿散、僉書樞密院事章台、衞士禿滿及諸王按梯不花、孛羅、月魯(不花)〔鐵木兒〕、〔二二〕曲呂不花、兀魯思不花等謀逆，以鐵失所領阿速衞兵爲外應，鐵失、赤斤鐵木兒殺丞相拜住，遂弑帝於行幄。年二十一，從葬諸帝陵。泰定元年二月，上尊諡曰睿聖文孝皇帝，廟號英宗。四月，上國語廟號曰格堅。

英宗性剛明，嘗以地震減膳、徹樂、避正殿，有近臣稱觴以賀，問：「何爲賀？朕方修德不暇，汝爲大臣，不能匡輔，反爲諂耶？」斥出之。拜住進曰：「地震乃臣等失職，宜求賢以代。」曰：「毋多遜，此朕之過也。」嘗戒羣臣曰：「卿等居高位，食厚祿，當勉力圖報。苟或貧乏，朕不惜賜汝；若爲不法，則必刑無赦。」八思吉思下獄，謂左右曰：「法者，祖宗所制，非朕所得私。八思吉思雖事朕日久，今其有罪，當論如法。」嘗御鹿頂殿，謂拜住曰：「朕以幼沖，嗣承大業，錦衣玉食，何求不得。惟我祖宗櫛風沐雨，戡定萬方，曾有此樂邪？卿元勳之裔，當體朕至懷，毋忝爾祖。」拜住頓首對曰：「創業惟艱，守成不易，陛下睿思及此，億兆之福也。」又謂大臣曰：「中書選人署事未旬日，御史臺卽改除之。臺除者，中書亦然。今山林之下，遺逸良多，卿等不能盡心求訪，惟以親戚故舊更相引用耶？」其明斷如此。然以果於刑戮，奸黨畏誅，遂搆大變云。

校勘記

〔一〕壬申 按是月己巳朔，壬申爲初四日，應在庚午（初二日）後、甲戌（初六日）前。

〔二〕皇后答里麻失〔里〕　蒙史云：「答里麻失里，仁宗次后，見后妃舊表。舊紀稱皇后答里麻失，音不備。且不加先朝二字，疑爲英宗后矣。」按梵語「答里麻失里」，意爲「法吉祥」，此脫「里」字，今補。

〔三〕泰符　按元無「泰符」縣，泰安州屬縣有奉符，續通鑑改「泰」爲「奉」，疑是。

〔四〕賑（羅）〔糶〕　從道光本改。

〔五〕太陰犯井宿（越）〔鉞〕星　從北監本改。

〔六〕（渾）〔渾〕源州　據本書卷五八地理志改。本證已校。

〔七〕丙寅　按是月乙未朔，無丙寅日。此「丙寅」在甲子三十日後，疑爲十月之丙寅初二日，應在十月丁卯初三日前。

〔八〕蔡（道）〔道〕泰　據本書卷一三六拜住傳、卷一七五張珪傳改。蒙史已校。

〔九〕（己）〔乙〕丑　據本書卷四八天文志改。類編已校。

〔一〇〕丙寅　按是月甲子朔，丙寅爲初三日。此「丙寅」在乙亥十二日、戊寅十五日間，疑爲丙子十三日之誤，或應移置丁卯初四日前。

〔一一〕紹興路柔遠州　按本書卷六〇地理志，柔遠州屬四川懷德府，與浙江紹興路無涉。此處書「紹興路」，史文有誤。

〔一二〕鎭西武寧王　按本書卷一九成宗紀大德元年三月丁丑、卷二九泰定帝紀泰定二年六月、卷三三文宗紀天曆二年二月丁酉、戊戌條有「鎭西武靖王」，與卷一〇七宗室世系表、卷一〇八諸王表符。此處「寧」當作「靖」。道光本已校。

〔一三〕（廣）〔通〕惠河　據本書卷六四河渠志改。蒙史已校。

〔一四〕戊（午）〔子〕　按是月癸亥朔，無戊午日。此「戊午」在丁亥二十五日、辛卯二十九日間，爲戊子二十六日之誤，今改。類編已校。

〔一五〕賜諸王喃答失（言）鈔二百五十萬貫　按上文至治元年四月丙午、本書卷三〇泰定帝紀致和元年六月、卷四三順帝紀至正十四年十一月癸未諸條皆作「喃答失」，據刪。

〔一六〕崇明（諸）州饑至台州路黃巖州饑　按本書卷五〇五行志作「崇明、黃巖二州饑」，此處「諸」字衍，今刪。

〔一七〕置慶元路嶧山縣　按本書卷六二地理志，江浙行省慶元路無「嶧山縣」；卷六三地理志，湖廣行省慶遠路則有宜山縣。疑此處「慶元」爲「慶遠」、「嶧山」爲「宜山」之誤。

〔一八〕遣徽政使醜驢往督師　蒙史改「徽政」爲「宣政」，並注云：「按徽政院罷于至治二年十一月，此時不得復有徽政院。且徽政院所掌者，皇太后位下錢糧選法工役之事；宣政院則掌釋教僧徒及吐蕃之境而隸治之，吐蕃有事，則分院往鎭，如大征伐則會樞府議。今參卜郎之叛，事屬宣政，故知醜驢是宣政院使，非徽政院使也。」

〔一九〕賜剌禿屯田貧民鈔　按本書卷二九泰定帝紀泰定元年六月庚午條有「置海剌禿屯田總管府」，二年閏正月丁卯條有「置惠遠倉、永需庫於海剌禿總管府」。蒙古語「海剌禿」，意爲「有榆」。此處疑「剌禿」上脫「海」字。

〔二〇〕卜〔顏〕鐵木兒　據本書卷一〇八諸王表補。蒙古語「卜顏鐵木兒」，意爲「福鐵」。

〔二一〕眞定州諸路屬縣蝗　此處文義錯亂，疑當作「眞定路諸州屬縣蝗」。

〔二二〕月魯（不花）〔鐵木兒〕　本證云：「繼培案，張珪、鐵失傳，月魯不花作月魯鐵木兒。泰定帝紀至治三年十二月，流諸王月魯鐵木兒于雲南，按梯不花于海南，曲呂不花于奴兒干，孛羅及兀魯思不花于海島，並坐與鐵失等逆謀，可證此誤。」按本證是，此處「月魯鐵木兒」涉下「曲呂不花」致誤，今改。

元史卷二十九

本紀第二十九

泰定帝一

泰定皇帝，諱也孫鐵木兒，顯宗甘麻剌之長子，裕宗之嫡孫也。初，世祖以第四子那木罕爲北安王，鎭北邊。北安王薨，顯宗以長孫封晉王代之，統領太祖四大斡耳朶及軍馬、達達國土。至元十三年十月二十九日，帝生于晉邸。大德六年，晉王薨，帝襲封，是爲嗣晉王，仍鎭北邊。成宗、武宗、仁宗之立，咸與翊戴之謀，有盟書焉。

王府內史倒剌沙得幸於帝，常偵伺朝廷事機，以其子哈散事丞相拜住，且入宿衞。久之，哈散歸，言御史大夫鐵失與拜住意相忤，欲傾害之。至治三年三月，宣徽使探忒來王邸，爲倒剌沙言：「主上將不容於晉王，汝盍思之。」於是倒剌沙與探忒深相要結。八月二日，晉王獵於禿剌之地，鐵失密遣斡羅思來告曰：「我與哈散、也先鐵木兒、失禿兒謀已定，事成，推立王爲皇帝。」又命斡羅思以其事告倒剌沙，且言：「汝與馬速忽知之，勿令旭邁傑得聞也。」於是王命囚斡羅思，遣別烈迷失等赴上都，以逆謀告。未至，癸亥，英宗南還，駐蹕南坡。是夕，鐵失等矯殺拜住，英宗遂遇弒于幄殿。

諸王按梯不花及也先鐵木兒奉皇帝璽綬，北迎帝于鎭所。〔九月〕癸巳，〔一〕卽皇帝位於龍居河，大赦天下。詔曰：

薛禪皇帝可憐見嫡孫、裕宗皇帝長子、我仁慈甘麻剌爺爺根底，封授晉王，統領成吉思皇帝四个大斡耳朶，及軍馬、達達國土都付來。〔二〕依著薛禪皇帝聖旨，小心謹愼，但凡軍馬人民的不揀甚麽勾當裏，遵守正道行來的上頭，數年之間，百姓得安業。在後，完澤篤皇帝教我繼承位次，大斡耳朶裏委付了來。已委付了的大營盤看守著，扶立了兩个哥哥曲律皇帝、普顏篤皇帝，姪碩德八剌皇帝。我累朝皇帝根底，不謀異心，不圖位次，依本分與國家出氣力行來；諸王哥哥兄弟每，衆百姓每，也都理會的也者。

今我的姪皇帝生天了也麽道，迤南諸王大臣、軍上的諸王駙馬臣僚、達達百姓每，衆人商量著：大位次不宜久虛，惟我是薛禪皇帝嫡派，裕宗皇帝長孫，大位次裏合坐地的體例有；其餘爭立的哥哥兄弟也無有；這般，晏駕其間，比及整治以來，人心難測，宜安撫百姓，使天下人心得寧，早就這裏卽位提說上頭，從著衆人的心，九月初四日，於成吉思皇帝的大斡耳朶裏，大位次裏坐了也。交衆百姓每心安的上頭，赦書行有。

是日，以知樞密院事淇陽王也先鐵木兒爲中書右丞相，諸王月魯鐵木兒襲封安西王。甲午，以內史倒剌沙爲中書平章政事，乃馬台爲中書右丞，鐵失知樞密院事，馬思忽同知樞密院事，孛羅爲宣徽院使，旭邁傑爲宣政院使。乙未，大理護子羅蠻爲寇。以樞密副使阿散爲御史中丞，內史善僧爲中書左丞。丁酉，以完澤知樞密院事，禿滿同僉樞密院事。戊戌，以撒的迷失知樞密院事，章台同知樞密院事。己亥，敕諭百司：「凡銓授官，遵世祖舊制，惟樞密院、御史臺、宣政院、宣徽院得自奏聞，餘悉由中書。」辛丑，以馬某沙知樞密院事，失禿兒爲大司農。召諸王官屬流徙遠地及還元籍者二十四人還京師。是歲，〔三〕大寧蒙古大千戶部風雪斃畜牧，賑米十五萬石。南康、漳州二路水，淮安、揚州屬縣饑，賑之。

冬十月癸亥，修佛事於大明殿。甲子，遣使至大都，以卽位告天地、宗廟、社稷。誅逆賊也先鐵木兒、完者、鎖南、禿滿等於行在所。以旭邁傑爲中書右丞相，陝西行中書左丞相禿〔忽〕魯、〔四〕通政院使紐澤並爲御史大夫，速速爲御史中丞。遣旭邁傑、紐澤誅逆賊鐵失、失禿兒、赤斤鐵木兒、脫火赤、章台等於大都，並戮其子孫，籍入家產。己巳，太白犯亢。戊辰，召亦都護高昌王鐵木兒補化。壬申，以內史按答出爲太師、知樞密院事。丙子，太白犯氐。詔百司遵守世祖成憲。癸未，以旭邁傑兼阿速衞達魯花赤。丙戌，以江浙行省平章政事兀伯都剌爲中書平章政事。八番順元及靜江、大理、威楚諸路徭兵爲寇，敕湖廣、雲南二省招諭之。揚州江都縣火，雲南王、西平王二部衞士饑，皆賑之。

十一月己丑朔，熒惑犯亢。車駕次于中都，修佛事於昆剛殿。庚寅，太白犯鈎鈐。丙申，次于祖嫣。乙未，太白犯東咸。辛丑，車駕至大都。壬寅，熒惑犯氐。諸王怯別遣使來朝。丁未，御大明殿，受諸王、百官朝賀。庚戌，詔百司朝夕視事毋怠。辛亥，御史中丞董守庸，坐黨鐵失免官。壬子，敕營繕不急者罷之。癸丑，遣使詣曲阜，以太牢祀孔子。敕會福院奉北安王那木罕像于高良河寺。甲寅，諸王怯別遣使來朝。乙卯，禁星於司天監。丙辰，御史中丞速速，坐貪淫免官。丁巳，廣州路新會縣民氾長弟作亂，廣東副元帥烏馬兒率兵捕之。雲南開南州大阿哀、阿三木、台龍買六千餘人寇哀卜白鹽井。沅州詔：「凡有罪自首者，原其罪。」袁州路宜春縣、鎭江路丹徒縣饑，賑糶米四萬九千石。沅州黔陽縣饑，岢陂屯田旱，並賑之。

十二月己未，御史臺經歷朶兒只班、御史撒兒塔罕、兀都蠻、郭也先忽都，並坐黨鐵失免官。御史言：「曩者鐵木迭兒專政，誣殺楊朶兒只、蕭拜住、賀伯顏、觀音保、鎖咬兒哈的迷失，黥竄李謙亨、成珪，罷免王毅、高昉、張志弼，天下咸知其寃，請昭雪之。」詔存者召還錄用，死者贈官有差。授諸王薛徹干以其父故金印。庚申，以宦者剛答里爲中政院使。壬戌，賜潛邸衞士鈔，人六十錠。浚鎮江路漕河及練湖，役丁萬三千五百人。給諸王八剌失里印。戊辰，請皇考、皇妣謚于南郊，皇考晉王曰光聖仁孝皇帝，廟號顯宗，皇妣晉王妃曰宣懿淑聖皇后。己巳，辰星犯（壁壘）〔壘壁〕陣。〔五〕庚午，以卽位，大賚后妃、諸王、百官，金七百餘錠、銀三萬三千錠，錢及幣帛稱是。遣使祀海神天妃。盜入太廟，竊仁宗及莊懿慈聖皇后金主。辛未，熒惑犯房。壬申，作仁宗主，仍督有司捕盜。禜星于司天監。癸酉，德慶路瀧水縣猺劉寅等降。甲戌，命道士吳全節修醮事。乙亥，征東夷民奉獸皮來附。太常院臣言：「世祖以來，太廟歲惟一享，先帝始復古制，一歲四祭，請裁擇之。」帝曰：「祭祀，盛事也，朕何敢簡其禮。」命仍四祭。監察御史脫脫、趙成慶等言：「鐵木迭兒在先朝，包藏禍心，離間親藩，誅戮大臣，使先帝孤立，卒罹大禍。其子鎖南，親與逆謀，久逭天憲，乞正其罪，以快元元之心。月魯、禿禿哈、速敦皆鐵失之黨，不宜寬宥。」遂並伏誅。丙子，命嶺北守邊諸王徹徹禿，月修佛事，以却寇兵。己卯，命僧作佛事於大內以厭雷。增諸王薛徹干、駙馬哈伯等歲賜金、銀、幣、帛有差。辛巳，熒惑犯東咸。壬午，諸王月思別遣怯烈來朝，賜以金、幣。癸未，廣西右江來安路總管岑世興遣其弟世元入貢。流諸王月魯鐵木兒於雲南，按梯不花于海南，曲呂不花于奴兒干，孛羅及兀魯思不花于海島，並坐與鐵失等逆謀。乙酉，雲南車里于孟爲寇，詔招諭之。諭百司惜名器，各遵世祖定制。丙戌，旭邁傑言：「近也先鐵木兒之變，諸王買奴逃赴潛邸，願效死力，且言不除元兇，則陛下美名不著，天下後世何從而知。上契聖衷，嘗蒙奬諭。今臣等議，宗戚之中，能自拔逆黨，盡忠朝廷者，惟有買奴，請加封賞，以示激勸。」遂以泰寧縣五千戶封買奴爲泰寧王。知樞密院事、大司徒闊徹伯授開府儀同三司。以前太師拜忽商議軍國重事。丁亥，議賞討逆功，賜旭邁傑金十錠、銀三十錠、鈔七千錠，倒剌沙爲中書左丞相，知樞密院事馬某沙、御史大夫紐澤、宣政院使鎖禿並加授光祿大夫，仍賜金、銀、鈔有差。塑馬哈吃剌佛像於延春閣之徽清亭。下詔改元，詔曰：「朕荷天鴻禧，嗣大歷服，側躬圖治，夙夜祗畏，惟祖訓是遵，乃開歲甲子，景運伊始，思與天下更新。稽諸典禮，踰年改元，可以明年爲泰定元年。」免大都、興和差稅三年，八番、思、播、兩廣洞寨差稅一年，江淮創科包銀三年，四川、雲南、甘肅秋糧三分，河南、陝西、遼陽絲鈔三分。除虛增田稅。免斡脫逋錢。賑恤雲南、廣海、八番等處戍軍。求直言。賜高年帛。禁獻山場湖泊之利。定吏員出身者秩止四品。以追尊皇考、皇妣，詔天下。雲南花脚蠻爲寇，詔招諭之。平江嘉定州饑，遼陽答陽失蠻、〔六〕闊闊部風、雹，並賑之。澧州、歸州饑，賑糶米二萬石。

是歲，夏，諸衞屯田及大都、河間、保定、濟南、濟寧五路屬縣，霖雨傷稼。秋，沂州定襄縣及忠翊侍衞屯田所營田、象食屯田所隕霜殺禾。土番岷州春疫，夏旱。西番寇鞏昌府。

泰定元年春正月乙未，以乃馬台爲平章政事，善僧爲右丞。敕諸王哈剌還本部。召江西行省平章政事也兒吉你赴闕。己亥，以誅逆臣也先鐵木兒等詔天下。辛丑，諸王、大臣請立皇太子。賜諸王徹徹禿金一錠、銀六十錠、幣帛各百匹，塔思不花金一錠、銀四十錠、幣帛二百匹，阿忽鐵木兒等金銀各有差。壬寅，以故丞相拜住子答兒麻失里爲宗仁衞親軍都指揮使，徹里哈爲左右衞阿速親軍都指揮使。命僧諷西番經於光天殿。甲辰，敕譯列聖制詔及大元通制，刊本賜百官。丁未，以稱海屯田萬戶府達魯花赤帖陳假嶺北行中書省參知政事，近侍忽都帖木兒假禮部尚書，使西域諸王不賽因部。戊申，八番生蠻韋光正等及楊、黄五種人，以其戶二萬七千來附，請歲輸布二千五百匹，置長官司以撫之。己酉，命諸王遠徙者悉還其部。召親王圖帖睦爾于瓊州，阿木哥于大同。定怯薛台歲給鈔，人八十錠。甲寅，賜諸王太平、忽剌台、別失帖木兒等金印。敕高麗王還國，仍歸其印。糶米二十萬石，賑京師貧民。丙辰，賜故監察御史觀音保、鎖咬兒哈的迷失妻、子鈔各千錠。賜司徒道住印。敕封解州鹽池神曰靈富公。廣德、信州、岳州、惠州、南恩州民饑，發粟賑之。

二月丁巳朔，作顯宗影堂。己未，修西番佛事於壽安山寺，曰星吉思吃剌，曰闊兒魯弗卜，曰水朶兒麻，曰颯間卜里喃家，經僧四十人，三年乃罷。庚申，監察御史傅巖起、李嘉賓言：「遼王脫脫，乘國有隙，誅屠骨肉，其惡已彰，恐懷疑貳。如令歸藩，譬之縱虎出柙。請廢之，別立近族以襲其位。」不報。甲子，作佛事，命僧百八人及倡優百戲，導帝師游京城。庚午，選守令、推官。舊制，臺憲歲舉守令、推官二人，有罪連坐；至是言其不便，復命中書於常選擇人用之。壬申，請上大行皇帝謚于南郊曰睿聖文孝皇帝，廟號英宗。甲戌，江浙行省左丞趙簡，請開經筵及擇師傅，令太子及諸王大臣子孫受學，遂命平章政事張珪、翰林學士承旨忽都魯都兒迷失、學士吳澄、集賢直學士鄧文原，以帝範、資治通鑑、大學衍義、貞觀政要等書進講，復敕右丞相也先鐵木兒領之。諸王怯別、孛羅各遣使來貢。高昌王亦都護帖木兒補化遣使進蒲萄酒。丁丑，監察御史宋本、趙成慶、李嘉賓言：「盜竊太廟神主，由太常守衞不謹，請罪之。」不報。戊寅，御史李嘉賓劾逆黨左阿速衞指揮使脫帖木兒，罷之。癸未，宣諭也里可溫各如教具戒。加封廣德路祠山神張眞君曰普濟，寧國路廣惠王曰福祐。紹興、慶元、延安、岳州、潮州五路及鎭遠府、河州、集州饑，發粟賑之。

三月丁亥朔，罷徽政院，立詹事院，以太傅朶台、宣徽使禿滿迭兒、桓國公拾得驢、太尉丑驢答剌罕，並爲太子詹事；中書參知政事王居仁爲太子副詹事。以同知宣政院事楊廷玉爲中書參知政事。罷大同路黃華嶺及崇慶屯田。賜壽寧公主金十錠、銀五十錠、鈔二萬錠。乙未，以江西行省平章政事也兒吉你知樞密院事。置定王薛徹干總管府。給蒙古流民糧、鈔，遣還所部，敕擅徙者斬，藏匿者杖之。賜諸王徹徹禿永福縣戶萬三千六百爲食邑，仍置王傅。戊戌，廷試進士，賜八剌、張益等八十四人及第、出身有差；會試下第者，亦賜教官有差。中書省臣請禁橫奏賞賚及踰越奏事者，從之。庚子，欽察罷爲陝西行臺御史大夫。以四川行中書省平章政事囊加台兼宣政院使，往征西番寇參卜郎。癸卯，命中書平章政事乃馬台攝祭南郊，知樞密院事闊徹伯攝祭太廟，以册皇后、皇太子告。丙午，御大明殿，册八八罕氏爲皇后，〔七〕皇子阿〔速〕〔剌〕吉八爲皇太子。〔八〕己酉，以皇子八的麻亦兒間卜嗣封晉王。泰寧王買奴卒，以其子亦憐眞朶兒赤嗣。遣湘寧王八剌失里出鎭察罕腦兒，罷宣慰司，立王傅府。以知樞密院事也〔先〕〔兒〕吉你爲雲南行省右丞相。〔九〕召流人還京師。庚戌，月直延民眞只海、阿答罕來獻大珠。監察御史宋本、李嘉賓、傅巖起言：「太尉、司徒、司空，三公之職，濫假僧人，及會福、殊祥二院，並辱名爵，請罷之。」不報。癸丑，諸王不賽因遣使朝貢。臨洮狄道縣，冀寧石州、離石、寧鄉縣旱，饑，賑米兩月。廣西橫州傜寇永淳縣。

夏四月戊午，廉恂罷爲集賢大學士，食其祿終身。賜乳母李氏鈔千錠。賜征參卜郎軍千人鈔四萬七千錠。太尉不花、平章政事卽烈，坐矯制以寡婦古哈强配撒梯，被鞫，詔以世祖舊臣，原其罪。己未，以珠字詔賜帝師所居撒思加部。庚申，詔整飭御史臺。作昭〔獻元〕聖皇后御容殿於普慶寺。〔一〇〕辛酉，命昌王八剌失里往鎭阿難答昔所居地。親王圖帖睦爾至自潭州，及王禪，皆賜車帳、駝馬。癸亥，以國言上英宗廟號曰格堅皇帝。修佛事於壽昌殿。甲子，車駕幸上都。以諸王寬徹不花、失剌，平章政事兀伯都剌，右丞善僧等居守。以嶺北行中書省左丞潑皮爲中書左丞，江南行臺中丞朶朶爲中書參知政事。馬剌罷爲太史院使。罷衞士四百人還宗仁衞。賜北庭的撒兒兀魯軍羊馬。諸王不賽因遣使來貢。癸兵民築渾河堤。丙寅，賜昌王八剌失里牛馬橐駝。稅僧、道邸舍積貨。丁卯，遣諸王捏古伯等還和林。封八剌失里繼母買的爲皇妹昌國大長公主，給銀印。以忽咱某丁爲哈讚忽咱，主西域戶籍。辛未，月食既。癸酉，以太子詹事禿滿迭兒爲中書平章政事。甲戌，命咒師作佛事厭雷。庚辰，以風烈、月食、地震，手詔戒飭百官。辛巳，太廟新殿成。木憐撒兒蠻部及北邊蒙古戶饑，賑糧、鈔有差。江陵路屬縣饑。雲南中慶、昆明屯田水。

五月丁亥，監察御史董鵬南、劉潛、邊筠、慕完、沙班以災異上言：「平章乃蠻台、宣徽院使帖木兒不花、詹事禿滿答兒，黨附逆徒，身虧臣節，太常守廟不謹，遼王擅殺宗親，不花、卽里矯制亂法，皆蒙寬宥，甚爲失刑，乞定其罪，以銷天變。」不允。己丑，帝諭倒剌沙曰：「朕卽位以來，無一人能執成法爲朕言者。知而不言則不忠，且陷人於罪。繼自今，凡有所知，宜悉以聞，使朕明知法度，斷不敢自縱。非獨朕身，天下一切政務，能守法以行，則衆皆乂安，反是，則天下罹於憂苦。」又曰：「凡事防之於小則易，救之於大則難，爾其以朕言明告于衆，俾知所慎。」壬辰，御史臺臣禿忽魯、紐澤以御史言：「災異屢見，宰相宜避位以應天變，可否仰自聖裁。顧惟臣等爲陛下耳目，有徇私違法者，不能糾察，慢官失守，宜先退避，以授賢能。」帝曰：「御史所言，其失在朕，卿等何必遽爾！」禿忽魯又言：「臣已老病，恐誤大事，乞先退。」於是中書省臣兀伯都剌、張珪、楊廷玉皆抗疏乞罷。丞相旭邁傑、倒剌沙言：「比者災異，陛下以憂天下爲心，反躬自責，謹遵祖宗聖訓，修德慎行，敕臣等各勤乃職，手詔至大都，居守省臣皆引罪自劾。臣等爲左右相，才下識昏，當國大任，無所襄贊，以致災祲，罪在臣等，所當退黜，諸臣何罪。」帝曰：「卿若皆辭避而去，國家大事，朕孰與圖之。宜各相諭，以勉乃職。」戊戌，遷列聖神主于太廟新殿。辛丑，循州徭寇長樂縣。甲辰，赦上都囚笞罪以下者。丙午，太白犯鬼。侍御史高奎上書，請求直言，辨邪正，明賞罰，帝善其言，賜以銀幣。丁未，太白犯鬼積尸氣。己酉，賓州民方二等爲寇，有司捕擒之。癸丑，命司天監禜星。中書平章政事禿滿迭兒、領宣徽使詹事丞回回，請如裕宗故事，擇名儒輔太子，敕中書省臣訪求以聞。袁州火，龍慶、延安、吉安、杭州、大都諸路屬縣水，民饑，賑糧有差。

六月乙卯朔，遣諸王闊闊出鎮畏兀，賜金、銀、鈔千計。戊午，雲南蒙化州高蘭神場寨主照明羅九等寇威楚。庚申，張珪自大都至，以守臣集議事言：「逆黨未討，奸惡未除，忠憤未雪，寃枉未理，政令不信，賞罰不公，賦役不均，財用不節，請裁擇之。」不允。諸王阿木哥薨，賻鈔千錠。諸王寬徹、亦里吉赤來朝。賜駙馬鐵木兒等部鈔一萬三千錠，北邊戍兵鈔萬六千八十錠。賑蒙古饑民，遣還所部。延安路饑，禁酒。癸亥，作禮拜寺於上都及大同路，給鈔四萬錠。丙寅，遣使招諭參卜郎。遣闊闊出等詣高麗，取女子三十人。廣西左右兩江黃勝許、岑世興乞遣其子弟朝貢，許之。丁卯，大幄殿成，作鎮雷坐靜佛寺。〔二〕庚午，置海剌禿屯田總管府。辛未，修黑牙蠻答哥佛事於水晶殿。癸酉，帝受佛戒於帝師。己卯，諸王怯別等遣其宗親鐵木兒不花等，奉馴豹、西馬來朝貢。詔：「疏決繫囚，存恤軍士，免天下和買雜役三年，蠲戶差稅一年。百官四品以下，普覃散官一等，三品遞進一階。遠仕瘴地，身故不得歸葬，妻子流落者，有司資給遣還，仍著爲令。」雲南大理路你囊爲寇。大都，眞定晉州、深州，奉元諸路及甘肅河渠營田等處，雨傷稼，賑糧二月。大司農屯田、諸衛屯田、彰德、汴梁等路雨傷稼，順德、大名、河間、東平等二十一郡蝗，晉寧、鞏昌、常德、龍興等處饑，皆發粟賑之。大同渾源河，眞定滹沱河，陝西渭水、黑水，渠州江水皆溢，並漂民廬舍。宣德府、鞏昌路及八番金石番等處雨雹。河間、晉寧、涇州、揚州、壽春等路，湖廣、河南諸屯田皆旱。

秋七月丙戌，思州平茶楊大車、酉陽州冉世昌寇小石耶、凱江等寨，調兵捕之。諸王阿馬蒉，賻鈔五千錠。賜雲南王王禪鈔二千錠，諸王阿都赤鈔三千錠。作楠木殿。招諭船領、義寧、靈川等處徭。庚寅，遣使代祀岳瀆。丙申，以諸王薛徹禿襲統其父完者所部，仍給故印。己亥，賑蒙古流民，給鈔二十九萬錠，遣還，仍禁毋擅離所部，違者斬。庚子，諸王伯顏帖木兒出鎮闊連東部，阿剌忒納失里出鎮沙州，各賜鈔三千錠。撒忒迷失率衞士佐太師按塔出行邊，賜鈔千錠。癸卯，罷廣州、福建等處採珠蜑戶爲民，仍免差稅一年。丙午，以畏兀字譯西番經。丁未，禜星于上都司天監。以山東鹽運司判官馬合謨爲吏部尚書，佩虎符，翰林修撰楊宗瑞爲禮部郎中，佩金符，奉卽位詔往諭安南。置長慶寺，以宦者阿亦伯爲寺卿。罷中瑞司。中書省臣言：「東宮衞士，先朝止三千人，今增至萬七千，請命詹事院汰去，仍依舊制。」從之。戊申，以籍入鐵木迭兒及子班丹、觀音奴貲產給還其家。奉元路朝邑縣、曹州楚丘縣、大名路開州濮陽縣河溢，大都路固安州清河溢，順德路任縣沙、〔澧〕〔澧〕、洺水溢，〔一二〕眞定、廣平、廬州等十一郡雨傷稼，龍慶州雨雹大如雞子，平地深三尺，定州屯河溢、山崩，免河渠營田租。大都、鞏昌、延安、冀寧、龍興等處饑，賑糶有差。廣西慶遠猺酋潘父絹等率衆來降，署爲簿、尉等官有差。加封溫州故平陽侯曰英烈侯。

八月甲寅〔朔〕，徹徹兒、火兒火思之地五千貧乏，〔一三〕賑糧二月。乙卯，敕以刑獄復隸宗正府，依世祖舊制，刑部勿與。丙辰，享太廟。丁巳，賜諸王八里台、黄頭鈔各千五百錠。禁言赦前事。庚申，市牝馬萬匹取湩酒。賑帖列干、木倫等驛戶糧、鈔有差。辛亥，〔一四〕遣翰林學士承旨斡赤祀太祖、太宗、睿宗御容于普慶寺。賜親王圖帖睦爾鈔三千錠。庚午，作中宮金脊殿。辛未，繪帝師八思巴像十一頒各行省，俾塑祀之。敕武官坐罪制授者以聞，敕授者從行省處決。以金泉舘酒課賜公主壽寧。丁丑，罷浚玉泉山河役。車駕至大都。癸未，敕樞密役軍凡三百人以上奏聞。詔諭雲南大車里、小車里。秦州成紀縣大雨，山崩，水溢，壅土至來谷河成丘阜。汴梁、濟南屬縣雨水傷稼，賑之。延安、冀寧、杭州、潭州等十二郡及諸王哈伯等部饑，賑糧有差。

九月乙酉，封也速不堅爲荆王，賜金印。以宣德府復隸上都留守司。辛卯，罷哈思的結魯思伴卜總統所，更置臨洮總管府。賜潛邸衞士鈔萬錠。丙申，葺太祖神御殿。乙巳，昭獻元聖皇后忌日修佛事飯僧萬（萬）人。〔一五〕敕存恤武衞軍一年。癸丑，以籍入阿散家貲給其子脫列。改邕州爲南寧路。岑世興遣其弟興元來朝貢。〔一六〕奉元路長安縣大雨，灃水溢，延安路洛水溢，濮州舘陶縣及諸衞屯田水，建昌、紹興二路饑，賑糧有差。

冬十月乙卯，秦州成紀縣趙氏婦一產三男。成都嘉穀生一莖九穗。丁巳，監察御史王士元請早諭教太子，帝嘉納之。戊午，享太廟。立壽福總管府，秩正三品，典累朝神御殿祭祀及錢穀事；降大天源延聖寺總管府爲提點所以隸之。庚申，命左、右相日直禁中，有事則赴中書。丙寅，太白犯斗。己巳，太白入斗。太陰犯塡星。雲南車里蠻爲寇，遣斡耳朵奉詔招諭之，其酋（塞）〔寒〕賽子尼面雁、〔一七〕搆木子刁零出降。庚午，太白犯斗。壬申，安南國世子陳日爌遣其臣莫節夫等來朝貢。眞州珠金沙河，松江府、吳江州諸河淤塞，詔所在有司傭民丁浚之。丙子，命帝師作佛事於延春閣。丁丑，緬國王子吾者那等爭立，歲貢不入，命雲南行省諭之。徙封雲南王王禪爲梁王，食邑益陽州六萬五千戶，仍以其子帖木兒〔不花〕襲封雲南王。〔一八〕封親王圖帖睦爾爲懷王，食邑（端）〔瑞〕州六萬五千戶，〔一九〕增歲賜幣帛千匹並賜金印。壬午，熒惑犯壘壁陣。肇慶徭黃寶才等降。延安路饑，發義倉粟賑之，仍給鈔四千錠。廣東道及武昌路江夏縣饑，賑糶有差。河南廉訪使買奴，坐多徵公田租免官。以魯國大長公主女適懷王。

〔十一月〕己丑，〔二〇〕命道士修醮事。癸巳，遣兵部員外郎宋本，吏部員外郎鄭立、阿魯灰，工部主事張成，太史院都事費著，分調閩海、兩廣、四川、雲南選。諸王不賽因言其臣出班有功請官之，以出班爲開府儀同三司、翊國公，給銀印、金符。賜諸王散朮台、也速速兒鈔各千五百錠，斡耳朵罕鈔千二百錠，魯賓鈔千五百錠。甲午，禁星于回回司天監。己亥，以朮溫台知樞密院事。辛丑，造金寶蓋，飾以七寶，貯佛舍利。甲辰，作歇山鹿頂樓于上都。丁未，釋笞四十七以下囚及輕罪流人，給鈔二千錠散與貧者。印明年鈔本至元鈔四十萬錠、中統〔鈔〕十萬錠。〔二〕己酉，詔免也里可溫、答失蠻差役。庚戌，招諭融州猺般領、大、小木龍等百七十五團。河間路饑，賑糧二月。汴梁、信州、泉州、南安、贛州等路饑，賑糶有差。嘉定路龍(興)〔游〕縣饑，〔三〕賑糧一月。大都、上都、興和等路十三驛饑，賑鈔八千五百錠。

十二月癸丑朔，以岑世興爲懷遠大將軍，遙授沿邊溪洞軍民安撫使，佩虎符，仍來安路總管；黄勝許爲懷遠大將軍，遙授沿邊溪洞軍民安撫使，佩虎符，致仕，其子志熟襲爲上思州知州。降詔宣諭，仍各賜幣帛二。乙卯，雲南猺阿吾及歪閙爲寇，行省督兵捕之。庚申，同州地震，有聲如雷。癸亥，鹽官州海水溢，屢壞隄障，侵城郭，遣使祀海神，仍與有司視形勢所便，還請疊石爲塘，詔曰：「築塘是重勞吾民也。其增石囤扞禦，庶天其相之。」乙丑，給蒙古子女孳畜。丙寅，命翰林國史院修纂英宗、顯宗實錄。敕：「内外百官凡行朝賀等禮，雨雪免朝服。」庚午，熒惑犯外屏。辛未，新作棕殿成。諸王鎖思的薨，賻鈔五百錠。乙亥，太白經天。曲赦重囚三十八人，以爲三宮祈福。夔路容米洞蠻田先什用等九洞爲寇，四川行省遣使諭降五洞，餘發兵捕之。陝西行省以兵討階州土蕃。察罕腦兒千戶部饑，賑糧一月。延安路雹災，賑糧一月。溫州路樂清縣鹽場水，民饑，發義倉粟賑之。兩浙及江東諸郡水、旱，壞田六萬四千三百餘頃。

二年春正月丙戌，辰星犯天雞。乙未，以畿甸不登，罷春畋。禁后妃、諸王、駙馬，毋通星術之士，非司天官不得妄言禍福。敕：「御史臺選舉，與中書合議以聞。」中書省臣言：「江南民貧僧富，諸寺觀田土，非宋舊置并累朝所賜者，請仍舊制與民均役。」從之。以籍八思吉思地賜故監察御史觀音寶、鎖咬兒哈的迷失妻子，各十頃。戊戌，造象輦。參卜郎來降，賜其酋班朮兒銀、鈔、幣、帛。辛丑，懷王圖帖睦爾出居于建康。壬寅，太白犯建星。甲辰，奉安顯宗像于永福寺，給祭田百頃。廣西山獠爲寇，命所在有司捕之。江浙行省平章政事脫歡答剌罕陞爲左丞相。諸王怯別遣使貢方物，賜鈔四萬錠。戊申，以乞剌失思八班藏卜爲土蕃等路宣慰使都元帥，兼管長河西、奔不兒亦思剛、察沙加兒、朶甘思、朶思麻等管軍達魯花赤，與其屬往鎮撫參卜郎。庚戌，詔諭宰臣曰：「向者卓兒罕察苦魯及山後皆地震，內郡大小民饑。朕自卽位以來，惟太祖開創之艱，世祖混一之盛，期與人民共享安樂，常懷祗懼，災沴之至，莫測其由。豈朕思慮有所不及而事或僭差，天故以此示儆？卿等其與諸司集議便民之事，其思自死罪始，議定以聞，朕將肆赦，以詔天下。」肇慶、韶昌、延安、贛州、南安、英德、新州、梅州等處饑，賑糶有差。

閏月壬子朔，詔赦天下，除江淮創科包銀，免被災地差稅一年。庚申，修野狐嶺、色澤、桑乾嶺道。乙丑，命整治屯田。河南行省左丞姚煒請禁屯田吏蠶食屯戶，及勿務羨增以廢裕民之意，不報。丁卯，中書省臣言：「國用不足，請罷不急之費。」從之。置惠遠倉、永需庫於海剌禿總管府。己巳，修滹沱河堰。壬申，罷永興銀場，聽民採鍊，以十分之三輸官。罷松江都水庸田使司，命州縣正官領之，仍加兼知渠堰事。癸酉，作棕毛殿。丙子，浙西道廉訪司言：「四方代祀之使，棄公營私，多不誠潔，以是神不歆格，請慎擇之。」山南廉訪使帖木哥請削降鐵失所用驟陞官。戊寅，諸王忽塔梯迷失等來朝，賜金、銀、鈔、幣有差。己卯，河間、眞定、保定、瑞州四路饑，禁釀酒。階州土蕃爲寇，鞏昌總帥府調兵禦之。站八兒監藏叛於兀敦。保定路饑，賑鈔四萬錠、糧萬五千石。雄州歸信諸縣大雨，河溢，被災者萬一千六百五十戶，賑鈔三萬錠。南賓州、棣州等處水，〔三〕民饑，賑糧二萬石，死者給鈔以葬。五花城宿滅禿、抽只干、麻兀三驛饑，賑糧二千石。衡州衡陽縣民饑，瑞州蒙山銀場丁饑，賑粟有差。山東廉訪使許師敬請頒族葬制，禁用陰陽相地邪說。

二月甲申，祭先農。丙戌，頒道經于天下名山宮觀。丁亥，平伐苗酋的娘率其戶十萬來降，土官三百六十人請朝。湖廣行省請汰其衆還部，令的娘等四十六人入覲，從之。己丑，加嗣漢三十九代天師張嗣成太玄輔化體仁應道大眞人。庚寅，熒惑、（辰）〔歲〕星、塡星聚于畢。〔二四〕辛卯，賑安定王朵兒只班部軍糧三月。爪哇國遣其臣昔剌僧迦里也奉表及方物來朝貢。廣西徭潘寶陷柳城縣。丁酉，禁星于回回司天監。己亥，命西僧作燒壇佛事於延華閣。封阿里迷失爲和國公、張珪爲蔡國公，仍知經筵事。以中書右丞善僧爲平章政事，參知政事潑皮爲右丞。御史大夫禿忽魯加太保，仍御史大夫。庚子，姚煒以河水屢決，請立行都水監於汴梁，倣古法備捍，仍命瀕河州縣正官皆兼知河防事，從之。丙午，造玉御床。戊申，命道士祭五福太一神。庚戌，通、漷二州饑，發粟賑糶。薊州、寶坻縣、慶元路象山諸縣饑，賑糧二月。甘州蒙古驛戶饑，賑糧三月。大都、鳳翔、寶慶、衡州、潭州、全州諸路饑，賑糶有差。

三月癸丑，修曹州濟陰縣河隄，役民丁一萬八千五百人。甲寅，禁捕天鵝。丁巳，賜諸王帖木兒不花等鈔有差。辛酉，咸平府清河、寇河合流，失故道，壞堤堰，敕蒙古軍千人及民丁修之。乙丑，車駕幸上都。諸王搠思班部戰士四百人征參卜郎有功，人賞鈔四千錠。乙亥，安南國世子陳日爌遣使貢方物。荊門州旱，漷州、薊州、鳳州、延安、歸德等處民及山東蒙古軍饑，賑糧、鈔有差。肇慶、富州、惠州、袁州、江州諸路及南恩州、梅州饑，賑糶有差。

夏四月丁亥，作吾殿。癸巳，和市牝馬有駒者萬匹。敕宿衞駝馬散牧民間者，歸官廄飼之。丁酉，濮州鄄城縣言城西堯塚上有佛寺，請徙之，不報。辛丑，加公主壽寧爲皇姊大長公主。禁山東諸路酒。丙午，㚘夷及蒐雁遮殺雲南行省所遣諭蠻使者，敕追捕之。丁未，封后父火里兀察兒爲威靖王。戊申，以許師敬爲中書左丞；中政使馮亨爲中書參知政事，仍中政使。奉元路白水縣雹。鞏昌路伏羌縣大雨，山崩。鎭江、寧國、瑞州、桂州、南安、寧海、南豐、潭州、涿州等處饑，賑糧五萬餘石。隴西、漢中、秦州饑，賑鈔三萬錠。

五月壬子，車里陶剌孟及大阿哀蠻兵萬人乘象寇陷朶剌等十四寨，木邦路蠻八廟率㚘夷萬人寇陷倒八漢寨，督邊將嚴備之。癸丑，龍牙門蠻遣使奉表貢方物。辛未，罷京師官鬻鹽肆十五。改河間鹽運司爲大都河間等路都轉運鹽使司。遣察乃使于周王和世㻋。癸酉，融州否泉洞、吉龍洞、洞村山、黑江諸徭爲寇，廣西元帥府發兵討之。丙子，旭邁傑等以國用不足，請減厩馬，汰衞士，及節諸王濫賜，從之。賜潛邸怯憐口千人鈔三萬錠。浙西諸郡霖雨，江湖水溢，命江浙行省及都水庸田司興役疏洩之。置諫議書院於昌平縣，祀唐劉蕡。大都路檀州大水，平地深丈有五尺，汴梁路十五縣河溢，江陵路江溢，洮州、臨洮府雨雹，潭州、興國屬縣旱，彰德路蝗，龍興、平江等十二郡饑，賑糶米三十二萬五千餘石。鞏昌路臨洮府饑，賑鈔五萬五千錠。

六月己卯朔，皇子生，命巫祓除于宮。葺萬歲山殿。靜江猺爲寇，遣廣西宣慰司發兵捕之。辛巳，柳州猺爲寇，戍兵討斬之。癸未，潯州平南縣猺爲寇，達魯花赤都堅、都監姚泰亨死之。甲申，改封嘉王晃火帖木兒爲幷王。丙戌，塡星犯井鉞星。丙申，中書參知政事左塔不台言：「大臣兼領軍務，前古所無。鐵失以御史大夫，也先帖木兒以知樞密院事，皆領衞兵，如虎而翼，故成逆謀。今軍衞之職，乞勿以大臣領之，庶勳舊之家得以保全。」從之，仍賜幣帛以旌其直。丁酉，靜江義寧縣及慶遠安撫司蠻猺爲寇，敕守將捕之。息州民趙丑厮、郭菩薩，妖言彌勒佛當有天下，有司以聞，命宗正府、刑部、樞密院、御史臺及河南行省官雜鞫之。辛丑，柳州馬平縣猺爲寇，湖廣行省督所屬追捕之。丙午，塡星犯井。丁未，立都水庸田使司，浚吳、松二江。敕營造毋役五衞軍士，止以武衞、虎賁二衞給之。開南州阿只弄、哀培蠻兵爲寇，命雲南行省督所屬兵捕之。通州三河縣大雨，水丈餘。潼川府綿江、中江水溢入城郭。冀寧路汾河溢。秦州秦安山移。新州路旱，濟南、河間、東昌等九郡蝗，奉元、衞輝路及永平屯田豐贍、昌國、濟民等署雨傷稼，蠲其租。濟寧、興元、寧夏、南康、歸州等十二郡饑，賑糶米七萬餘石。鎭西武靖王部及遼陽水達達路饑，賑糧一月。

秋七月戊申朔，大、小車里蠻來獻馴象。(乙)〔己〕酉，〔三五〕賜諸王燕大等金、鈔有差。庚戌，遣阿失伯祀宅神于北部行幄。甲寅，遣使奉詔分諭猺蠻，鎭康路土官你囊、謀粘路土官賽丘羅出降；木邦路土官八廟既降復叛。禜星于上都司天監。紐澤、許師敬編類帝訓成，請於經筵進講，仍俾皇太子觀覽，有旨譯其書以進。丙辰，享太廟。播州蠻黎平愛等集羣夷爲寇，湖廣行省請兵討之，不許，詔播州宣撫使楊也里不花招諭之。戊午，遣使代祀龍虎、武當二山。己未，置車里軍民總管府，以土人寒賽爲總管，佩金虎符。中書省臣言：「往歲征傜，廉訪司劾其濫殺，今凡出師，請廉訪司官一員涖軍糾正。」從之。庚申，以宮人二賜藩王怯別。癸亥，修大乾元寺。以許師敬及郎中買驢兼經筵官。廣西諸傜寇城邑，遣湖廣行省左丞乞住、兵部尚書李大成、中書舍人買驢將兵二萬二千人討之，仍以諸王斡耳朶罕監其軍。海北猺酋盤吉祥寇陽春縣，命江西行省督兵捕之。庚午，以國用不足，罷書金字藏經。威楚、大理諸蠻爲寇，雲南行省請出師，不允，遣亦剌馬丹等使大理，普顏實立等使威楚，招諭之。思州洞蠻楊銀千等來獻方物。封駙馬孛羅帖木兒、知樞密院事火沙並爲郡王。辛未，立河南行都水監。申禁漢人藏執兵仗；有軍籍者，出征則給之，還，復歸于官。壬申，御史臺臣言：「廉訪司涖軍，非世祖舊制。賈胡鬻寶，西僧修佛事，所費不貲，於國無益，並宜除罷。」從之。敕太傅朶台、太保禿忽魯日至禁中集議國事。傜蠻潘寶寇鐔津、義寧、來賓諸縣，命廣西守將捕之。慶遠溪洞民饑，發米二萬五百石，平價糶之。敕山東州縣收養流民遺棄子女。延安、鄜州、綏德、鞏昌等處雨雹，般陽新城縣蝗，宗仁衞屯田隕霜殺禾，睢州河決，順德、汴梁、德安、汝寧諸路旱，免其租。梅州、饒州、鎮江、郴州諸路饑，賑糶米三萬餘石。

八月戊子，修上都香殿。辛卯，雲南白夷寇雲龍州。癸巳，歲星犯天罇。辛丑，遣使代祀岳瀆名山大川。敕：「諸王私入京者，勿供其所用；諸部曲宿衞私入京者，罪之。」命度支監汰阿塔赤所掌駝馬，於外郡飼之。大都路檀州、鞏昌府靜寧縣、〔二六〕延安路安塞縣雨雹。衞輝路汲縣河溢。南恩州、瓊州饑，賑糧一月。臨江路、歸德府饑，賑糧二月。衡州、建昌、岳州饑，賑糶米一萬三千石。

九月戊申朔，分天下爲十八道，遣使宣撫。詔曰：「朕祗承洪業，夙夜惟寅，凡所以圖治者，悉遵祖宗成憲。曩屢詔中外百司，宣布德澤，蠲賦詳刑，賑恤貧民，思與黎元共享有生之樂。尙慮有司未體朕意，庶政或闕，惠澤未洽，承宣者失於撫綏，司憲者怠於糾察，俾吾民重困，朕甚憫焉。今遣奉使宣撫，分行諸道，按問官吏不法，詢民疾苦，審理寃滯，凡可以興利除害，從宜舉行。有罪者，四品以上，停職申請，五品以下，就便處決。其有政績尤異，暨晦跡丘園，才堪輔治者，具以名聞。」以湖廣行省參知政事馬合某、河東宣慰使李處恭之兩浙江東道，江東道廉訪使朶列禿、太史院使齊履謙之江西福建道，都功德使舉林伯、荆湖宣慰使蒙弼之江南湖廣道，禮部尙書李家奴、工部尙書朱蕡之河南江北道，同知樞密院事阿吉剌、御史中丞曹立之燕南山東道，太子詹事別帖木兒、宣徽院判韓讓之河東陝西道，吏部尚書納哈出、董訥之山北遼東道，陝西鹽運使衆家奴、中書斷事官韓庭茂之雲南省，湖南宣慰使寒食、冀寧路總管劉文之甘肅省，山東宣慰使禿思帖木兒、陝西行省左丞廉惇之四川省，翰林侍講學士帖木兒不花、祕書卿吳秉道之京畿道。以郡縣饑，詔運粟十五萬石貯瀕河諸倉，以備賑救，仍敕有司治義倉。禁大都、順德、衞輝等十郡釀酒。募富民入粟拜官，二千石從七品，千石正八品，五百石從八品，三百石正九品，不願仕者旌其門。諸王斡即遣使貢金浮圖。己酉，海運江南糧百七十萬石至京師。庚戌，復尙乘寺、光祿寺爲正三品，給銀印。癸丑，車駕至大都。遣使祀海神天妃。甲寅，禁饑民結扁擔社，傷人者杖一百，著爲令。乙卯，享太廟。己未，岑世興上言，自明不反，請置蒙古、漢人監貳官，詔優從之。壬戌，諸王牙即貢馬。丁丑，浚河間陳玉帶河。廣西徭寇賓州。禮部員外郎元永貞言：「鐵失弑逆，皆由鐵木迭兒始禍，請明其罪，仍錄付史館，以爲人臣之戒。」漢中道文州霖雨，山崩。檀州雨雹。開元路三河溢。瓊州、南安、德慶諸路饑，賑糧、鈔有差。

冬十月戊寅朔，張珪歸保定上冢，以病辭祿，不允。岑世興及子鐵木兒率衆寇上林等州，〔二七〕命撫諭之。壬午，禁成都路釀酒。癸未，以倒剌沙爲御史大夫。丁亥，享太廟。己丑，賜恩平王塔思不花部鈔五千錠。壬辰，熒惑犯氐。癸巳，塡星退犯井。播州凱黎苗率諸寨苗、獠爲寇。乙未，皇后亦憐眞八剌受佛戒於帝師。丁酉，廣西徭酋何童降，請防邊自效，從之。乙巳，寧遠知州添插言，安南國土官押那攻掠其木末諸寨，請治之，敕安南世子諭押那歸其俘。丙辰，〔二八〕寧夏路、曹州屬縣水。霸州、衢州路饑，賑糧二月。

〔十一月〕戊申，〔二九〕周王和世㻋遣使以豹來獻。改長寧軍爲州。庚戌，旭邁傑以歲饑請罷皇后上都營繕，從之。紐澤以病乞罷，不允。丙辰，郭菩薩等伏誅，杖流其黨。丁巳，幸大承華普慶寺，祀昭獻元聖皇后于影堂，賜僧鈔千錠。岑世興結八番蠻班光金等合兵攻石頭等寨，敕調兵禦之。八番宣慰司官失備坐罪。戊午，塡星退犯井宿鉞星。己未，詔整飭臺綱。庚申，倭舶來互市。廣西道宣慰使獲猺酋潘寶下獄，其弟潘見遂寇柳州，命湖廣行省左丞乞住捕之。壬戌，敕軍民官蔭襲者，由本貫圖宗支，申請銓授。丙寅，倒剌沙復爲中書左丞相，加開府儀同三司、錄軍國重事。丁卯，罷蒙山銀冶提舉司，命瑞州路領之。壬申，賜諸王不賽因鈔二萬錠、帛百匹。諸王斡耳朶罕遣使以追捕廣西猺寇上聞，帝曰：「朕自卽位，累詔天下憫恤黎元，惟廣猺屢叛，殺掠良民，故命斡耳朶罕等討之。今聞迎降者甚衆，宜更以恩撫之。若果不悛，嚴兵追捕。」京師饑，賑糶米四十萬石。內郡饑，賑鈔十萬錠、米五萬石。河間諸郡流民就食通、漷二州，命有司存恤之。杭州路火，賑貧民糧一月。常德路水，民饑，賑糧萬一千六百石。

十二月戊寅，以塔失帖木兒爲中書右丞相。癸未，加塔失帖木兒開府儀同三司、上柱國、錄軍國重事、監修國史，封薊國公。諸王不賽因遣使貢珠，賜鈔二萬錠。乙酉，帝復受佛戒於帝師。熒惑犯天江，辰星犯建星。丁亥，修鹿頂殿。鎭南王脫不花薨，遣中書平章政事乃馬歹攝鎭其地。中書省臣言山東、陝西、湖廣地接戎夷，請議選宗室往鎭，從之。中禁圖讖，私藏不獻者罪之。癸巳，京師多盜，塔失帖木兒請處決重囚，增調邏卒，仍立捕盜賞格，從之。甲午，太白犯壘壁陣。召張珪於保定。丁酉，加紐澤知樞密院事，與馬某沙並開府儀同三司。弛瑞州路酒禁。左丞乞住、諸王斡耳朵罕征徭賊敗之。元江路土官普山爲寇，命戍兵捕之。壬寅，大寧路鳳翔府饑，禁釀酒。右丞趙簡請行區田法於內地，以宋董煟所編救荒活民書頒州縣。濟南、延川二路饑，賑鈔三千五百錠。惠州、杭州等處饑，賑糶有差。

是歲，陝西府雨雹。〔三〇〕御河水溢。以故翰林學士不花、中政使普顏篤、指揮使卜顏忽里爲鐵失等所繫死，贈功臣號及階勳爵謚。

校勘記

〔一〕〔九月〕癸巳　據下文卽位詔補。按卽位詔謂「九月初四日」卽位，是月庚寅朔，癸巳卽九月初四日。考異已校。

〔二〕達達國土都付來　按本詔書下文用語及文義，此處「付」上當有「委」字。蒙史已校。

〔三〕是歲　按九月之末不當云「是歲」，此處史文有誤。

〔四〕禿〔忽〕魯　據下文泰定元年五月壬辰條所見「禿忽魯」補。按憲臺通紀有「命禿忽魯、紐澤兩箇爲御史大夫」。

〔五〕辰星犯（壁壘）〔壘壁〕陣　從殿本改正。

〔六〕遼陽答陽失蠻　本證云「陽字疑衍」。按「答失蠻」一名本書多見，爲伊斯蘭修士之音譯，亦用作人名。此「陽」字當涉上「遼陽」而衍。

〔七〕册八八罕氏爲皇后　考異云：「后妃表、后妃傳、特薛禪傳並作八不罕。八不罕者，其名也，當書宏吉剌氏，不當云八八罕氏。」

〔八〕阿（速）〔剌〕吉八　據蒙文羅藏丹津黃金史、蒙古源流語音改。按本書卷一〇七宗室世系表作「阿里吉八」，即「阿剌吉八」之異譯。元史紀事本末已校。

〔九〕也（先）〔兒〕吉你　見卷二七校勘記〔七〕。

〔一〇〕昭〔獻元〕聖皇后　據下文泰定二年十一月丁巳條及本書卷一〇六后妃表、卷一一六后妃傳補。

〔一一〕作鎭雷坐靜佛寺　「寺」疑爲「事」字之誤。

〔一二〕順德路任縣沙（澧）〔灃〕洛水溢　按寰宇通志卷五，任縣有灃河。澧水在今湖南，與任縣無涉。

「澧」「灃」形近致誤，今改。道光本已校。

〔一三〕五千貧乏 按文義，疑「千」下脫戶字。

〔一四〕辛亥 按是月甲寅朔，無辛亥日。此「辛亥」在庚申初七日、庚午十七日間，疑爲辛酉初八日或癸亥初十日之誤。

〔一五〕飯僧萬（萬）人 「萬」字重出，據文義刪。續通鑑已校。

〔一六〕岑世興遣其弟興元來朝貢 按上文至治三年十二月癸未條有「岑世興遣其弟世元入貢」。世興兄弟行有世忠、世傑，則此人當名世元。「興」疑爲「世」字之誤。

〔一七〕（塞）〔寒〕賽 據下文泰定二年七月己未條及元文類卷四一經世大典序錄招捕所見「寒賽」「罕賽」改。蒙史已校。

〔一八〕帖木兒〔不花〕 據下文泰定四年十一月庚午條及本書卷一〇七宗室世系表、卷一〇八諸王表補。蒙史已校。

〔一九〕（端）〔瑞〕州 元無「端州」。按本書卷二一成宗紀大德八年十月庚寅條及卷九五食貨志歲賜，瑞州原爲元武宗海山食邑。海山次子圖帖睦爾封懷王，襲其父食邑。「端」誤，今改。續編已校。

〔二〇〕〔十一月〕己丑 考異云：「是年失書十一月，自己丑以後，皆十一月事。」按是年十月甲寅朔，無己丑日；十一月癸未朔，己丑爲初七日。考異是，從補。

〔二一〕中統〔鈔〕十萬錠　從道光本補。

〔二二〕嘉定路龍(興)〔游〕縣饑　按本書卷六〇地理志，嘉定府路屬縣有龍游，據改。本證已校。

〔二三〕南賓州棣州等處水　按元無「南賓州」。四川重慶路忠州屬縣有南賓，但未升州。此處疑爲「濟南、濱州、棣州」之脫誤，「南」上脫「濟」字，「濱」誤爲「賓」。

〔二四〕熒惑(辰)〔歲〕星塡星聚于畢　據本書卷四八天文志改。按是日畢宿黃經在五〇至七〇度間，火星黃經四〇度半，木星黃經五八度，土星黃經六七度半，皆合；水星黃經三二四度半，不合。

〔二五〕(乙)〔己〕酉　按是月戊申朔，無乙酉日，此「乙酉」在庚戌初三日前，爲己酉初二日之誤，今改。道光本已校。

〔二六〕鞏昌府靜寧縣　按本書卷六〇地理志，「靜寧縣」應作「靜寧州」。

〔二七〕上林等州　本證云：「案地理志，上林是賓州屬縣，非州也。」

〔二八〕丙辰　按是月戊寅朔，無丙辰日。此「丙辰」在乙巳二十八日後，疑爲丙午二十九日之誤。

〔二九〕〔十一月〕戊申　考異云：「是年失書十一月，自戊申以後皆十一月事。」按是年十月戊寅朔，無戊申日；十一月丁未朔，戊申爲初二日。考異是，從補。

〔三〇〕陝西府雨雹　本證云：「案以五行志證之，府上脫臨洮二字；然是年陝西雨雹又非止一府也。」

元史卷三十

本紀第三十

泰定帝二

三年春正月丙午朔，征東行省左丞相、高麗國王王（章）〔璋〕，〔一〕遣使奉方物，賀正旦。播州宣慰使楊燕里不花招諭蠻酋黎平慶等來降。〔二〕戊申，元江路總管普雙叛，命雲南行省招捕之。諸王薛徹禿、晃火帖木兒來朝，賜金、銀、鈔、幣有差。壬子，封諸王寬徹不花爲威順王，鎭湖廣；買奴爲宣靖王，鎭益都；各賜鈔三千錠。以山東、湖廣官田賜民耕墾，人三頃，仍給牛具。諸王不賽因遣使獻西馬。徵前翰林學士吳澄，不起。置都水庸田司於松江，掌江南河渠水利。己未，賜武平王帖古思不花部軍民鈔，人十五錠。以湘寧王八剌失里鎭兀魯思部。辛酉，太白犯外屛。癸亥，封朶列捏爲國公。以知樞密院事撒忒迷失爲嶺北行中書省平章政事。戊辰，緬國亂，其主答里也伯遣使來乞師，獻馴象方物。安南國阮叩寇思明路，命湖廣行省督兵備之。大都路屬縣饑，賑糧六萬石。恩州水，以糧賑之。

二月丁丑，購能首告謀逆厭魅者給賞，立賞格，諭中外。庚辰，賑魯王阿兒加失里部瓮吉剌貧民鈔六萬錠。命諸王魯賓爲大宗正。壬午，廣西全茗州土官許文傑率諸徭以叛，寇茗盈州，殺知州事李德卿等，命湖廣行省督兵捕之。以乃馬台知樞密院事。甲申，祭太祖、太宗、睿宗御容於翰林國史院。丁亥，中書請罷征徭，敕斡耳朵罕等班師，其鎭戍者如故。(乙)〔己〕丑，〔三〕禁汴梁路釀酒。甲午，葺眞定玉華宮。乙未，修佛事厭雷于崇天門。丙申，建顯宗神御殿於盧師寺，賜額曰大天源延(壽)〔聖〕寺。〔四〕敕以金書西番字藏經。甲戌，〔五〕建殊祥寺於五臺山，賜田三百頃。爪哇國遣使貢方物。庚子，以通政院使察乃爲中書平章政事。甲辰，車駕幸上都。命諸王也忒古不花及中書省臣兀伯都剌、察乃、善僧、許師敬、朶朶居守。立典醫署，秩從五品，隸詹事院。歸德府屬縣河決，民饑，賑糧五萬六千石。河間、保定、眞定三路饑，賑糧四月。建昌路饑，賑糶米三萬石。

三月乙巳朔，帝以不雨自責，命審決重囚，遣使分祀五嶽四瀆、名山大川及京城寺觀。安南國言爲龍州萬戶趙雄飛等所侵，乞諭還所掠，詔廣西道遣官究之。丙午，塡星犯井宿鉞星。丁未，敕百官集議急務。中書省臣等請汰衞士，節濫賞，罷營繕，防徭寇，諸寺官署坑冶等事歸中書，並從之。壬子，熒星于司天監。癸丑，八番巖霞洞蠻來降，願歲輸布二千五百匹，設蠻夷官鎮撫之。乙卯，申禁民間金龍文織幣。丁巳，遣諸王失剌鎮北邊。戊午，詔安撫緬國，賜其主金幣。甲子，命功德使司簡歲修佛事一百三十七。丙寅，翰林承旨阿憐帖木兒、許師敬譯帝訓成，更名曰皇圖大訓，敕授皇太子。考試國子生。遣僧修佛事於臨洮、鳳翔、星吉兒宗山等處。賜諸王孛羅鐵木兒、阿剌忒納各鈔二千錠。戊辰，熒惑犯壘壁陣，塡星犯井。庚午，塡星、太白、歲星聚于井。辛未，泉州民阮鳳子作亂，寇陷城邑，軍民官以失討坐罪。永平、衞輝、中山、順德諸路饑，賑鈔六萬六千餘錠。寧夏、奉元、建昌諸路饑，賑糧二月。大都、河間、保定、永平、濟南、常德諸路饑，免其田租之半。

四月丙戌，鎮安路總管岑修廣爲弟修仁所攻，來告，命湖廣行省辨治之。戊戌，太白犯鬼。壬寅，熒惑犯壘壁陣。〔容〕米洞蠻田先什用等結十二洞蠻寇長陽縣，〔六〕湖廣行省遣九姓長官彭忽都不花招之。田先什用等五洞降，餘發兵討之。修夏津、武〔城〕河堤三十三所，〔七〕役丁萬七千五百人。

五月甲(戌)〔辰〕朔，〔八〕藩王怯別遣使來獻豹。乙巳，修鎮雷佛事三十一所。甘肅行省臣言：「赤斤儲粟，軍士度川遠給不便，請復徙于曲尤之地。」從之。修上都復仁門。涇州饑，禁釀酒。罷造福建歲供蔗餳。以西僧馳驛擾民，禁之。甲寅，八百媳婦蠻招南(道)〔通〕遣其子招三聽奉方物來朝。〔九〕乙卯，以帝師兄鎖南藏卜領西番三道宣慰司事，尚公主，錫王爵。給壽寧公主印，仍賜田百頃、鈔三萬錠。甲子，中書會歲鈔出納之數，請節用以補不足，從之。監察御史劾宣撫使朵兒只班，學士李搭剌海、劉紹祖庸鄙不勝任。中書議：「三人皆勳舊子孫，罪無實狀，乞復其職，仍敕憲臺勿以空言妄劾。」從之。丁卯，岑世興及鎮安路岑修文合山獠、角蠻六萬餘人爲寇，命湖廣、雲南行省招諭之。遣指揮使兀都蠻鐫西番呪語于居庸關崖石。庚午，乞住招諭永明縣五洞徭來降。河西加木籠四部來降，以答兒麻班藏卜領卜剌麻沙擲部，公哥班領古籠羅烏公遠宗蘭宗孛兒問沙加堅部，唆南監藏卜領蘭宗古卜剌卜吉里昔吉林亦木石威石部，朵兒只本剌領籠答吃列八里阿卜魯答思阿答藏部。雄州饑，太平、興化屬縣水，並賑之。廬州、鬱林州及洪澤屯田旱，揚州路屬縣財賦官田水，並免其租。

六月癸酉朔，賜藩王怯別七寶束帶。以禿哈帖木兒爲四川行省平章政事；請終母喪，從之。癸未，播州蠻黎平愛復叛，合謝烏窮爲寇，宣撫使楊燕禮不花招平愛出降。烏窮不附，命湖廣行省討之。丁亥，命湘寧王八剌失里出鎮阿難答（的）之地。〔一〇〕戊子，諸王脫脫等來朝，賜金、銀、鈔、幣有差。乙未，命梁王王禪及諸王徹徹禿鎮撫北軍；賜王禪鈔五千錠、幣帛各二百匹。丁酉，遣道士吳全節修醮事於龍虎、三茅、閤皂三山。戊戌，遣使祀解州鹽池神。中書省臣言：「比郡縣旱蝗，由臣等不能調燮，故災異降戒。今當恐懼儆省，力行善政，亦冀陛下敬愼修德，憫恤生民。」帝嘉納之。賑昌王八剌失里部鈔四萬錠。賜吳王潑皮鈔萬錠。己亥，納皇姊壽寧公主女撒答八剌于中宮。道州路櫟所源傜爲寇，命乞住督兵捕之。奉元、鞏昌屬縣大雨雹，峽州旱，東平屬縣蝗，大同屬縣大水，萊蕪等處冶戶饑，賑鈔三萬錠。光州水，中山安喜縣雨雹傷稼，大昌屯河決，大寧、廬州、德安、梧州、中慶諸路屬縣水旱，並蠲其租。

秋七月甲辰，車駕發上都，禁車騎踐民禾。遼王脫脫請復太母月也倫宮守兵及女直屯戶，不允。增給太祖四大斡耳朶歲賜銀二百錠、鈔八千錠。遣使祀海神天妃。造參豹韃車三十輛。乙巳，怯憐口屯田霜，賑糧二月。丙午，享太廟。丁未，紹慶酉陽寨冉世昌及何惹洞蠻爲寇。詔行宮駝馬及宗戚將校駐冬北邊者，毋輒至京師。辛亥，封阿都赤爲綏寧王，賜鈔四千錠，給金印。壬子，皇后受牙蠻答哥戒于水(精)〔晶〕殿。〔一〕甲寅，幸大乾元寺，敕鑄五方佛銅像。乙卯，詔翰林侍講學士阿魯威、直學士燕赤譯世祖聖訓，以備經筵進講。戊午，諸王不賽因獻駝馬。遣日本僧瑞興等四十人還國。作別殿於潛邸。敕：「入粟拜官者，准致仕銓格。」己未，禁諸部王妃入京告饑。以月魯帖木兒嗣齊王，給金印。八百媳婦蠻招南通遣使來獻馴象方物。乙丑，發兵修野狐、色澤、桑乾三嶺道。戊辰，太白經天。己巳，大理土官你囊來獻方物。庚申，〔二〕廣西宣慰副使王瑞請益戍兵，及以土民屯田備蠻，仍置南寧安撫司。河決鄭州、陽武縣，漂民萬六千五百餘家，賑之。永平、大都諸屬縣水，大風，雨雹。龍興、辰州二路火。大名、永平、奉元諸路屬縣旱。汴梁路水。大名、順德、衞輝、淮安等路，睢、趙、涿、霸等州及諸位屯田蝗。大同渾源河溢。檀、順等州兩河決。溫榆水溢。賑永平、奉元鈔七萬錠。賑羅漋州饑民麥三萬九千餘石。命瘞京城外棄骸，死狀不白者，有司究之。

八月甲戌，兀伯都剌、許師敬，並以災變饑歉乞解政柄，不允。乙亥，遣乃馬台簡閱邊兵，賜鈔千錠。大天源延聖寺神御殿成。戊寅，修澄清石牐。甲申，享太廟。長春宮道士藍道元以罪被黜。詔：「道士有妻者，悉給徭役。」遷黃羊坡民二百五十戶於韃靼部。寧遠州洞蠻刁用爲寇，命雲南行省備之。丁亥，遣梁王王禪整飭斡耳朶思邊事。辛卯，雲南行省丞相亦兒吉解、廉訪副使散(元只)〔只兀〕台，〔三〕以使酒相詆，狀聞，詔兩釋之。甲午，以災變罷獵。賑河南探馬赤軍，籍其餘丁。罷行宣政院及功德使司。免武備寺逋負兵器。丁酉，藩王不賽因遣使獻玉及獨峯駝。是夜，太白犯軒轅御女。以星變，下詔恤民。辛丑，次中都，畋于汪火察禿之地。賜太師按攤出鈔二千八百錠。鹿頂殿成。罷甘肅札渾倉，徙其軍儲於汪古剌倉。戶部尚書郭良坐贓免。作天妃宮于海津鎮。西番土官撒加布來獻方物。海寇黎三來附。詔諭廉州蜑戶使復業。鹽官州大風，海溢，壞隄防三十餘里，遣使祭海神，不止，徙居民千二百五十家。大都昌平大風，壞民居九百家。龍慶路雨雹一尺，大風損稼。眞定蠡州、奉元蒲城等縣及無爲州諸處水，河中府、永平、建昌印都、〔一四〕中慶、太平諸路及廣西兩江饑，並發粟賑之。揚州崇明州大風雨，海水溢，溺死者給棺斂之。杭州火，賑糧一月。

九月丁未，增置上都留守判官二員，兼推官。辛亥，命帝師還京，修灑淨佛事于大明、興聖、隆福三宮。丁巳，弛大都、上都、興和酒禁。庚申，車駕至大都。壬戌，以察乃領度支事。癸亥，太白犯太微垣右執法。賜大車里新附蠻官七十五人袭帽鞾襪。戊辰，命懽赤等使于諸王怯別、月思別、不賽因三部。賑潛邸貧民鈔二十萬錠。湖廣行省太平路總管郭扶，雲南行省威楚路禿剌寨長哀培，景東寨長阿只弄男阿吾、大阿哀寨主弟你刀、木羅寨長哀卜利、茫施路土官阿利、鎭（江）〔康〕路土官泥囊弟陀金客、木（帖）〔粘〕路土官丘羅、〔一五〕大車里昭哀姪哀用、孟隆甸土官吾仲，並奉方物來獻。以昭哀地置木朶路一、木來州一、甸三，以吾仲地置孟隆路一、甸一，以哀培地置甸一，並降金符、銅印，仍賜幣、帛、鞍、勒有差。中書省臣言：「今國用不繼，陛下當法世祖之勤儉以爲永圖。臣等在職，苟有濫承恩賞者，必當回奏。」帝嘉納之。揚州、寧國、建德諸屬縣水，南恩州旱，民饑，並賑之。汾州平遙縣汾水溢。廬州、懷慶二路蝗。

冬十月辛未朔，發卒四千治通州道，給鈔千六百錠。甲戌，紐澤陞右御史大夫。庚辰，享太廟。奉安顯宗御容於大天源延聖寺。辛巳，太白犯進賢。天壽節，遣道士祠衞輝太一萬壽宮。壬午，帝師以疾還撒思加之地，賜金、銀、鈔、幣萬計，敕中書省遣官從行，備供億。癸酉，〔一六〕河水溢，汴梁路樂利堤壞，役丁夫六萬四千人築之。京師饑，發粟八十萬石，減價糶之。賜大天源延聖寺鈔二萬錠，吉安、臨江二路田千頃。中書省臣言：「養給軍民，必籍地利。世祖建大宣文弘教等寺，賜永業，當時已號虛費。而成宗復搆天壽萬寧寺，較之世祖，用增倍半。若武宗之崇恩福元、仁宗之承華普慶，租榷所入，益又甚焉。英宗鑿山開寺，損兵傷農，而卒無益。夫土地祖宗所有，子孫當共惜之。臣恐茲後藉爲口實，妄興工役，徼福利以逞私欲，惟陛下察之。」帝嘉納焉。（十一月）庚子，〔一七〕陝西行臺中丞姚煒請集世祖嘉言善行，以時省覽，從之。瀋陽、遼陽、大寧等路及金、復州水，民饑，賑鈔五萬錠。懷慶修武縣旱，免其租。寧夏路萬戶府、慶遠安撫司饑，並賑之。弛寧夏路酒禁。宣撫使馬合某、李讓劾浙西廉訪使完者不花受賂，簿對不服，詔遣刑部郎中唆住鞫其侵辱使者，笞之。瀋王不賽因遣使來獻虎。

〔十一月〕癸卯，〔一八〕中書省臣言，西僧每假元辰疏釋重囚，有乖政典，請罷之。有旨：「自今當釋者，敕宗正府審覆。」乙巳，梁王王禪往北邊，賜鈔三千錠。己酉，作鹿頂棕樓。

辛亥，追復前平章政事李孟官。賜湘寧王八剌失里鈔三千錠。諸王不賽因遣使來獻馬。乙卯，太白犯鍵閉。廣西透江團徭爲寇，宣慰使買奴諭降之。扶靈、青溪、櫟頭等源蠻爲寇，湖南道宣慰司遣使諭降之。戊午，造中統、至元鈔各十萬錠。封諸王鐵木兒不花爲鎭南王，鎭揚州。辛酉，加御史大夫紐澤開府儀同三司。加封廬陵江神曰顯應。弛成都酒禁。播州蠻宋王保來降。己巳，徙上都淸寧殿于伯亦兒行宮。弛永平路山澤之禁。階州土番爲寇，武靖王遣臨洮路元帥盞盞諭降之。廣寧路屬縣霖雨傷稼，賑鈔三萬錠。沔陽府旱，免其稅。永平路大水，免其租，仍賑糧四月。汴梁、建康、太平、池州諸路及甘肅亦集乃路饑，並賑之。錦州水溢，壞田千頃，漂死者百人，人給鈔一錠。崇明州海溢，漂民舍五百家，賑糧一月，給死者鈔二十貫。

〔十二月〕丁丑，〔一九〕諸王月思別獻文豹，賜金、銀、鈔、幣有差。御史哈剌那海請擇正人傅太子，帝嘉納之。壬午，御史賈庭請祔武宗皇后于太廟，不報。敕以來年元夕搆燈山于內廷，御史趙師魯以水旱請罷其事，從之。甲申，師魯又請親祀郊廟，帝嘉納之。丙戌，以回回陰陽家言天變，給鈔二千錠，施有道行者及乞人、繫囚，以禳之。丁亥，寧夏路地震，有聲如雷，連震者四。庚寅，赦天下。召江浙行省右丞趙簡爲集賢大學士，領經筵事。壬辰，賜梁王王禪宴器金銀。以皇子小薛夜啼，賜高年鈔。癸巳，作鹿頂殿。己亥，命帝師修佛事，釋重囚三人。置大承華普慶寺總管府，罷規運提點所。御史言：「比年營繕，以衞軍供役，廢武事不講。請遵世祖舊制，教習五衞親軍，以備扈從。」不報。湖廣屯戍千戶只干不花招諭扶靈洞蠻劉季等來降。保定路饑，賑米八萬一千五百石。懷慶路饑，賑鈔四萬錠。亳州河溢，漂民舍八百餘家，壞田二千三百頃，免其租。廣西靜江、象州諸路及遼陽路饑，並賑之。大寧路大水，壞田五千五百頃，漂民舍八百餘家，溺死者人給鈔一錠。

四年春正月甲辰，諸王買奴來朝，賜金一錠、銀十錠、鈔二千錠、幣帛各四十匹。乙巳，御史臺臣請親祀郊廟，帝曰：「朕遵世祖舊制，其命大臣攝之。」己酉，太白犯牛。庚戌，置紹慶路石門十寨巡檢司。御史辛鈞言：「西商鬻寶，動以數十萬錠，今水旱民貧，請節其費。」不報。壬子，以中政院金銀鐵冶歸中書。靖安王闊不花出鎮陜西，賜鈔二千錠。癸丑，賜諸王阿剌忒納失里等鈔六千錠。甲寅，鷹師脫脫病，賜鈔千錠。戊午，命市珠寶首飾。庚申，皇子允丹藏卜受佛戒于智泉寺。鹽官州海水溢，壞捍海堤二千餘步。甲子，武籠洞蠻寇武緣縣諸堡。丁卯，燕南廉訪司請立眞定常平倉，不報。浚會通河，築漷州護倉堤，役丁夫三萬人。初置雲南行省檢校官。遼陽行省諸郡饑，賑鈔十八萬錠。彰德、淮安、揚州諸路饑，並賑之。大寧路水，給溺死者人鈔一錠。

二月辛未，祀先農。甲戌，祭太祖、太宗、睿宗御容于大承華普慶寺，以翰林院官執事。乙亥，親王也先鐵木兒出鎮北邊，賜金一錠、銀五錠、鈔五百錠、幣帛各十匹。丙子，命亦烈赤領仁宗神御殿事，大司徒亦憐眞乞剌思爲大承華普慶寺總管府達魯花赤，仍大司徒。壬午，狩于漷州。諸王火沙、阿榮、答里出鎮北邊，賜金、銀、鈔、幣有差。帝師參馬亦思吉思卜長出亦思宅卜卒，命塔失鐵木兒、紐澤監修佛事。丙戌，詔同僉樞密院事燕帖木兒教閱諸衞軍。戊子，進襲封衍聖公孔思晦階嘉議大夫。以馬(忽思)〔思忽〕爲雲南行省平章政事，〔二〇〕提調烏蒙屯田。庚寅，八百媳婦蠻酋招南通來獻方物。辛卯，白虹貫日。以尚供總管府及雲需總管府隸上都留守司。奉元、廬州、淮安諸路及白登部饑，〔二一〕賑糧有差。永平路饑，賑鈔三萬錠、糧二月。

三月辛丑，皇子允丹藏卜出鎮北邊。以那海赤爲惠國公，商議內史府事。癸卯，和寧地震，有聲如雷。丙午，廷試進士阿察赤、李黼等八十五人，賜進士及第、出身有差。命西僧作止風佛事。潮州路判官錢珍，挑推官梁楫妻劉氏，不從，誣楫下獄殺之。事覺，珍飲藥死，詔戮尸傳首。海北廉訪副使劉安仁，坐受珍賂除名。辛亥，諸王槊思班、不賽亦等，以文豹、西馬、佩刀、珠寶等物來獻，賜金、鈔萬計。庚申，遣使往江南求奇花異果。辛酉，以太傅朶台爲太師，太保禿忽魯爲太傅，也可扎魯忽赤伯達沙爲太保。敕前太師伯忽與議大事，食其俸終身。召翰林學士承旨蔡國公張珪、集賢大學士廉恂、太子賓客王毅，悉復舊職，陝西行臺中丞敬儼爲集賢大學士，並商議中書省事，珪仍領經筵事。賜諸王火沙部鈔四千錠。郡王朶來、兀魯兀等部畜牧災，賑鈔三萬五千錠。中書省臣請酬哈散等累朝售寶價鈔十萬二千錠，從之。壬戌，車駕幸上都。復設武備寺同判六員。命親王八剌失（思）〔里〕出鎮察罕腦兒。〔三〕封寬徹爲國公。以阿散火者知樞密院事。渾河決，發軍民萬人塞之。丁卯，熒惑犯井。復置衞候直都指揮使司，秩正四品。諸王不賽因遣使獻文豹、獅子，賜鈔八千錠。大寧、廣平二路屬縣饑，賑鈔二萬八千錠。河南行省諸州縣及建康屬縣饑，賑糧有差。

夏四月辛未，盜入太廟，竊武宗金主及祭器。大理慶甸酋阿你爲寇。壬申，作武宗主。甲戌，作椶毛鹿頂樓。己卯，道州永明縣傜爲寇。癸未，鹽官州海水溢，侵地十九里，命都水少監張仲仁及行省官發工匠二萬餘人，以竹落木栅實石塞之，不止。癸巳，高州傜寇電白縣，千戶張恒力戰，死之。邑人立祠，敕賜額曰「旌義」。甲午，以西僧公哥列思巴冲納思監藏班藏卜爲帝師，賜玉印，仍詔諭天下僧。乙未，以武備寺卿阿昔兒答剌罕爲御史大夫。熒星于回回司天臺。湖廣傜寇全州、義寧屬縣，〔三〕命守將捕之。河南、奉元二路及通、順、檀、薊等州，漁陽、寶坻、香河等縣饑，賑糧兩月。河間、揚州、建康、太平、衢州、常州諸路屬縣及雲南烏撒、武定二路饑，賑糧、鈔有差。永平路饑，免其租，仍賑糧兩月。

五月辛丑，太尉丑驢卒。癸卯，以鹽官州海溢，命天師張嗣成修醮禳之。乙巳，作成宗神御殿于天壽萬寧寺。己未，占城國遣使貢方物。甲子，以典守宗廟不嚴，罷太常禮儀院官。丁卯，修佛事於賀蘭山及諸行宮。罷諸王分地州縣長官世襲，俾如常調官，以三載爲考。元江路總管普雙坐贓免，遂結蠻兵作亂，敕復其舊職。德慶路徭來降，歸所掠男女，悉給其親。河南、江陵屬縣饑，賑糧有差。汴梁屬縣饑，免其租。常州、淮安二路，寧海州大雨雹。睢州河溢。大都、南陽、汝寧、廬州等路屬縣旱蝗。衞輝路大風九日，禾盡偃。河南路洛陽縣有蝗可五畝，羣烏食之既，數日蝗再集，又食之。

六月辛未，翰林侍講學士阿魯威、直學士燕赤等進講，仍命譯資治通鑑以進。參知政事史惟良請解職歸養，不允。丁丑，倒剌沙等以災變乞罷，不允。罷兩都營繕工役。錄諸郡繫囚。己卯，永興屯被災，免其租。辛巳，造象輿六乘。癸未，遣察乃、伯顏赴大都銓選。〔二四〕甲申，廣西花角蠻爲寇，命所部討之。乙未，紹慶路四洞酋阿者等降，並命爲蠻夷長官，仍設巡檢司以撫之。發義倉粟，賑鹽官州民。廬州路饑，賑糧七萬九千石。鎭江、興國二路饑，賑糶有差。中山府雨雹。汴梁路河決。汝寧府旱。大都、河間、濟南、大名、峽州屬縣蝗。

秋七月丁酉〔朔〕，元江路普雙復叛。戊戌，諸王燕只吉台襲位，遣使來朝。己亥，八兒忽部晃忽來獻方物。御史臺臣言，內郡、江南，旱、蝗荐至，非國細故，丞相塔失帖木兒、倒剌沙，參知政事不花、史惟良，參議買奴，並乞解職。有旨：「毋多辭，朕當自儆，卿等亦宜各欽厥職。」修大明殿。占城國獻馴象二。建橫渠書院於郿縣，祠宋儒張載。辛丑，賜齊王月魯帖木兒鈔二萬錠。甲辰，播州蠻謝烏窮來獻方物。丙午，享太廟。丁未，敕：「經筵講讀官，非有代不得去職。」詔諭宗正府，決獄遵世祖舊制。戊戌，〔三五〕遣翰林侍讀學士阿魯威還大都，譯世祖聖訓。壬子，賜諸王火兒灰、月魯帖木兒、八剌失里及駙馬買住罕鈔一萬五千錠，金、銀、幣、帛有差。甲寅，遣使市旄牛於西域。丁巳，給齊王月魯帖木兒印。伯顏察兒、兀伯都剌以疾乞解政，優詔諭之。戊午，謀粘路土官賽丘羅招諭八百媳婦蠻招三斤來降，銀沙羅土官散怯遮殺賽丘羅，敕雲南王遣人諭之。癸亥，賜壽寧公主鈔五千錠。岐王鎖南管卜訴荆王也速也不干侵其分地，命甘肅行省閱籍歸之。乙丑，周王和世㻋及諸王燕只哥台等來貢，賜金、銀、鈔、幣有差。遣使祀海神天妃。丙寅，籍僧、道有妻者爲民。塞保安鎮渠，役民丁六千人。是月，籍田蝗。雲州黑河水溢。衢州大雨水，發廩賑饑者，給漂死者棺。延安屬縣旱，免其租稅。遼陽遼河、老撒加河溢，右衞率部饑，並賑之。

八月戊辰，給累朝斡耳朵鈔有差。癸酉，給別乞烈失寧國公印。度支監卿孛羅請辭職奉母，不允。賜皇后乳母鈔千七百錠。滹沱河水溢，發丁浚治河以殺其勢。奉元路治中單鵠言，令民採捕珍禽異獸不便，請罷之，敕：「應獵者其捕以進。」乙亥，賜公主不答昔你勝戶鈔四千錠。苗人祭伯秧寇李陀寨，命湖廣行省捕之。庚辰，運粟十萬石貯瀕河諸倉，備內郡饑。田州洞徭爲寇，遣湖廣行省捕之。癸未，賜營王也先帖木兒鈔三千錠。乙酉，伯亦斡耳朵作欽明殿成。壬辰，御史李昌言：「河南行省平章政事童童，世官河南，大爲奸利，請徙他鎮。」不報。癸巳，謚武宗皇后曰宣慈惠聖，英宗皇后曰莊靜懿聖，升祔太廟。發衞軍八千，修白浮、瓮山河堤。是月，揚州路崇明州、海門縣海水溢，汴梁路扶溝、蘭陽縣河溢，沒民田廬，並賑之。建德、杭州、衢州屬縣水。眞定、晉寧、延安、河南等路屯田旱。大都、河間、奉元、懷慶等路蝗。鞏昌府通（漕）〔渭〕縣山崩。〔二六〕碉門地震，有聲如雷，晝晦。天全道山崩，飛石斃人。鳳翔、興元、成都、峽州、江陵同日地震。

九月丙申朔，日有食之。阿察赤的斤獻木綿大行帳。敕：「國子監仍舊制歲貢生員業成者六人。」禁僧道買民田，違者坐罪，沒其直。壬寅，寧夏路地震。壬子，太白犯房。甲寅，湖廣土官宋王保來獻方物。壬戌，遣歡赤等使諸王怯別等部。甲子，御史言：「廣海古流放之地，請以職官贓污者處之，以示懲戒。」從之。保定、眞定二路饑，賑糧三萬石、鈔萬五千錠。

閏月丁卯，賜諸王徹徹秃、渾都帖木兒鈔各五千錠。己巳，太白經天。車駕至大都。壬申，以災變赦天下。廣西兩江徭爲寇，命所部捕之。甲戌，命祀天地，享太廟，致祭五嶽四瀆、名山大川。甲午，八百媳婦蠻請官守，置蒙慶宣慰司都元帥府及木安、孟傑二府于其地，以同知烏撒宣慰司事你出公、土官招南通並爲宣慰司都元帥，招諭人米德爲同知宣慰司事副元帥，南通之子招三斤知木安府，姪混盃知孟傑府，仍賜鈔、幣各有差。建昌、贛州、惠州諸路饑，賑米四萬四千石。土番階州饑，賑鈔千五百錠。奉元、慶遠、延安諸路饑，賑糶有差。

冬十月丙申，享太廟。戊戌，諸王脱別帖木兒、〔二七〕哈兒蠻等獻玉及蒲萄酒，賜鈔六千錠。己亥，御史德住請擇東宮官。癸卯，命帝師作佛事于大天源延聖寺。甲辰，改封建德路烏龍山神曰忠顯靈澤普佑孚惠王。乙巳，晝有流星。己酉，以治書侍御史王士熙爲參知政事。辛亥，監察御史亦怯列台卜答言，都水庸田使司擾民，請罷之。癸丑，江浙行省左丞相脱歡答剌罕、平章政事高昉，以海溢病民，請解職，不允。雲南沙木寨土官馬愚等來朝。丁巳，以御史中丞趙世延爲中書右丞，以中書參議傅巖起爲吏部尚書。御史韓鏞言：「尚書三品秩，巖起由吏累官四品，於法不得陞。」制可。安南遣使來獻方物。戊午，辰星犯東咸。監察御史馮思忠請命太常纂修累朝禮儀。壬戌，開南州土官阿只弄率蠻兵爲寇，雲南行省招捕之。增置肅州、沙州、亦集乃三路推官。大都路諸州縣霖雨，水溢，壞民田廬，賑糧二十四萬九千石。衞輝獲嘉等縣饑，賑鈔六千錠，仍蠲丁地稅。龍興路屬縣旱，免其租。大名、河間二路屬縣饑，並賑之。

十一月庚午，禁晉寧路釀酒。減價糶京倉米十萬石，以賑貧民。以思州土官田仁爲思州宣慰使。召雲南王帖木兒不花赴上都。癸酉，太白犯壘壁陣。乙亥，熒惑犯天江。丙子，賜公主不答昔你鈔千錠。平樂府傜爲寇，湖廣行省督兵捕之。辛卯，以降蠻謝烏窮爲蠻夷官。雲南蒲蠻來附，置順寧府、寶通州、慶甸縣。緬國主答里必牙請復立行省於迷郎崇城，不允。孛斯來附。給伯亦斡耳朶駝、牛。以歲饑，開內郡山澤之禁。永平路水旱，民饑，蠲其賦三年。諸王塔思不花部衞士饑，賑糧千石。冀寧路陽曲縣地震。

十二月庚子，發米三十萬石，賑京師饑。絳州太平縣趙氏婦，一產三子。定捕盜令，限內不獲者，償其贓。辛丑，敕塔失鐵木兒、倒剌沙領內史府四斡耳朶事。癸卯，安南遣使來貢方物。甲辰，梧州傜爲寇，湖廣行省督兵捕之。戊申，諸王孛羅遣使貢硇砂，賜鈔二千錠。癸丑，命趙世延及中書參議韓讓、左司郎中姚庸提調國子監。乙卯，爪哇遣使獻金文豹、白猴、白鸚鵡各一。蔡國公張珪卒。植萬歲山花木八百七十本。丙辰，賜諸王孛羅帖木兒等鈔四千錠。己未，歲星退犯太微西垣上將。靜江路傜兵爲寇，湖廣行省督兵捕之。

右江諸寨土官岑世忠等來獻方物。大都、保定、眞定、東平、濟南、懷慶諸路旱，免田租之半。河南、河間、延安、鳳翔屬縣饑，並賑之。

是歲，汴梁、延安、汝寧、峽州旱，濟南、衞輝、濟寧、南陽八路屬縣蝗。汴梁諸屬縣霖雨，河決。揚州路通州、崇明州大風，海溢。

致和元年春正月乙丑朔，高麗王遣使來朝賀，獻方物。甲戌，享太廟。命繪蠶麥圖。乙亥，詔諭百司：「凡不赴任及擅離職者，奪其官；避差遣者，笞之。」御史鄒惟亨言：「時享太廟，三獻官舊皆勳戚大臣，而近以戶部尙書爲亞獻，人旣疏遠，禮難嚴肅。請仍舊制，以省、臺、樞密、宿衞重臣爲之。」丁丑，頒農桑舊制十四條于天下，仍詔勵有司以察勤惰。己卯，帝將畋柳林，御史王獻等以歲饑諫，帝曰：「其禁衞士毋擾民家，命御史二人巡察之。」諸王星吉班部饑，賑鈔萬錠、米五千石。占城遣使來貢方物，且言爲交趾所侵，詔諭解之。禁僧、道匿商稅。給宗仁衞蒙古子女糧六月。辛巳，靜江徭寇靈川、臨桂二縣，命廣西招捕之。甲申，遣使祀海神天妃。戊子，詔優護爪哇國主札牙納哥，仍賜衣物弓矢。罷河南鐵冶提舉司，歸有司。命帝師修佛事于禁中。免陝西撈鹽一年。發卒修京城。罷益都諸屬縣食鹽。加封幸淵龍神福應昭惠公。河間、眞定、順德諸路饑，賑鈔萬一千錠。大都路東安州、大名路白馬縣饑，並賑之。

二月癸卯，弛汴梁路酒禁。乙卯，牙卽遣使藏古來貢方物。庚申，詔天下改元致和。免河南自實田糧一年，被災州郡稅糧一年，流民復業者差稅三年，疑獄繫三歲不決者咸釋之。賜遼王脫脫鈔五千錠，梁王王禪鈔二千錠。壬戌，太白晝見。癸亥，解州鹽池黑龍堰壞，調番休鹽丁修之。陝西諸路饑，賑鈔五萬錠。河間、汴梁二路屬縣及開(城)〔成〕、〔二八〕乾州蒙古軍饑，並賑之。

三月庚午，阿速衞兵，出戍者千人，人給鈔四十錠；貧乏者六千一百人，人給米五石。雲南安隆寨土官岑世忠與其兄世興相攻，籍其民三萬二千戶來附，歲輸布三千匹，請立宣撫司以總之，不允。置州一，以世興知州事，置縣二，聽世忠舉人用之，仍諭其兄弟共處。立萬戶府二，領征西紅胖襖軍。塔失帖木兒、倒刺沙言：「災異未弭，由官吏以罪黜罷者怨誹所致，請量才敍用。」從之。辛未，大天源延聖寺顯宗神御殿成，置總管府以司財賦。壬申，雨霾。甲戌，雅濟國遣使獻方物。(乙)〔己〕卯，〔二九〕帝御興聖殿受無量壽佛戒于帝師。庚辰，命僧千人修佛事于鎭國寺。辛巳，賜壽寧公主鹽價鈔萬引。甲申，遣戶部尚書李家奴往鹽官祀海神，仍集議修海岸。丙戌，詔帝師命僧修佛事于鹽官州，仍造浮屠二百一十六，以厭海溢。戊子，車駕幸上都。己丑，以趙世延知經筵事，趙簡預經筵事，阿魯威同知經筵事，曹元用、吳秉道、虞集、段輔、馬祖常、燕赤、孛朮魯翀並兼經筵官。雲南土官撒加布降，奉方物來獻，置州一，以撒加布知州事，隸羅羅宣慰司，徵其租賦。壬辰，太平路當塗縣楊氏婦，一產三子。晉寧、衞輝二路及泰安州饑，賑鈔四萬八千三百錠。冀寧路平定州饑，賑糶米三萬石。陝西、四川及河南府等處饑，並賑之。

夏四月丙申，欽州徭黄焱等爲寇，命湖廣行省備之。己亥，塔失帖木兒、倒刺沙請凡蒙古、色目人效漢法丁憂者除其名，從之。壬寅，李家奴以作石囤捍海議聞。己酉，御史楊倬等以民饑，請分僧道儲粟濟之，不報。甲寅，改封蒙山神曰嘉惠昭應王，鹽池神曰靈富公，洞庭廟神曰忠惠順利靈濟昭佑王，唐柳州刺史柳宗元曰文惠昭靈公。戊午，禁僞造金銀器皿。大都、東昌、大寧、汴梁、懷慶之屬州縣饑，發粟賑之。保定、冠州、德州、般陽、彰德、濟南屬州縣饑，發鈔賑之。是月，靈州、濬州大雨雹。薊州及岐山、石城二縣蝗。廣寧路大水。崇明州大風，海溢。

五月甲子，遣官分護流民還鄉，仍禁聚至千人者杖一百。丙寅，廣西普寧縣僧陳慶安作亂，僭建國，改元。己巳，八百媳婦蠻遣子哀招獻馴象。癸酉，籍在京流民廢疾者，給糧遣還。大理怒江甸土官阿哀你寇樂辰諸寨，命雲南行省督兵捕之。庚辰，有流星大如缶，其光燭地。甲申，安南國及八洞蠻酋遣使獻方物。戊子，以嶺北行省平章政事塔失帖木兒爲中書平章政事。是月，燕南、山東東道及奉元、大同、河間、河南、東平、濮州等處饑，賑鈔十四萬三千餘錠。峽州屬縣饑，賑糶糧五千石。冀寧、廣平、眞定諸路屬縣大雨雹。汝寧府潁州、衞輝路汲縣蝗。涇州靈臺縣旱。

六月，高麗世子完者秃訴取其印，遣平章政事買閭往諭高麗王，俾還之。丙午，遣使祀世祖神御殿。是月，諸王喃答失、徹徹秃、火沙、乃馬台諸(郡)〔部〕風雪斃畜牧，〔三〇〕士卒饑，賑糧五萬石、鈔四十萬錠。奉元、延安二路饑，賑鈔四千八百九十錠。彰德屬縣大雨雹。南寧、開元、永平諸路水。江陵路屬縣旱。河南(安德)〔德安〕屯蝮食桑。〔三一〕

秋七月辛酉朔，寧夏地震。庚午，帝崩，壽三十六。葬起輦谷。己卯，大寧路地震。癸未，修佛事于欽明殿。乙酉，皇后、皇太子降旨諭安百姓。丙戌，太白犯軒轅大星。

九月，倒剌沙立皇太子爲皇帝，改元天順，詔天下。

泰定之世，災異數見，君臣之間，亦未見其引咎責躬之實。然能知守祖宗之法以行，天下無事，號稱治平，兹其所以爲足稱也。

校勘記

〔一〕高麗國王王(章)〔璋〕見卷二二校勘記〔一六〕。又按王璋死於泰定二年五月，此時在位者爲其子王燾。

〔二〕黎平慶　按上文泰定二年七月丙辰條、下文六月癸未條均作「黎平愛」，疑「慶」爲「愛」之誤。

〔三〕（乙）〔己〕丑　按是月丙子朔，無乙丑日。此「乙丑」在丁亥十二日、甲午十九日間，爲己丑十四日之誤，今改。道光本已校。

〔四〕大天源延（壽）〔聖〕寺　據下文十月庚辰、癸酉、致和元年三月辛未諸條及本書卷七五祭祀志改。類編已校。

〔五〕甲戌　按是月丙子朔，無甲戌日。此「甲戌」在丙申二十一日、庚子二十五日間，類編改作「戊戌」二十三日，疑是。

〔六〕〔容〕米洞　據本書卷二三武宗紀至大三年四月己酉、十一月戊子及上文泰定元年十二月乙亥諸條所見「容米洞」補。蒙史已校。

〔七〕修夏津武〔城〕河堤　據本書卷五八地理志補。按夏津、武城皆高唐州屬縣，境內有衞河經流。

〔八〕五月甲（戌）〔辰〕朔　按泰定三年五月朔在甲辰，「戌」誤，今改。類編已校。續通鑑已校。

〔九〕招南（道）〔通〕　據下文泰定三年七月己未、四年二月庚寅、閏九月甲午條改。

〔一〇〕阿難答（的）之地　按阿難答之名本書屢見，「的」字衍，今删。蒙史已校。

〔一一〕水（精）〔晶〕殿　按上文泰定元年六月辛未條有「修黑牙蠻答哥佛事於水晶殿」，據改。續編已校。

〔一二〕庚申　按是月癸卯朔，庚申爲十八日。此庚申在己巳二十七日後，疑爲庚午二十八日之誤或錯簡。

〔一三〕散（兀只）〔只兀〕台　按此名蒙古語，意爲「散只兀部人」，此處「兀只」倒誤，今改正。

〔一四〕建昌印都　按本書卷六一地理志，雲南建昌路有邛部州。「印都」史無其地，疑爲「邛部」之誤。

〔一五〕鎭（江）〔康〕路土官泥囊弟陀金客木（帖）〔粘〕路土官丘羅　本證云：「繼培案，二年七月鎭康路土宮你囊即泥囊、謀粘路土官賽丘羅即丘羅出降，此鎭江當作鎭康，謀木同聲，粘帖字形相近而誤。」按本卷下文泰定四年七月戊午條復見「謀粘路土官賽丘羅」，本書卷六一地理志有「謀粘路軍民府」，本證是，從改。

〔一六〕癸酉　按是月辛未朔，癸酉爲初三日，應在甲戌初四日前。

〔一七〕（十一月）庚子　按十月辛未朔，是月大盡，庚子爲三十日，「十一月」三字衍誤，今刪。

〔一八〕〔十一月〕癸卯　按十一月辛丑朔，癸卯爲初三日。今補「十一月」三字。

〔一九〕〔十二月〕丁丑　考異云：「是年失書十二月，自丁丑以後，當屬十二月。」按是年十一月辛丑朔，無丁丑日；十二月辛未朔，丁丑爲初七日。考異是，從補。

〔二〇〕馬（忽思）〔思忽〕　按本書卷一二五賽典赤贍思丁傳，賽典赤第五子馬速忽爲雲南平章政事。此處「忽思」二字倒誤，今改正。

〔二一〕白登部　按元無「白登部」。本書卷五八地理志，大同路有白登縣，疑「部」爲「縣」之誤。

〔二二〕八剌失(思)〔里〕　據本書卷一〇七宗室世系表、卷一〇八諸王表改。蒙史已校。

〔二三〕全州義寧屬縣　按本書卷六三地理志，全州路屬縣無義寧，義寧縣隸靜江路，本身更無屬縣，「屬」字衍誤。

〔二四〕遣察乃伯顏赴大都銓選　本證云：「繼培案，伯顏當是伯顏察兒之誤，時與察乃同爲平章。」

〔二五〕戊戌　按是月丁酉朔，戊戌爲初二日，已見上文。此重出之「戊戌」在丁未十一日、壬子十六日間，疑爲戊申十二日或庚戌十四日之誤。

〔二六〕鞏昌府通(漕)〔渭〕縣　據本書卷五〇五行志改。續通鑑已校。

〔二七〕脫別帖木兒　按本書卷三四文宗紀至順元年閏七月癸未條有「朶列鐵木兒」，卷三五同紀至順二年八月壬子條作「朶列帖木兒」，十二月戊午條作「禿列帖木兒」，卷六三地理志西北地附錄作「篤來帖木兒」，係察合台系諸王。此處所指，似卽此人。又楚王牙忽都子與此同名。新元史改「別」爲「列」，疑是。

〔二八〕開(城)〔成〕　見卷一〇校勘記〔一〇〕。

〔二九〕(乙)〔己〕卯　按是月甲子朔，無乙卯日。此「乙卯」在甲戌十一日、庚辰十七日間，爲己卯十六日之誤，今改。道光本已校。

〔三〇〕諸王喃答失至乃馬台諸(郡)〔部〕　按此處所指皆諸王投下，不應稱「郡」，「部」、「郡」形近而誤，今從道光本改。

〔三一〕河南(安德)〔德安〕屯　據本書卷五〇五行志改正。本證已校。

元史卷三十一

本紀第三十一

明宗

明宗翼獻景孝皇帝，諱和世㻋，武宗長子也。母曰仁獻章聖皇后，亦乞烈氏。成宗大德三年，命武宗撫軍北邊，帝以四年十一月壬子生。成宗崩，十一年，武宗入繼大統，立仁宗爲皇太子，命以次傳於帝。

武宗崩，仁宗立，延祐三年春，議建東宮，時丞相鐵木迭而欲固位取寵，乃議立英宗爲皇太子，又與太后幸臣識烈門譖帝於兩宮，浸潤久之，其計遂行。於是封帝爲周王，出鎭雲南。置常侍府官屬，以遙授中書左丞相禿忽魯、大司徒斡耳朶、中政使尙家奴、山北遼陽等路蒙古軍萬戶孛羅、翰林侍講學士教化等並爲常侍，中衞親軍都指揮使唐兀、兵部尙書賽罕八都魯爲中尉，仍置諮議、記室各二員，遣就鎭。

是年冬十一月，帝次延安，禿忽魯、尙家奴、孛羅及武宗舊臣釐日、沙不丁、哈八兒禿等皆來會。敎化謀曰：「天下者我武皇之天下也，出鎭之事，本非上意，由左右搆間致然。請以其故白行省，俾聞之朝廷，庶可杜塞離間，不然，事變叵測。」遂與數騎馳去。先是，阿思罕爲太師，鐵木迭兒奪其位，出之爲陝西行省丞相，及敎化等至，卽與平章政事塔察兒、行臺御史大夫脫里伯、中丞脫歡，悉發關中兵，分道自潼關、河中府入。已而塔察兒、脫歡襲殺阿思罕、敎化于河中，帝遂西行，至北邊金山。西北諸王察阿台等聞帝至，咸率衆來附。帝至其部，與定約束，每歲冬居扎顏，夏居斡羅斡察山，春則命從者耕于野泥，十餘年間，邊境寧謐。

延祐七年，仁宗崩，英宗嗣立。是歲夏四月丙寅，子妥懽帖木爾生，是爲至正帝。至治三年八月癸亥，御史大夫鐵失等弑英宗，晉王也孫鐵木兒自立爲皇帝，改元泰定。五月，遣使扈從皇后八不沙至自京師。二年，帝弟圖帖睦爾以懷王出居于建康。三年三月癸酉，子懿璘質班生，是爲寧宗。

歲戊辰七月庚午，泰定皇帝崩于上都，倒刺沙專權自用，踰月不立君，朝野疑懼。時僉樞密院事燕鐵木兒留守京師，遂謀舉義。八月甲午黎明，召百官集興聖宮，兵皆露刃，號於衆曰：「武皇有聖子二人，孝友仁文，天下歸心，大統所在，當迎立之，不從者死！」乃縛平章烏伯都剌、伯顏察兒，以中書左丞朶朶、參知政事王士熙等下于獄。燕鐵木兒與西安王阿剌忒納失里固守內廷。於是帝方遠在沙漠，猝未能至，慮生他變，乃迎帝弟懷王于江陵，且宣言已遣使北迎帝，以安衆心。復矯稱帝所遣使者自北方來，云周王從諸王兵整駕南轅，旦夕卽至矣。丁巳，懷王入京師，羣臣請正大統，固讓曰：「大兄在北，以長以德，當有天下。必不得已，當明以朕志播告中外。」九月壬申，懷王卽位，是爲文宗。改元天曆，詔天下曰：「謹俟大兄之至，以遂朕固讓之心。」

時倒剌沙在上都，立泰定皇帝子爲皇帝，乃遣兵分道犯大都。而梁王王禪、右丞相答失鐵木兒、御史大夫紐澤、太尉不花等，兵皆次于榆林，燕帖木兒與其弟撒敦、子唐其勢等，帥師與戰，屢敗之。上都兵皆潰。十月辛丑，齊王月魯帖木兒、元帥不花帖木兒以兵圍上都，倒剌沙乃奉皇帝寶出降，兩京道路始通。

於是文宗遣哈散及撒迪等相繼來迎，朔漠諸王皆勸帝南還京師，遂發北邊。諸王察阿台、沿邊元帥朶烈捏、萬戶買驢等，咸帥師扈行。舊臣孛羅、尙家奴、哈八兒禿皆從。至金山，嶺北行省平章政事潑皮奉迎，武寧王徹徹禿、僉樞密院事帖木兒不花繼至。乃命孛羅如京師。兩京之民聞帝使者至，歡呼鼓舞曰：「吾天子實自北來矣！」諸王、舊臣爭先迎謁，所至成聚。

天曆二年正月乙丑，文宗復遣中書左丞躍里帖木兒來迎。乙酉，撒迪等至，入見帝于行幄，以文宗命勸進。丙戌，帝即位于和寧之北，扈行諸王、大臣咸入賀。乃命撒迪遣人還報京師。是月，前翰林學士承旨不答失里以太府太監沙剌班輦金銀幣帛至。遣撒迪等還京師，帝命之曰：「朕弟曩嘗覽觀書史，邇者得無廢乎？聽政之暇，宜親賢士大夫，講論史籍，以知古今治亂得失。卿等至京師，當以朕意諭之。」

二月壬辰，宣靖王買奴自京師來覲。辛丑，追尊皇妣亦乞烈氏曰仁獻章聖皇后。是月，文宗立奎章閣學士院于京師，遣人以除目來奏，帝並從之。

三月戊午朔，次潔堅察罕之地。辛酉，文宗遣右丞相燕鐵木兒奉皇帝寶來上，御史中丞八卽剌、知樞密院事禿兒哈帖木兒等，各率其屬以從。壬戌，造乘輿服御及近侍諸服用。丙寅，帝謂中書左丞躍里帖木兒曰：「朕至上都，宗藩諸王必皆來會，非尋常朝會比也，諸王察阿台今亦從朕遠來，有司供張，皆宜豫備。卿其與中書臣僚議之。」丁亥，雨土，霾。

四月癸巳，燕鐵木兒見帝於行在，率百官上皇帝寶，帝嘉其勳，拜太師，仍命爲中書右丞相，開府儀同三司、上柱國、錄軍國重事、監修國史、答剌罕、太平王並如故。復諭燕鐵木兒等曰：「凡京師百官，朕弟所用者，並仍其舊，卿等其以朕意諭之。」燕鐵木兒奏：「陛下君臨萬方，國家大事所繫者，中書省、樞密院、御史臺而已，宜擇人居之。」帝然其言，以武宗舊人哈八兒禿爲中書平章政事，前中書平章政事伯帖木兒知樞密院事，常侍孛羅爲御史大夫。甲午，立行樞密院，命昭武王、知樞密院事火沙領行樞密院事，賽帖木兒、買奴並同知行樞密院事。是日，帝宴諸王、大臣于行殿，燕鐵木兒、哈八兒禿、伯帖木兒、孛羅等侍。帝特命臺臣曰：「太祖皇帝嘗訓敕臣下云：『美色、名馬，人皆悅之，然方寸一有繫累，卽能壞名敗德。』卿等居風紀之司，亦嘗念及此乎？世祖初立御史臺，首命塔察兒、奔帖傑兒二人協司其政。天下國家，譬猶一人之身，中書則右手也，樞密則左手也。左右手有病，治之以良醫，省、院闕失，不以御史臺治之，可乎？凡諸王、百司，違法越禮，一聽舉劾。風紀重則貪墨懼，猶斧斤重則入木深，其勢然也。朕有闕失，卿亦以聞，朕不爾責也。」乙未，特命孛羅等傳旨，宣諭燕鐵木兒、伯答沙、火沙、哈八兒禿、八卽剌等曰：「世祖皇帝立中書省、樞密院、御史臺及百司庶府，共治天下，大小職掌，已有定制。世祖命廷臣集律令章程，以爲萬世法。成宗以來，列聖相承，罔不恪遵成憲。朕今居太祖、世祖所居之位，凡省、院、臺、百司庶政，詢謀僉同，標譯所奏，以告于朕。軍務機密，樞密院當卽以聞，毋以夙夜爲間而稽留之。其他事務，果有所言，必先中書、院、臺，其下百司及暬御之臣，毋得隔越陳請。宜宣諭諸司，咸俾聞知。儻違朕意，必罰無赦。」丁酉，以陝西行臺御史大夫鐵木兒脫爲上都留守。辛丑，文宗立都督府于京師，遣使來奏，又以臺憲官除目來上，並從之。癸卯，遣使如京師，卜日命中書左丞相鐵木兒補化攝告卽位于郊廟、社稷。遣武寧王徹徹秃及哈八兒秃立文宗爲皇太子，仍立詹事院，罷儲慶司。以徹里鐵木兒爲中書平章政事，闊兒吉司爲中書右丞，怯來、只兒哈郎並爲甘肅行省平章政事，忽剌台爲江浙行省平章政事，那海爲嶺北行省平章政事。甲辰，敕中書省賜官吏送寶者秩一等，從者賚以幣帛。乙巳，監察御史言：「嶺北行省，控制一方，廣輪萬里，實爲太祖肇基之地，國家根本繫焉。方面之寄，豈可輕任。平章塔卽吉素非勳舊，奴事倒剌沙，倔起宿衞，輒爲右丞，俄陞平章，年已七十，眊昏殊甚。左丞馬謀，本晉邸部民，以女妻倒剌沙，引爲都水，遂除左丞。郎中羅里，市井小人，秃魯忽乃晉邸衞卒，不諳政務。並宜黜退。」臺臣以聞，帝曰：「御史言甚善，其並黜之。」又諭臺臣曰：「御史劾嶺北省臣，朕甚嘉之。繼今所當言者，毋有所憚。被劾之人，苟營求申訴，朕必罪之。或廉非其實，毋輒以聞。」

五月丁巳朔，次朶里伯眞之地。戊午，遣西安王阿剌忒納失里還京師。封帖木兒爲保德郡王。賜扈駕宿衞士等幣帛有差。己未，皇太子遣翰林學士承旨阿鄰帖木兒來覲。庚申，次斡耳罕（木）〔水〕東。〔一〕辛酉，御史大夫孛羅、中政使尙家奴，並特授開府儀同三司，以典四番宿衞。癸亥，次必忒怯秃之地，翰林學士承旨斡耳朶自京師來覲。命有司新武宗幄殿、車輿。庚午，命燕鐵木兒陞用嶺北行省官吏，其餘官吏並賜散官一級。選用潛邸舊臣及扈從士，受制命者八十有五人，六品以下二十有六人。壬申，次探禿兒海之地。封亦憐眞八爲柳城郡王。以八卽剌爲陝西行臺御史大夫，衆家奴爲御史中丞。乙亥，次禿忽剌。敕大都省臣鑄皇太子寶。時求太子故寶不知所在，近侍伯不花言寶藏于上都行幄，遣人至上都索之，無所得，乃命更鑄之。西木鄰等四十三驛旱災，命中書以糧賑之，計八千二百石。丁丑，皇太子發京師。鎭南王帖木兒不花，諸王也速、斡卽、答來不花、朶來只班、伯顏也不干，駙馬別闍里及扈衞百官，悉從行。戊寅，京師市馬二百八十四，載乘輿服御送行在所。己卯，次禿忽剌河東。加翰林學士承旨唐兀爲太尉。趙王馬札罕部落旱，民五萬五千四百口不能自存，敕河東宣慰司賑糧兩月。庚辰，賜諸王燕只哥台鈔二百錠、幣帛二千匹。辛巳，次斡羅斡禿之地。壬午，次不魯通之地。是日，左丞相鐵木兒補化等以帝卽位，攝告南郊。甲申，次忽剌火失溫之地。

六月丁亥朔，次坤都也不剌之地。是日，鐵木兒補化等以帝卽位，攝告于宗廟、社稷。戊子，燕鐵木兒等奏：「中政院越中書擅奏除授，移文來徵制敕，已如所請授之，然於大體非宜，乞申命禁止，庶使政權歸一。」從之。庚寅，次撒里之地。陝西行省告饑，遣使還都，與諸老臣議賑救之。丁酉，次兀納八之地。陞都督府爲大都督府。己亥，次闊朶之地。樞密院奏：「皇太子遣使來言，近已頒赦，四川諸省兵悉遣還營，惟雲南逆謀叵測，兵未可卽罷，令臣等以聞。」帝曰：「可仍屯戍，俟平定而後罷。」辛丑，次(散)〔撒〕里怯兒之地。〔三〕壬寅，戒近侍毋得輒有奏請。甲辰，賜駙馬脫必兒鈔千錠，往雲南。丁未，次哈里溫。戊申，次闊朶傑阿剌倫。〔三〕辛亥，次哈兒哈納禿之地。詔諭中書省臣：「凡國家錢穀、銓選諸大政事，先啓皇太子，然後以聞。」癸丑，次忽禿之地。甲寅，賑陝西臨潼、華陰二十三驛鈔一千八百錠，晉寧路十五驛鈔八百錠。是月，鐵木兒補化以久旱啓于皇太子，辭相位，乞更選賢德，委以燮理。皇太子遣使以聞。帝諭闊兒吉思等曰：「修德應天，乃君臣當爲之事，鐵木兒補化所言良是。天明可畏，朕未嘗斯須忘于懷也。皇太子來會，當與共圖其可以澤民利物者行之。卿等其以朕意諭羣臣。」

七月丙辰朔，日有食之。甲子，次孛羅火你之地。壬申，監察御史把的于思言：「朝廷自去秋命將出師，戡定禍亂，其供給軍需，賞賚將士，所費不可勝紀。若以歲入經賦較之，則其所出已過數倍。況今諸王朝會，舊制一切供億，俱尚未給，而陝西等處饑饉荐臻，餓殍枕藉，加以冬春之交，雪雨愆期，麥苗槁死，秋田未種，民庶遑遑，流移者衆。臣伏思之，此正國家節用之時也。如果有功必當賞賚者，宜視其官之崇卑而輕重之，不惟省費，亦可示勸。其近侍諸臣奏請恩賜，宜悉停罷，以紓民力。」臺臣以聞，帝嘉納之，仍敕中書省以其所言示百司。乙亥，次不羅察罕之地。丙子，文宗受皇太子寶。戊寅，次小只之地。壬午，遣使詣京師，敕中書平章政事哈八兒禿同翰林國史院官，致祭太祖、太宗、睿宗三朝御容。發諸衞軍六千完京城。

八月乙酉朔，次王忽察都之地。丙戌，皇太子入見。是日，宴皇太子及諸王、大臣于行殿。庚寅，帝暴崩，年三十。葬起輦谷，從諸陵。是月己亥，皇太子復卽皇帝位。十二月乙巳，知樞密院事臣也不倫等議請上尊謚曰翼獻景孝皇帝，廟號明宗。三年三月壬申，祔于太廟。

校勘記

〔一〕次斡耳罕（木）〔水〕東　按斡耳罕水卽今鄂爾渾河，此處「水」、「木」形近致誤，今改。續通鑑已校。

〔二〕（散）〔撒〕里怯兒之地　從北監本改。參看卷一校勘記〔三〕。

〔三〕闊朶傑阿剌倫　此地卽本書卷二太宗紀所見之「曲雕阿蘭」、「庫鐵烏阿剌里」，卷三憲宗紀又作「闊帖兀阿闌」。此名蒙古語，意爲「荒洲」。此處「倫」係衍譯之文，將蒙語「之」字裹入地名。

元史卷三十二

本紀第三十二

文宗一

文宗聖明元孝皇帝，諱圖帖睦爾，武宗之次子，明宗之弟也。母曰文獻昭聖皇后，唐兀氏。大德三年，武宗總兵北邊，帝以八年春正月癸亥生。

十一年，武宗入繼大統。至大四年，武宗崩，傳位于弟仁宗。延祐三年，丞相鐵木迭兒等議立英宗爲皇太子，明宗以武宗長子，乃出之，居于朔漠。及英宗卽位，鐵木迭兒復爲丞相，懷私固寵，搆釁骨肉，諸王大臣，莫不自危。至治元年五月，中政使咬住告脫歡察兒等交通親王，於是出帝居于海南。三年六月，英宗在上都，謂丞相拜住曰：「朕兄弟實相友愛，曩以小人譖愬，俾居遠方，當亟召還，明正小人離間之罪。」未幾，鐵失、也先鐵木兒等爲逆，而晉王遂立爲皇帝，改元泰定。召帝于海南之瓊州，還至潭州，復命止之。居數月，乃還京師。十月，封懷王，賜黃金印。二年正月，又命出居于建康，以殊祥院使也先捏掌其衞士。初，晉王旣爲皇帝，以內史倒刺沙爲中書平章政事，遂爲丞相，狡愎自用，災異數見，而帝兄弟播越南北，人心思之。

致和元年春，大駕出畋柳林，以疾還宮。諸王滿禿、阿馬刺台，太常禮儀使哈海，〔一〕宗正扎魯忽赤闊闊出等，與僉樞密院事燕鐵木兒謀曰：「今主上之疾日臻，將往上都。如有不諱，吾黨扈從者執諸王、大臣殺之。居大都者，卽縛大都省、臺官，宣言太子已至，正位宸極，傳檄守禦諸關，則大事濟矣。」

三月，大駕至上都，滿禿、闊闊出等扈從。西安王阿刺忒納失里居守，燕鐵木兒亦留大都。時也先捏私至上都，與倒刺沙等圖弗利於帝，乃遣宗正扎魯忽赤雍古台遷帝居江陵。

七月庚午，泰定皇帝崩于上都。倒刺沙及梁王王禪、遼王脫脫，因結黨害政，人皆不平。時燕鐵木兒實掌大都樞密符印，謀於西安王阿刺忒納失里，陰結勇士，以圖舉義。

八月甲午，黎明，百官集興聖宮，燕鐵木兒率阿刺鐵木兒、孛倫赤等十七人，兵皆露刃，號於衆曰：「武宗皇帝有聖子二人，孝友仁文，天下正統當歸之。今爾一二臣，敢紊邦紀！有不順者斬。」乃手縛平章政事烏伯都刺、伯顏察兒；分命勇士執中書左丞朶朶，參知政事王士熙，參議中書省事脫脫、吳秉道，侍御史鐵木哥、丘世傑，治書侍御史脫歡，太子詹事丞王桓等，皆下之獄。燕鐵木兒與西安王阿剌忒納失里共守內廷，籍府庫，錄符印，召百官入內聽命。卽遣前河南行省參知政事明里董阿、前宣政使答里麻失里，馳驛迎帝於江陵，密以意諭河南行省平章政事伯顏，令簡兵以備扈從。是日，前湖廣行省左丞相別不花爲中書左丞相，太子詹事塔失海涯爲中書平章政事，前湖廣行省右丞速速爲中書左丞，前陝西行省參知政事王不憐吉台爲樞密副使，與中書右丞趙世延、同僉樞密院事燕鐵木兒、〔三〕翰林學士承旨亦列赤、通政院使寒食分典機務，調兵守禦關要，徵諸衞兵屯京師，下郡縣造兵器，出府庫犒軍士。燕鐵木兒直宿禁中，達旦不寐，一夕或再徙，人莫知其處。乙未，以西安王令，給宿衞京城軍士鈔有差，調諸衞兵守居庸關及盧兒嶺。丙申，遣左衞率使禿魯將兵屯白馬甸，隆鎭衞指揮使斡都蠻將兵屯泰和嶺。丁酉，發中衞兵守遷民鎭。又遣撒里不花等往迎帝，且令塔失帖木兒矯爲使者自南來，言帝已次近郊，使民毋驚疑。戊戌，徵宣靖王買奴、諸王燕不花于山東。己亥，徵兵遼陽。明里董阿至汴梁，執行省臣，皆下之獄。又收肅政廉訪司、萬戶府及郡縣印。庚子，發宗仁衞兵增守遷民鎭。辛丑，遣萬戶徹里帖木兒將兵屯河中。壬寅，河南行省以郡縣闕人，權署官攝其事。癸卯，燕鐵木兒之弟撒敦、子唐其勢，自上都來歸。河南行省殺平章曲烈、右丞別鐵木兒。是日，明里董阿等至江陵。甲辰，帝發江陵，遣使召鎭南王鐵木兒不花、威順王寬徹不花、湖廣行省平章政事高昌王鐵木兒補化來會。執湖廣行省左丞馬合某送京師，以別薛代之。河南行省出府庫金千兩、銀四千兩、鈔七萬一千錠，分給官吏、將士。又命有司造乘輿、供張、儀仗等物。乙巳，遣隆鎭衞指揮使也速台兒將兵守碑樓口。河南行省殺其參政脫孛臺。召陝西行臺侍御史馬扎兒台及行省平章政事探馬赤，不至。丙午，諸王按渾察至京師。遣前西臺御史剌馬黑巴等諭陝西。丁未，撒敦守居庸關，唐其勢屯古北口。命河南行省造銀符，以給軍士有功者。戊申，燕鐵木兒又令乃馬台矯爲使者北來，言周王整兵南行，聞者皆悅。帝命河南行省平章政事伯顏爲本省左丞相。河南行省遣前萬戶孛羅等將兵守潼關。己酉，諸王滿禿、阿馬剌台，宗正扎魯忽赤闊闊出，前河南行平章政事買閭，集賢侍讀學士兀魯思不花，太常禮儀院使哈海赤等十八人，同謀援大都，事覺，倒剌沙殺之。庚戌，帝至汴梁，伯顏等扈從北行。以前翰林學士承旨阿不海牙爲河南行省平章政事。發平灤民塹遷民鎭，以禦遼東軍。辛亥，以燕鐵木兒知樞密院事，亦列赤爲御史中丞。壬子，阿速衞指揮使脫脫木兒帥其軍自上都來歸，卽命守古北口。癸丑，鑄樞密分院印。是日，上都諸王及用事臣，以兵分道犯京畿，留遼王脫脫、諸王孛羅帖木兒、太師朶帶、左丞相倒剌沙、知樞密院事鐵木兒脫居守。甲寅，剌馬黑巴等至陝西，皆見殺。乙卯，脫脫木兒及上都諸王失剌、平章政事乃馬台、詹事欽察戰于宜興，斬欽察于陣，禽乃馬台送京師，戮之，失剌敗走。丙辰，燕鐵木兒奉法駕郊迎。丁巳，帝至京師，入居大內。貴赤衞指揮使脫迭出自上都，率其軍來歸，命守古北口。戊午，以速速爲中書平章政事，前御史中丞曹立爲中書右丞，江浙行省參知政事張友諒爲中書參知政事，河南行省左丞相伯顔爲御史大夫，中書右丞趙世延爲御史中丞。己未，以河南萬戶也速台兒同知樞密院事。罷回回掌敎哈的所。上都梁王王禪、右丞相塔失鐵木兒、太尉不花、平章政事買閭、御史大夫紐澤等，兵次榆林。陞宣興縣爲州。隆鎭衞指揮使黑漢謀附上都，坐棄市，籍其家。

九月庚申朔，燕鐵木兒督師居庸關，遣撒敦以兵襲上都兵于榆林，擊敗之，追至懷來而還。隆鎭衞指揮使斡都蠻以兵襲上都諸王滅里鐵木兒、脫木赤于陀羅臺，執之，歸于京師。遣使卽軍中賜脫脫木兒等銀各千兩，以分給軍士有功者。賜京師耆老七十人幣帛。命有司括馬。中書左丞相別不花言：「回回人哈哈的，自至治間貸官鈔，違制別往番邦，得寶貨無算，法當沒官，而倒剌沙私其種人，不許，今請籍其家。」從之。燕鐵木兒請釋馬合某，從之。陝西兵入河中府，劫行用庫鈔萬八千錠，殺同知府事不倫禿。壬戌，遣使祭五嶽、四瀆。命速速宣諭中外曰：「昔在世祖以及列聖臨御，咸命中書省綱維百司，總裁庶政，凡錢穀、銓選、刑罰、興造，罔不司之。自今除樞密院、御史臺，其餘諸司及左右近侍，敢有隔越中書奏請政務者，以違制論。監察御史其糾言之。」以高昌王鐵木兒補化知樞密院事，也先捏爲宣徽使。給居庸關軍士糗糧。賜鎭南王鐵木兒不花等鈔有差。徵五衞屯田兵赴京師。安南國來貢方物。賜上都將士來歸者鈔各有差。樞密院臣言：「河南行省軍列戍淮西，距潼關、河中不遠，湖廣行省軍，唯平陽、保定兩萬戶號稱精銳，請發蘄、黃戍軍一萬人及兩萬戶軍，爲三萬，命湖廣參政鄭昂霄、萬戶脫脫木兒將之，並黃河爲營，以便徵遣。」從之。召燕鐵木兒赴闕。上都諸王也先帖木兒、平章禿滿迭兒，自遼東以兵入遷民鎭，諸王八剌馬、也先帖木兒以所部兵入管州，殺掠吏民。丙寅，命造兵器，江浙、江西、湖廣三省六萬事，內郡四萬事。丁卯，燕鐵木兒率諸王、大臣，伏闕請早正大位，以安天下，帝固辭曰：「大兄在朔方，朕敢紊天序乎！」燕鐵木兒曰：「人心向背之機，間不容髮，一或失之，噬臍無及。」帝曰：「必不得已，必明著朕意以示天下而後可。」賜西安王阿剌忒納失里、鎭南王帖木兒不花、威順王寬徹不花、宣靖王買奴等，金各五十兩、銀各五百兩、幣各三十匹。遣撒敦拒遼東兵于薊州東流沙河，元帥阿兀剌守居庸關。上都軍攻碑樓口，指揮使也速臺兒禦之，不克。戊辰，大司農明里董阿、大都留守闊闊台，並爲中書平章政事。募勇士從軍。遣使分行河間、保定、眞定及河南等路括民馬。徵鄢陵縣河西軍赴闕。命襄陽萬戶楊克忠、鄧州萬戶孫節，以兵守武關。命海道萬戶府來年運米三百一十萬石。造金符八十。己巳，鑄御寶成。立行樞密院于汴梁，以同知樞密院事也速台兒知行樞密院事，將兵行視太行諸關，西擊河中、潼關軍，以摺疊弩分給守關軍士。上都諸王忽剌台等引兵犯崞州。庚午，命有司和市粟豆十六萬五千石，分給居庸等關軍馬。遣軍民守歸、峽諸隘。辛未，常服謁太廟。雲南孟定路土官來貢方物。烏伯都剌、鐵木哥棄市，朶朶、王士熙、伯顏察兒、脫歡等各流于遠州，並籍其家。同知樞密院事脫脫木兒與遼東禿滿迭兒戰于薊州兩家店。壬申，帝卽位於大明殿，受諸王、百官朝賀，大赦，詔曰：

洪惟我太祖皇帝混一海宇，〔三〕爰立定制，以一統緒，宗親各受分地，勿敢妄生覬覦，此不易之成規，萬世所共守者也。世祖之後，成宗、武宗、仁宗、英宗，以公天下之心，以次相傳，宗王、貴戚，咸遵祖訓。至於晉邸，具有盟書，願守藩服，而與賊臣鐵失、也先帖木兒等潛通陰謀，冒干寶位，使英宗不幸罹於大故。朕兄弟播越南北，備歷艱險，臨御之事，豈獲與聞！

朕以叔父之故，順承惟謹，于今六年，災異迭見。權臣倒剌沙、烏伯都剌等，專權自用，疏遠勳舊，廢棄忠良，變亂祖宗法度，空府庫以私其黨類。大行上賓，利於立幼，顯握國柄，用成其奸。宗王、大臣，以宗社之重，統緒之正，協謀推戴，屬於眇躬。朕以菲德，宜俟大兄，固讓再三。宗戚、將相，百僚、耆老，以爲神器不可以久虛，天下不可以無主，周王遼隔朔漠，民庶遑遑，已及三月，誠懇迫切。朕姑從其請，謹俟大兄之至，以遂朕固讓之心。已於致和元年九月十三日，卽皇帝位於大明殿。其以致和元年爲天曆元年，可大赦天下。自九月十三日昧爽已前，除謀殺祖父母、父母，妻妾殺夫，奴婢殺主，謀故殺人，但犯强盜，印造僞鈔不赦外，其餘罪無輕重，咸赦除之。於戲，朕豈有意於天下哉！重念祖宗開創之艱，恐隳大業，是以勉徇輿情。尙賴爾中外文武臣僚，協心相予，輯寧億兆，以成治功。咨爾多方，體予至意！

癸酉，翰林院增給驛璽書。命燕鐵木兒將兵擊遼東軍。封燕鐵木兒爲太平王，以太平路爲食邑，賜金五百兩、銀二千五百兩、鈔萬錠、平江官地五百頃。中書右丞曹立爲江浙行省平章政事，福建廉訪使易釋董阿爲右丞，前中書左丞張思明爲左丞。諸王塔朮、只兒哈郎、佛寶等自恩州來朝。賜按灰鈔百錠，以祀天神。括河東馬。甲戌，燕鐵木兒加開府儀同三司、上柱國、錄軍國重事、中書右丞相、監修國史，依前知樞密院事。伯顏加太尉。以江南行臺御史大夫朶兒只爲江浙行省左丞相，淮西道肅政廉訪使阿兒思蘭海牙爲江南行臺御史大夫。諸王孛羅、忽都火者來朝。徵左右兩阿速衞軍老幼赴京師，不行者斬，籍其家。乙亥，立太禧院，以奉祖宗神御殿祠祭，秩正二品，罷會福、殊祥兩院。江西行省平章政事禿堅帖木兒、江浙行省右丞易釋董阿並爲太禧院使，中書平章速速、御史中丞亦列赤兼太禧院使。上都王禪兵襲破居庸關，將士皆潰。燕鐵木兒軍次三河。丙子，王禪游兵至大口，燕鐵木兒還軍次榆河，帝出齊化門視師。丁丑，燕鐵木兒來見曰：「乘輿一出，民心必驚。軍旅之事，臣請以身任之。」卽日還宮。命司天監禜星。戊寅，諭中外曰：「近以姦臣倒剌沙、烏伯都剌，潛通陰謀，變易祖宗成憲，旣已明正其罪。凡回回種人不預其事者，其安業勿懼；有因而扇惑其人者，罪之。」又敕：「軍中逃歸，及京城游民敢攘民財者斬。」命高昌僧作佛事於延春閣。又命也里可溫於顯懿莊聖皇后神御殿作佛事。諸王阿兒八忽、按灰、脫脫來朝。命留守司完京城，軍士乘城守禦。燕鐵木兒與王禪前軍戰于榆河，〔四〕敗之，追奔紅橋北。其樞密副使阿剌帖木兒、指揮使忽都帖木兒以兵會王禪，復來戰，又敗之。我師據紅橋。增給大都驛馬百匹。庚辰，太白犯亢宿。詔諭御史臺：「今後監察御史、廉訪司，凡有刺舉，並著其實，無則勿妄以言。廉訪司書吏，當以職官、教授、吏員、鄉貢進士參用。」加封漢將軍關羽爲顯靈義勇武安英濟王，遣使祠其廟。辛巳，命司天監禜星。以別不花知樞密院事，依前中書左丞相。括山東馬。燕鐵木兒與上都軍大戰白浮之野，燕鐵木兒手刃七人于陣，敗之。脫脫木兒與遼東軍戰薊州之檀子山。壬午，大霧。王禪等遁崑山（州）。〔五〕獲上都頒詔使者及遼東徵兵使者，以聞，詔誅之。癸未，以同知樞密院事禿兒哈帖木兒知樞密院事，中書平章政事明里董阿爲江浙行省平章政事。王禪收集散亡，復來戰，我師列陣白浮之西，敵不敢犯。至夜，撒敦、脫脫木兒前後夾攻，敗走之，追及于昌平北，斬首數千級，降者萬餘人。帝遣使賜燕鐵木兒上尊，諭旨曰：「丞相每臨陣，躬冒矢石，脫有不虞，奈何？自今第以大將旗鼓督戰可也。」燕鐵木兒對曰：「凡戰，臣必以身先之，敢後者，論以軍法。若委之諸將，萬一失利，悔將何及！」甲申，慶雲見。王禪單騎亡，撒敦追之不及而還。命御史臺：「凡各道廉訪司官，用蒙古二人，畏兀、河西、回回、漢人各一人。各司書吏十六人，用職官五，各路司吏五，教授二，鄉貢進士四人。本臺經歷品秩相當者，除各道廉訪使；都事除副使。本臺譯史通事考滿不得除御史。」靖安王闊不花等將陝西兵潛由潼關南水門入，萬戶孛羅棄關走，闊不花等分據陝州等縣，縱兵四刼。乙酉，以明里董阿爲中書平章政事，嶺北行省左丞燕不鄰知樞密院事。募丁壯千人守捍城郭。上都兵入古北口，將士皆潰，其知樞密院事竹溫台以兵掠石槽。追封乳母完者雲國夫人，其夫斡羅思贈太保，封雲國公，謚忠懿；子鎖乃贈司徒，封雲國公，謚貞閔。燕鐵木兒遣撒敦倍道趨石槽，掩其不備擊之。燕鐵木兒大兵繼至，轉戰四十餘里，至牛頭山，擒駙馬孛羅帖木兒、平章蒙古塔失、〔雅失〕帖木兒，〔六〕將作院使撒兒討溫，送闕下戮之，將校降者萬人，餘兵奔竄，夜遣撒敦出古北口逐之。脫脫木兒與遼東軍戰薊州南，殺獲無算。調河南蒙古軍老幼五萬人，增守京師。募丁壯守直沽。調臨清萬戶府運糧軍三千五百並御河分守，山東丁壯萬人守禦益都、般陽諸處海港。居庸關壘石以爲固。丁亥，遼東軍抵京城，燕鐵木兒引兵拒之，令京城里長召募丁壯及百工合萬人，與兵士爲伍，乘城守禦，月給鈔三錠、米三斗。冀寧、晉寧兩路所轄：代州之雁門關，崞州之陽武關，嵐州之（大）〔天〕澗口、〔七〕皮庫口，保德州之寨底、天橋、白羊三關，石州之塢堡口，汾州之向陽關，隰州之烏門關，吉州之馬頭、秦王嶺二關，靈石縣之陰地關，皆令穿塹壘石以爲固，調丁壯守之。戊子，上都諸王忽刺台等兵入紫荆關，將士皆潰，行樞密院官卜顏、斡都蠻，指揮使也速臺兒將兵援之。陝西行臺御史大夫也先帖木兒引兵從太慶關渡河，擒河中府官殺之。萬戶徹里帖木兒軍潰而遁，河南廉訪副使萬家閭言：「徹里帖木兒身爲大將，紀律不嚴，望風奔潰，宜加重罰，以示勸懲。」不報。河東聞也先帖木兒軍至，官吏皆棄城走，也先帖木兒悉以其黨代之。召雲南行省左丞相也（先）〔兒〕吉尼，〔八〕不至。前尚書左丞相三寶奴以罪誅，其二子上都、哈剌八都兒近侍，命以所籍家貲及制命還之。

冬十月己丑朔，命西僧作佛事。燕鐵木兒引兵至通州，擊遼東軍敗之，皆渡潞水走。遣脫脫木兒等將兵四千，西援紫荆關。調江浙兵萬人，西禦潼關。紫荆關潰卒南走保定，因肆剽掠，同知路事阿里沙及故平章張珪子武昌萬戶景武等率民持挺擊死數百人。河南行省調兵守虎牢關。庚寅，我師與遼東軍夾潞水而陣，遼東軍宵遁，我師渡而襲之。辛卯，禮官言：「卽位之始，當告祭郊廟、社稷，時享之禮，請改用仲月。」從之。紫荆關兵進逼涿州，同知州事教化的調丁壯禦之。壬辰，也先捏以軍至保定，殺阿里沙等及張景武兄弟五人，幷取其家貲。倒剌沙貸其姻家長蘆鹽運司判官亦剌馬丹鈔四萬錠，買鹽營利於京師，詔追理之。癸巳，立壽福、會福、隆禧、崇祥四總管府，分奉祖宗神御殿，秩正三品，並隸太禧院。忽剌台游兵進逼南城，令京城居民戶出壯丁一人，持兵仗從軍士乘城，仍於諸門列甕貯水以防火。燕鐵木兒及陽翟王太平、國王朶羅台等戰于檀子山之棗林，唐其勢陷陣，殺太平，死者蔽野，餘皆宵遁，遣撒敦追之，弗及。甲午，命有司市馬千匹，賜軍士出征者。脫脫木兒、章吉與也先捏合擊敵軍於良鄉南，轉戰至瀘溝橋，忽剌台被創，據橋而宿。乙未，燕鐵木兒率軍循北山而西，趣良鄉，諸將時與忽剌台、阿剌帖木兒等戰于瀘溝橋，聲言燕鐵木兒大軍至，敵兵皆遁。使者頒詔于甘肅，至陝西，行省、行臺官塗毀詔書，械使者送上都。湘寧王八剌失里引兵入冀寧，殺掠吏民。時太行諸關守備皆闕，冀寧路來告急，敕萬戶和尙將兵由故關援之。冀寧路官募民丁迎敵，和尙以兵爲殿，殺獲甚衆。會上都兵大至，和尙退保故關，冀寧遂破。丙申，燕鐵木兒入朝，賜宴興聖殿。賑通州被兵之家。命速速等董度支芻粟。中書省臣言：「上都諸王、大臣，不思祖宗成憲，惑於姦臣倒剌沙之言，輒以兵犯京畿。賴陛下洪福，王禪遂致潰亡，生擒諸王孛羅帖木兒及諸用事臣蒙古答失、雅失帖木兒等，既已明正典刑，宜傳首四方以示衆。」從之。丁酉，以縉山縣民十人嘗爲王禪向導，誅其爲首者四人，餘杖一百七，籍其家貲，妻子分賜守關軍士。戊戌，命湖廣行省平章政事乞住調兵守歸、峽，左丞別薛守八番，以禦四川軍。諸將追阿剌帖木兒等至紫荆關，獲之，送京師，皆棄市。己亥，幸大聖壽萬安寺，謁世祖、裕宗神御殿。賜燕鐵木兒太平王黃金印，并降制書，及賜玉盤、龍衣、珠衣、寶珠、金腰帶、海東白鶻青鶻各一。河南行中書省、行樞密院，皆聽便宜行事。禿滿迭兒軍復入古北口，燕鐵木兒引軍禦之，大戰于檀州南，敗之，其萬戶以兵萬人降，禿滿迭兒遂走還遼東。使者頒詔於陝西，行省、行臺官焚詔書，下使者獄，告于上都。庚子，以梁王王禪第賜諸王帖木兒不花。廷臣言："保定萬戶張昌，其諸父景武等既受誅，宜罷其所將兵，而奪其金虎符。"不許。辛丑，以同知樞密院事脫脫木兒、通政使也不倫並知樞密院事；御史中丞亦列赤爲御史大夫。還給伯顏察兒、朶朶家貲。齊王月魯帖木兒、東路蒙古元帥不花帖木兒等以兵圍上都，倒剌沙等奉皇帝寶出降。梁王王禪遁，遼王脫脫爲齊王月魯帖木兒所殺，遂收上都諸王符印。壬寅，以宣徽使也先捏知行樞密院事，宣徽副使章吉爲行樞密院副使，與知樞密院事也速台兒等將兵西擊潼關軍。中書省臣言："野理牙舊以贓罪除名，近復命爲太醫使，臣等不敢奉詔。"帝曰："往者勿咎，比兵興之時，朕已錄用，其依朕命行之。"以張珪女歸也先捏。癸卯，以故徽政使失列門妻賜燕鐵木兒。以通州知州趙義能禦敵，賜幣二匹。也先鐵木兒軍至晉寧，本路官皆遁。甲辰，晉邸及遼王所轄路、府、州、縣達魯花赤並罷免禁錮，選流官代之。給淮東宣慰司銀字圓符。命有司收將士所遺符印、兵仗。賑糶京城米十萬石，石爲鈔十五貫。丙午，中書省臣言：「凡有罪者，既籍其家貲，又沒其妻子，非古者罪人不孥之意。今後請勿沒人妻子。」制可。丁未，告祭于南郊。以中書平章政事塔失海涯爲大司農，復以欽察台爲中書平章政事，侍御史玥璐不花爲中丞。以度支芻豆經用不足，凡諸王、駙馬來朝並節其給，宿衞官已有廩祿者及內侍宮人歲給芻豆，皆權止之。糴豆二十萬石於瀕御河州縣，以河間、山東鹽課鈔給其直。放還防河運糧軍。陝西兵至鞏縣黑石渡，遂據虎牢，我師皆潰，儲仗悉爲所獲。河南行省來告急，戒有司修城壁，嚴守衞。雲南銀〔沙〕羅甸土官哀贊等來貢方物。〔九〕己酉，別不花加太保，落知樞密院事。命刑部郎中大都、前廣東僉事張世榮追理烏伯都剌家貲。開居庸關。陝西軍奪武關，萬戶楊克忠等兵潰。庚戌，帝御興聖殿，齊王月魯帖木兒、諸王別思帖木兒、阿兒哈失里、那海罕及東路蒙古元帥不花帖木兒等奉上皇帝寶。倒剌沙等從至京師，下之獄。分遣使者檄行省、內郡罷兵以安百姓。以宦者伯帖木兒妻及奴婢田宅賜撒敦。辛亥，雲南徹里路土官刁賽等來貢方物。詔：「自今朝廷政務及籍沒田宅賜人者，非與燕鐵木兒議，諸人不許奏陳。」以宦者米薛迷奴婢家貲賜伯顏。壬子，以河南、江西、湖廣入貢鴛鵝太頻，令減其數以省驛傳。以諸王火沙第賜燕鐵木兒繼母公主察吉兒。

癸丑，燕鐵木兒辭知樞密院事，命其叔父東路蒙古元帥不花帖木兒代之。燕鐵木兒請以蒙古塔失等三十人田宅賜徹里鐵木兒等三十人，從之。以所括河北諸路馬，四百匹給四宿衞阿塔赤，二百匹給中宮阿塔赤，餘二千匹分牧於內郡。毀上都倉庫錢穀。御史臺臣言：「近北兵奪紫荆關，官軍潰走，掠保定之民。本路官與故平章張珪子景武五人，率其民擊官軍死，也先捏不俟奏聞，輒擅殺官吏及珪五子。珪父祖三世爲國勳臣，設使珪子有罪，珪之妻女又何罪焉！今既籍其家，又以其女妻也先捏，誠非國家待遇勳臣之意。」帝曰：「卿等言是。」命中書革正之。命御史臺擇人充各道廉訪司官。遣官賑良鄉、涿州、定興、保定驛戶之被兵者。甲寅，罷徽政院，改立儲慶使司，秩正二品。平章政事速速、明里董阿並領儲慶司事，鷹坊伯撒里、河南行省左丞姚煒並爲儲慶使。元帥也速答兒執湘寧王八剌失里送京師。八剌失里及趙王馬扎罕、諸王忽剌台，承上都之命，各起所部兵南侵冀寧，還次馬邑，至是被執，其所俘男女千人，悉還其家。遣使止江浙軍士之往潼關者，就還鎮。也先鐵木兒兵至潞州。乙卯，以倒剌沙宅賜不花帖木兒，倒剌沙子潑皮宅賜斡都蠻，內侍王伯顏宅賜唐其勢。丙辰，燕鐵木兒請以所沒逆臣赤斤鐵木兒家貲還其妻。鐵木哥兵入鄧州。丁巳，毀顯宗室，升順宗祔右穆第二室，成宗祔右穆第三室，武宗祔左昭第三室，仁宗祔左昭第四室，英宗祔右穆第四室。加命燕鐵木兒爲答剌罕，仍命子孫世襲其號。燕鐵木兒請以河南平章曲列等二十三人田宅賜西安王阿剌忒納失里等二十三人，從之。戊午，詔諭廷臣曰：「凡今臣僚，唯丞相燕鐵木兒、大夫伯顏許兼三職署事，餘者並從簡省。百司事當奏者，共議以聞，或私任己意者，不許獨請。上都官吏，自八月二十一日以後擢用者，並追收其制。」敕：「天下僧道有妻者，皆令爲民。」也先捏軍次順德。令廣平、大名兩路括馬。盜殺太尉不花。初，不花乘國家多事，率衆剽掠，居庸以北皆爲所擾，至是盜入其家殺之。興和路當盜以死罪，刑部議以爲：「不花不道，衆所聞知，幸遇盜殺，而本路隱其殘剽之罪，獨以盜聞，於法不當。」中書以聞，帝嘉其議。

十一月己未〔朔〕，詔諭中外曰：「諸王王禪及禿滿迭兒、阿剌不花、禿堅等，兵敗而逃，有能擒獲者，授五品官；同黨之人，若能去逆效順，擒王禪等來歸者，免本罪，依上授官；家奴獲之者，得備宿衞；敢有隱匿者，事覺與犯人同罪。」給殿中侍御史及冀寧路印，凡內外百司印，因兵興而失者，令中書如品秩鑄給之。命太保伯答沙陞太傅，兼宗正扎魯忽赤，總兵北邊。中書省臣言：「侍御史左吉非才，不當任風憲。」御史臺臣伯顏等言：「左吉，御史所薦，若旣用之，又以人言而止，臺綱不能振矣。必如省臣所言，臣等乞辭避。」帝曰：「汝等其勿爲是言。左吉果不可用，省臣何不先言之。其令左吉仍爲侍御史。」帝謂中書省臣曰：「朕在瓊州、建康時，撒迪皆從，備極艱苦，其賜鹽引六萬，俾規利以贍其家。」命郡縣招集被兵流亡之民，貧者賑給之。遼東降軍，給行糧遣還。京畿及四方民爲兵所掠而奴于人者，令有司追理遣還。山北、京東驛被兵者，賑以鈔二萬一千五百錠。放高麗(宦)〔宦〕者米薛迷、〔一〇〕剛答里歸田里。庚申，中書錄用前御史臺官亦憐眞、蔡文淵。用江南行臺御史王琚仁言，汰近歲白身入官者。敕行御史臺：「凡有糾劾，必由御史臺陳奏，勿徑以封事聞。」命中書省追理倒刺沙及其兄馬某沙，子瀼皮、木八剌沙等家貲。辛酉，燕鐵木兒請以紐澤田宅賜欽察台。也先捏兵至武安，也先鐵木兒以軍降。河東州縣聞之，盡殺其所署官吏。癸亥，帝宿齋宮。甲子，服衮冕，享于太廟。陝西兵進逼汴梁，聞朝廷傳檄罷兵，乃解去。乙丑，燕鐵木兒請以烏伯都剌等三十人田宅賜斡魯思等三十人，從之。丁卯，伯顏兼忠翊侍衞都指揮使。庚午，復立察罕腦兒宣慰司。命總宿衞官分簡所募勇士，非舊嘗宿衞者皆罷去。汴梁、河南等路及南陽府頻歲蝗旱，禁其境內釀酒。日本舶商至福建博易者，江浙行省選廉吏征其稅。中書省臣言：「今歲既罷印鈔本，來歲擬印至元鈔一百一十九萬二千錠、中統鈔四萬錠。」監察御史言：「戶部鈔法，歲會其數，易故以新，期於流通，不出其數。邇者倒刺沙以上都經費不足，命有司刻板印鈔；今事既定，宜急收毀。」從之。監察御史撒里不花、鎖南八、于欽、張士弘言：「朝廷政務，賞罰爲先，功罪既明，天下斯定。國家近年自鐵木迭兒竊位擅權，假刑賞以遂其私，綱紀始紊。迨至泰定，爵賞益濫。比以兵興，用人甚急，然而賞罰不可不嚴。夫功之高下，過之重輕，皆係天下之公論。願命有司，務合公議，明示黜陟。功罪既明，賞罰攸當，則朝廷肅清，紀綱振舉，而天下治矣。」帝嘉納之。辛未，遣西僧作佛事於興和新內。鐵木哥兵入襄陽，本路官皆遁。襄陽縣尹谷庭珪、主簿張德獨不去，西軍執使降，不屈，死之。時僉樞密院事塔海擁兵南陽不救。壬申，遣官告祭社稷。以故平章黑驢平江田三百頃及嘉興蘆地賜西安王阿剌忒納失里。癸酉，八百媳婦國使者昭哀，雲南威楚路土官服放等，九十九寨土官必也姑等，各以方物來貢。燕鐵木兒言：「向者上都舉兵，諸王失剌、樞密同知阿乞剌等十人，南望宮闕鼓譟，其黨拒命逆戰，情不可恕。」詔各杖一百七，流遠，籍其家貲。甲戌，居泰定后雍吉剌氏于東安州。杭州火，命江浙行省賑被災之家。乙亥，賜西安王阿剌忒納失里、齊王月魯帖木兒、知樞密院事不花帖木兒金各五百兩、銀各二千五百兩、鈔各萬錠；諸王朶列帖木兒金五十兩、銀五百兩、鈔千錠；從者及軍士有差。丙子，速速坐受賂，杖一百七，徙襄陽；以母年老，詔留之京師。丁丑，以躬祀太廟禮成，御大明殿，受諸王、文武百官朝賀。荆王也速也不干遣使傳檄至襄陽，鐵木哥引兵走。戊寅，以御史中丞玥璐不花爲太禧使。監察御史撒里不花等言：「玥璐不花素禀直氣，操履端正，陛下欲振憲綱，非任斯人不可。」乃復以玥璐不花爲中丞，兼太禧使。作佛事于五臺寺。命河南、江浙兩省以兵五萬益湖廣。己卯，中書省臣言：「內外流官年及致仕者，並依階敍授以制敕，今後不須奏聞。」制可。以也先鐵木兒、烏伯都剌珠衣賜撒迪、趙世安。諸衞漢軍及州縣丁壯所給甲冑兵仗，皆令還官。庚辰，遣使奉迎皇兄明宗皇帝於漠北。以中政院使敬儼爲中書平章政事，同知樞密院事徹里帖木兒爲中書左丞。辛巳，遣欽察百戶及其軍士還鎭。以脫脫等三人妻賜闊闊出等三人。以朶台等十一人田宅賜駙馬朶必兒等十一人。壬午，第三皇子寶寧易名太平訥，命大司農買住保養於其家。詔行樞密院罷兵還。以御史中丞玥璐不花爲中書右丞。癸未，倒剌沙伏誅，磔其尸於市，王禪亦賜死，馬某沙、紐澤、撒的迷失、也先鐵木兒等皆棄市。以所賜速速、也先捏宅，改賜駙馬謹只兒及乳媼也孫眞。甲申，命威順王寬徹不花還鎭湖廣。御史中丞趙世延以老疾辭職，不許，用故中丞崔彧故事，加平章政事居前職。御史臺臣言：「行宣政院、行都水監宜罷。」從之。丙戌，作水陸會。以阿魯灰帖木兒等六人在上都欲舉義，不克而死，並賜贈謚，卹其家。燕鐵木兒言：「晉王及遼王等所轄府縣達魯花赤既已黜罷，其所舉宗正府扎魯忽赤、中書斷事官，皆其私人，亦宜革去。」從之。敕趙世延及翰林直學士虞集製御史臺碑文。遣諸衞兵各還鎭。別不花罷。命有司追理上都官吏預借俸。遼王脫脫之子八都聚黨出剽掠，敕宣德府官捕之。四川行省平章囊加台自稱鎭西王，以其省左丞脫脫爲平章，前雲南廉訪使楊靜爲左丞，殺其省平章寬徹等官，稱兵燒絕棧道。烏蒙路教授杜巖肖謂「聖明繼統，方內大寧，省臣當罷兵入朝，庶免一方之害」，囊加台以其妄言惑衆，杖一百七，禁錮之。

十二月己丑朔，監察御史言，伯顏宜與燕鐵木兒一體論功行賞，帝曰：「伯顏之功，朕心知之，御史不必言。」庚寅，令內外諸司，天壽節聽具肉食，民間禁屠宰如舊制。命通政院整飭蒙古驛。諸闕隘嘗毀民屋以塞者，賜民鈔，俾完之。甲午，以王禪奴婢賜鎮南王鐵木兒不花及燕鐵木兒。乙未，以王禪弓矢賜燕鐵木兒、伯顏。燕鐵木兒請以馬某沙等九人田宅賜燕不憐等九人，從之。丙午，〔一〕幸大崇恩福元寺，謁武宗神御殿。分命諸僧於大明殿、延春閣、興聖宮、隆福宮、萬歲山作佛事。雲南土官普雙等來貢方物。御史臺臣言：「也先揑將兵所至，擅殺官吏，俘掠子女貨財。」詔刑部鞫之，籍其家，杖一百七，竄于南寧，命其妻歸父母家。己亥，造皇后玉册、玉寶。庚子，赦天下。賜諸王滿禿爲果王，阿馬剌台爲毅王，宗正札魯忽赤闊闊出等十七人並賜功臣號及階官爵謚，仍命有司刻其功于碑，賜鈔卹其家。中書省臣言：「陝西行省、行臺官，焚棄詔書，坐罪當流，雖經赦宥，永不錄用爲宜。」制可。辛丑，立龍翊侍衞親軍都指揮使司，分掌欽察軍士，秩正三品；指揮使三人，命燕鐵木兒及卜蘭奚、卯罕爲之，餘官悉聽燕鐵木兒選人以聞。命高昌僧作佛事於寶慈殿。江南行臺御史言：「遼王脫脫，自其祖父以來，屢爲叛逆，蓋因所封地大物衆。宜削王號，處其子孫遠方，而析其元封分地。」詔中書與勳舊大臣議其事。火兒忽答等十三人從湘寧王八剌失里用兵，既伏誅，命皆籍其家貲。西僧百人作佛事於徽猷閣七日。癸卯，欽察、阿速二部，依宿衞軍士例給芻豆。乙巳，伯顏加太尉、開府儀同三司，與亦列赤並爲御史大夫，同振臺綱，詔天下。立內宰司，隸儲慶使司，秩正三品。以阿伯等六人田宅賜諸王老的等六人。雲南姚州知州高明來貢方物。戊申，以潛邸所用工匠百五十人付皇子阿剌忒納答剌，立異樣局以司之，秩從六品。加伯顏爲太保，知樞密院事不花帖木兒爲太尉，香山爲司徒。己酉，開上都酒禁。壬子，以諸路民匠提領所合爲提舉司，秩從五品。甲寅，復遣治書侍御史撒迪、內侍不顏禿古思奉迎皇兄於漠北。西安王阿剌忒納失里及燕鐵木兒、鐵木兒補化，請各遣人送名鷹於行在所。以王禪妻金珠首飾歸中宮。丙辰，陞太禧院從一品，中書(左)〔右〕丞玥璐不花爲太禧使。〔三〕丁巳，封西安王阿剌忒納失里爲豫王，賜南康路爲食邑。徹里鐵木兒陞右丞，參知政事躍里鐵木兒爲左丞，參議省事趙世安爲參知政事。戊午，詔：「被兵郡縣免雜役。禁釀酒，弛山場河濼之禁，私相假貸者，俟秋成責償。蒙古、色目人願丁父母憂者，聽如舊制。」御史臺言：「囊加台拒命西南，罪不可宥，所授制敕，宜從追奪。」中書省臣言：「今方許囊加台等自新，則御史言宜勿行。」從之。敎坊司達魯花赤撒剌兒，在武宗時遙授參知政事，階中奉大夫，詔落遙授之職，而仍其舊階。是月，復遣使者召雲南行省左丞相也兒吉你，又不至。加謚唐司徒顏眞卿正烈文忠公，令有司歲時致祭。陝西自泰定二年至是歲不雨，大饑，民相食。杭州、嘉興、平江、湖州、鎭江、建德、池州、太平、廣德等路水，沒民田萬四千餘頃。河北、山東有年。

校勘記

〔一〕太常禮儀使哈海　按下文致和元年八月己酉條作「哈海赤」，此處「哈海」下疑脫「赤」字。

〔二〕同僉樞密院事燕鐵木兒　按本書卷一三八燕鐵木兒傳，燕鐵木兒泰定三年遷同僉樞密院事，致和元年進僉書樞密院事，本卷上文致和元年春已書「僉樞密院事燕鐵木兒」，此處「同」字疑衍。

〔三〕洪惟我太祖皇帝混一海宇　道光本據元文類卷九卽位改元詔改作「洪惟我太祖皇帝，肇造區夏；世祖皇帝，混一海宇」。按元代詔書皆稱太祖創業、世祖統一，此處顯有脫文。

〔四〕燕鐵木兒與王禪前軍戰于楡河　按本書卷一三八燕鐵木兒傳及元文類卷二六馬祖常太師太平王定策元勳之碑，事在己卯，此處疑脫「己卯」二字。

〔五〕王禪等遁崑山（州）　按讀史方輿紀要卷一一，崑山卽昌平州之狼山，與江浙平江路崑山州無涉，此處「州」字衍，今删。元史紀事本末已校。

〔六〕平章蒙古塔失〔雅失〕帖木兒　據下文十月丙申條及本書卷一三八燕鐵木兒傳補。蒙史已校。

〔七〕嵐州之(大)〔天〕澗口　從南監本天啓三年補刊頁改。按天澗口在嵐州北。

〔八〕也(先)〔兒〕吉尼　見卷二七校勘記〔七〕。

〔九〕雲南銀〔沙〕羅甸　本證云：「案二年二月兩作銀沙羅甸，至順三年作銀沙羅等甸，此脫沙字。」從補。

〔一〇〕高麗(宦)〔宦〕者米薛迷　據上文十月辛亥條改。道光本已校。

〔一一〕丙午　按是月己丑朔，丙午爲十八日。此「丙午」在乙未初七日、己亥十一日間，疑爲丙申初八日之誤或錯簡。

〔一二〕中書(左)〔右〕丞玥璐不花　據上文十一月壬午條及本書卷一一二宰相年表改。蒙史已校。

元史卷三十三

本紀第三十三

文宗二

天曆二年春正月己未朔，立都督府，以總左、右欽察及龍翊衞。庚申，封知樞密院事火沙爲昭武王。床兀兒之子答鄰答里襲父封爲句容郡王。高麗國遣使來朝賀。遣前翰林學士承旨不答失里北還皇兄行在所，仍命太府太監沙剌班奉金、幣以往。辛酉，封朶列帖木兒復爲楚王。高昌王鐵木兒補化爲中書左丞相，大司農王毅爲平章政事，欽察台知樞密院事。皇兄遣火里忽達孫、剌剌至京師。以伯帖木兒扈從有功，遣使以幣帛百匹卽行在賜之。諸王渾都帖木兒薨，取其印及王傅印以賜斡卽。武寧王徹徹禿遣使來言皇兄啓行之期。癸亥，燕鐵木兒爲御史大夫，太平王如故。賜魯國大長公主鈔二萬錠營第宅。甲子，太白犯壘壁陣。時享于太廟。齊王月魯帖木兒薨。乙丑，中書省言：「度支今歲芻槀不足，常例支給外，凡陳乞者宜勿予。」從之，仍命中書右丞徹里帖木兒總其事。丙寅，帝幸大崇恩福元寺。遣使賜西域諸王燕只吉台海東鶻二。戊辰，遣使獻海東鶻于皇兄行在所。己巳，賜內外軍士四萬二千二百七十人鈔各一錠。作佛事。陝西告饑，賑以鈔五萬錠。辛未，以册命皇后，告于南郊。賜豫王黃金印。回回人戶與民均當差役。中書省臣言：「近籍沒欽察家，其子年十六，請令與其母同居；仍請繼今臣僚有罪致籍沒者，其妻有子，他人不得陳乞，亦不得沒爲官口。」從之。壬申，遣近侍星吉班以詔往四川招諭囊加台。癸酉，命中書省、宣徽院臣稽考近侍、宿衞廩給，定其名籍。以遼陽省蒙古、高麗、肇州三萬戶將校從逆，舉兵犯京畿，拘其符印制敕。罷今歲柳林田狩。復鹽制每四百斤爲引，引爲鈔三錠。四川囊加台乞師于鎮西武靖王搠思班，搠思班以兵守關隘。甲戌，復命太僕卿教化獻海東鶻于皇兄行在所。罷中瑞司。丙子，皇后媵臣張住童等七人，授集賢侍講學士等官。丁丑，四川囊加台攻破播州猫兒埡隘，宣慰使楊延里不花開關納之。陝西蒙古軍都元帥不花台者，囊加台之弟，囊加台遣使招之，不花台不從，斬其使。中書省臣言：「朝廷賞賚，不宜濫及罔功。鷹、鶻、獅、豹之食，舊支肉價二百餘錠，今增至萬三千八百錠；控鶴舊止六百二十八戶，今增二千四百戶。又，佛事歲費，以今較舊，增多金千一百五十兩、銀六千二百兩、鈔五萬六千二百錠、幣帛三萬四千餘匹；請悉揀汰。」從之。中（正）〔政〕院臣言，〔一〕皇后日用所需，鈔十萬錠、幣五萬匹、綿五千斤。詔鈔予所需之半，幣給一萬匹。賑大都路涿州房山、范陽等縣饑民糧兩月。己卯，以册命皇后，告于太廟。庚辰，賜潛邸說書劉道衡等四人官從七品，薛允等十六人官從八品。辛巳，起復中書左丞史惟良爲御史中丞。上都官吏，惟初入仕及驟陞者黜之，餘聽敍復。以御史臺贓罰鈔三百錠賜教坊司撒剌兒。壬午，以陝西行臺御史大夫阿不海牙爲中書平章政事。皇兄遣常侍孛羅及鐵住訖先至京師，賞以金、幣、居宅，仍遣內侍禿教化如皇兄行在所。播州楊萬戶引四川賊兵至烏江峯，官軍敗之。八番元帥脫出亦破烏江北岸賊兵，復奪關口。諸王月魯帖木兒統蒙古、漢人、答剌罕諸軍及民丁五萬五千，俱至烏江。癸未，遣宣靖王買奴往行在所。丙戌，皇兄明宗卽皇帝位於和寧之北。四川囊加台焚雞武關大橋，又焚棧道。命中書省錄江陵、汴梁郡縣官扈從者三十四人，並陞其階秩。陝西大饑，行省乞糧三十萬石、鈔三十萬錠，詔賜鈔十四萬錠，遣使往給之。大同路言，去年旱且遭兵，民多流殍，命以本路及東勝州糧萬三千石，減時直十之三賑糶之。奉元蒲城縣民王顯政五世同居，衞輝安寅妻陳氏、河間王成妻劉氏、冀寧李孝仁妻寇氏、濮州王義妻雷氏、南陽郄二妻張氏、懷慶阿魯輝妻翟氏皆以貞節，並旌其門。

二月己丑，曲赦四川囊加台。庚寅，燕鐵木兒復爲中書右丞相。立繕工司，掌織御用紋綺，秩正三品。辛卯，帝御大明殿，册命皇后雍吉剌氏。廣西思明路軍民總管黄克順來貢方物。壬辰，囊加台據雞武關，奪三叉、柴關等驛。癸巳，遣翰林侍講學士曹元用祀孔子於闕里。囊加台以書誘鞏昌總帥汪延昌。丙申，命中書省、翰林國史院官祀太祖、太宗、睿宗御容于普慶寺。丁酉，遣晉邸部曲之在京師者還所部。囊加台以兵至金州，據白(工)〔土〕關，〔三〕陝西行省督軍禦之。樞密院言：「囊加台阻兵四川，其亂未已，請命鎮西武靖王搠思班等皆調軍，以湖廣行省官脱歡、别薛、孛羅及鄭昂霄總其兵進討。」從之。戊戌，命察罕腦兒宣慰使撒忒迷失將本部蒙古軍，會鎮西武靖王等討四川。諸傭雇者，主家或犯惡逆及侵損己身，許訴官，餘非干己，不許告訐，著爲制。頒行農桑輯要及栽桑圖。辛丑，中書省議追尊皇妣亦乞烈氏曰仁獻章聖皇后，唐兀氏曰文獻昭聖皇后，命有司具册寶。建遊皇城佛事。雲南行省蒙通蒙算甸土官阿三木，開南土官哀放，八百媳婦、金齒、九十九洞、銀沙羅甸，咸來貢方物。癸卯，賜吳王木楠子、西寧王忽答的迷失、諸王那海罕、闊兒吉思金銀有差。丙午，囊加台分兵逼襄陽，湖廣行省調兵鎮播州及歸州。己酉，熒惑犯井宿。辛亥，帝謂廷臣曰：「撒迪還，言大兄已卽皇帝位。凡二月二十一日以前除官者，速與制敕。後凡銓選，其詣行在以聞。」廬州路合肥縣地震。壬子，命有司造行在帳殿。癸丑，諸王月魯帖木兒等至播州，招諭土官之從囊加台者，楊延里不花及其弟等皆來降。甲寅，立奎章閣學士院，秩正三品，以翰林學士承旨忽都魯都兒迷失、集賢大學士趙世延並爲大學士，侍御史撒迪、翰林直學士虞集並爲侍書學士，又置承制、供奉各一員。更鑄鈔版，仍毀其刓者。調河南、江浙、江西、山東兵萬一千，及左右翼蒙古侍衞軍二千，討四川。乙卯，置銀沙羅甸等處宣慰司都元帥府。丙辰，奉元臨潼、咸陽二縣及畏兀兒八百餘戶告饑，陝西行省以便宜發鈔萬三千錠賑咸陽，麥五千四百石賑臨潼，麥百餘石賑畏兀兒，遣使以聞，從之。永平、大同二路，上都雲需兩府，貴赤衞，皆告饑。永平賑糧五萬石，大同賑糶糧萬三千石，雲需府賑糧一月，貴赤衞賑糧二月。眞定平山縣、河間臨津等縣、〔三〕大名魏縣，有蟲食桑，葉盡，蟲俱死。

三月辛酉，遣燕鐵木兒奉皇帝寶于明宗行在所，仍命知樞密院事禿兒哈帖木兒、御史中丞八卽剌、翰林直學士馬哈某、典瑞使教化的、宣徽副使章吉、僉中政院事脫因、通政使那海、太醫使呂廷玉、給事中咬驢、中書斷事官忽兒忽答、右司郎中孛別出、左司員外郎王德明、禮部尙書八剌哈赤等從行。復命有司奉金千五百兩、銀七千五百兩、幣帛各四百匹及金腰帶二十，詣行在所，以備賜予。帝命廷臣曰：「寶璽既北上，繼今國家政事，其遣人聞于行在所。」癸亥，命有司造乘輿服御，北迎大駕。改潛邸所幸諸路名：建康曰集慶，江陵曰中興，瓊州曰乾寧，潭州曰天臨。甲子，減太官羊直。丙寅，躍里帖木兒自行在還，諭旨曰：

「朕在上都，宗王、大臣必皆會集，有司當備供張。上都積貯，已爲倒剌沙所耗，大都府藏，聞亦悉虛。供億如有不足，其以御史臺、司農司、樞密、宣徽、宣政等院所貯充之。」蒙古饑民之聚京師者，遣往居庸關北，人給鈔一錠、布一匹，仍令興和路賑糧兩月，還所部。戊辰，雲南諸王答失不花、禿堅不花及平章馬(忽思)〔思忽〕等，〔四〕集衆五萬，數丞相也兒吉尼專擅十罪，將殺之。也兒吉尼遁走八番，答失不花等僞署參知政事等官。己巳，命改集慶潛邸，建大龍翔集慶寺，以來歲興工。辛未，監察御史與扎魯忽赤等官錄囚。壬申，以去冬無雪，今春不雨，命中書及百司官分禱山川羣祀。設奎章閣授經郎二員，職正七品，以勳舊、貴戚子孫及近侍年幼者肄業。甲戌，舊賜篤麟帖木兒平江田百頃，官嘗收其租米，詔特予之。開遼陽酒禁。乙亥，置行樞密院，以山東都萬戶也速台兒知行樞密院事，與湖廣、河南兩省官進兵平四川，也速台兒以病不往。命明里董阿爲蒙古巫覡立祠。丁丑，文獻昭聖皇后神御殿月祭，特命如列聖故事。僧、道、也里可溫、朮忽、答失蠻爲商者，仍舊制納稅。丙戌，囊加台所遣守隘碉門安撫使布答思監等降於雲南行省。丁亥，雨土，霾。

夏四月己丑，時享于太廟。辛卯，命躍里鐵木兒、王不憐吉台代也速台兒討四川，不憐吉台以母老辭，同僉樞密院事傅巖起請往，從之。壬辰，匠官年七十者，許致仕。浚漷州漕運河。甲午，四番衞士各分五十人直東宮。丁酉，給鈔萬錠，爲集慶大龍翔寺置永業。戊戊，以陝西久旱，遣使禱西嶽、西鎮諸祠。賜衞士萬三千人鈔，人八十錠。四番衞士舊以萬人爲率，至是增三千人。己亥，湖廣行省參知政事孛羅奉詔至四川，赦囊加台等罪，囊加台等聽詔，蜀地悉定，諸省兵皆罷。癸卯，明宗遣武寧王徹徹禿、中書平章政事哈八兒禿來錫命，立帝爲皇太子，命仍置詹事院，罷儲慶司。陝西諸路饑民百二十三萬四千餘口，諸縣流民又數十萬，先是嘗賑之，不足；行省復請令商賈入粟中鹽，富家納粟補官，及發孟津倉糧八萬石及河南、漢中廉訪司所貯官租以賑，從之。德安府屯田饑，賑糧千石。常德、澧州慈利州饑，賑糶糧萬石。賑衞輝路饑民萬七千五百餘戶。丙午，封孛羅不花爲鎮南王。占臘國來貢羅香木及象、豹、白猿。戒翰林、典瑞兩院官，不許互相奏請璽書以護其家。諸王分邑達魯花赤受代，不得仍留官所，其父兄所居官，子弟不得再任。辛亥，賑鄧州諸縣被兵逃戶糧三千六百石。壬子，賑通州諸縣被兵之民糧兩月，被俘者四千五百一十人，命遼陽行省督所屬簿錄，護送歸其家。丙辰，行在所遣只兒哈郎等至京師。河南廉訪司言：「河南府路以兵、旱民饑，食人肉事覺者五十一人，餓死者千九百五十人，饑者二萬七千四百餘人。乞弛山林川澤之禁，聽民采食，行入粟補官之令，及括江淮僧道餘糧以賑。」從之。江浙行省言：「池州、廣德、寧國、太平、建康、鎮江、常州、湖州、慶元諸路及江陰州饑民六十餘萬戶，當賑糧十四萬三千餘石。」從之。諸王忽剌答兒言黃河以西所部旱蝗，凡千五百戶，命賑糧兩月。大都、興和、順德、大名、彰德、懷慶、衞輝、汴梁、中興諸路，泰安、高唐、曹、冠、徐、邳諸州，饑民六十七萬六千餘戶，賑以鈔九萬錠、糧萬五千石。大都宛平縣，保定遂州、易州，賑糧一月。靖州賑糶糧九千八百石。濮州鄄城縣蠶災。大寧興中州、懷慶孟州、廬州無爲州蝗。廣西猺寇古縣。

五月丁巳朔，復賜魯國大長公主鈔二萬錠，以搆居第。賜燕鐵木兒祖父紀功碑銘。水達達路阿速古兒千戶所大水。己未，遣翰林學士承旨阿鄰帖木兒北迎大駕。命司天監禜星。昌王八剌失里還鎮。庚申，太白犯鬼宿積尸氣。癸亥，復遣翰林學士承旨斡耳朵迎大駕。乙丑，命有司給行在宿衞士衣糧及馬芻豆。以儲慶司所貯金三十鋌、銀百鋌，建大承天護聖寺。給皇子宿衞之士千人鈔，四番宿衞增爲萬三千人，至是又增千人。甲戌，命中書省臣擬注中書六部官，奏于行在所。乙亥，幸大聖壽萬安寺，作佛事于世祖神御殿，又於玉德殿及大天源延聖寺作佛事。丙子，武寧王徹徹禿、中書平章政事哈八兒禿至自行在所，致立皇太子之命。賜徹徹禿金五百兩，餘有差。改儲慶使司爲詹事院。伯顏、鐵木兒補化及江南行臺御史大夫阿兒思蘭海牙、江浙行省平章政事曹立，並爲太子詹事；又除副詹事、詹事丞及斷事官、家令司、典寶、典用、典醫等官。丁丑，帝發京師，北迎明宗皇帝。戊寅，次于大口。徵諸王鼎八入朝。庚辰，次香水園。置江淮財賦都總管府，秩正三品，隸僉事院。陝西行省言：「鳳翔府饑民十九萬七千九百人，本省用便宜賑以官鈔萬五千錠。又，豐樂八屯軍士饑死者六百五十人，萬戶府軍士饑者千三百人，賑以官鈔百三十錠。」從之。給保定路定興驛車馬，又賑被兵之民百四十五戶糧一月。眞定路民被兵者二千七百四十八戶，亦命賑之。上都迭只諸位宿衞士及開平縣民被兵者，並賑以糧。大名路蠶災。

六月丁亥朔，明宗遣近侍馬駒、塔台、別不花至。丁酉，鐵木兒補化以旱乞避宰相位，有旨諭之曰：「皇帝遠居沙漠，未能卽至京師，是以勉攝大位。今亢陽爲災，皆予闕失所致。汝其勉修厥職，祗修實政，可以上答天變。」仍命馳奏于行在。己亥，江浙行省言，紹興、慶元、台州、婺州諸路饑民凡十一萬八千九十戶。乙巳，命中書省逮繫也先捏以還。丙午，永平屯田府所隸昌國諸屯大風驟雨，平地出水。丁未，太白晝見。庚戌，次于上都之六十〔里〕店。〔五〕辛亥，陝西行臺御史孔思迪言：「人倫之中，夫婦爲重。比見內外大臣得罪就刑者，其妻妾卽斷付他人，似與國朝旌表貞節之旨不侔、夫亡終制之令相反。況以失節之婦配有功之人，又與前賢所謂『娶失節者以配身是己失節』之意不同。今後凡負國之臣，籍沒奴婢財產，不必罪其妻子。當典刑者，則孥戮之，不必斷付他人，庶使婦人均得守節。請著爲令。」壬子，海運糧至京師，凡百四十萬九千一百三十石。是月，陝西雨。賜鳳翔府岐陽書院額。書院祀周文憲王，仍命設學官，春秋釋奠，如孔子廟儀。明宗遣吏部尚書別兒怯不花還京師。命中書集老臣議賑荒之策。時陝西、河東、燕南、河北、河南諸路流民十數萬，自嵩、汝至淮南，死亡相籍，命所在州縣官，以便宜賑之。順元、思、播州諸驛，因兵興，馬多羸斃，驛戶貧乏，令有司市馬補之。益都莒、密二州春水，夏旱蝗，饑民三萬一千四百戶，賑糧一月。陝西延安諸屯，以旱免徵舊所逋糧千九百七十石。永平屯田府昌國、濟民、豐贍諸署，以蝗及水災，免今年租。汴梁蝗。衞輝蠶災。峽州旱。淮東諸路、歸德府徐、邳二州大水。

秋七月丙辰朔，日有食之。丁巳，次上都之三十里店。宗仁衞屯田大水，壞田二百六十頃。戊午，大都之東安、薊州、永清、益津、潞縣，春夏旱，麥苗枯；六月壬子雨，至是日乃止，皆水災。己未，更定遷徙法：凡應徙者，驗所居遠近，移之千里，在道遇赦，皆得放還；如不悛再犯，徙之本省不毛之地，十年無過，則量移之；所遷人死，妻子聽歸土著。著爲令。征京師僧道商稅。癸亥，太白經天。丙子，帝受皇太子寶。辛巳，發諸衞軍六千完京城。冀寧陽曲縣雨雹，大者如雞卵。令諸王封邑達魯花赤，推擇本部年二十五以上、識達治體、廉愼無過者以充；或有冒濫，罪及王傅。遣使以上尊、腊羊、鈔十錠至大都國子監，助仲秋上丁釋奠。以淮安海寧州、鹽城、山陽諸縣去年水，免今年田租。眞定、河間、汴梁、永平、淮安、大寧、廬州諸屬縣及遼陽之蓋州蝗。

八月乙酉朔，明宗次于王忽察都。丙戌，帝入見，明宗宴帝及諸王、大臣于行殿。庚寅，明宗崩，帝入臨哭盡哀。燕鐵木兒以明宗后之命，奉皇帝寶授于帝，遂還。壬辰，次孛羅察罕，以伯顏爲中書左丞相，依前太保；欽察台、阿兒思蘭海牙、趙世延並中書平章政事；甘肅行省平章朶兒只爲中書右丞；中書參議阿榮、太子詹事丞趙世安並中書參知政事；前右丞相塔失鐵木兒、知樞密院事鐵木兒補化及上都留守鐵木兒脫並爲御史大夫。癸巳，帝至上都。乙未，賜護守大行皇帝山陵官、御史大夫孛羅等鈔有差。焚四川僞造鹽、茶引。丙申，監察御史徐奭言：「天下不可一日無君，神器不可一時而曠。先皇帝奄棄臣庶已踰數日，伏望聖上早正宸極，以安億兆之心，實宗社無疆之福。」流諸王忽剌出于海南。丁酉，命阿榮、趙世安提調通政院事，一切給驛事皆關白然後給遣。戊戌，四川囊加台以指斥乘輿，坐大不道棄市。己亥，帝復卽位于上都大安閣。大赦天下，詔曰：

朕惟昔上天啓我太祖皇帝肇造帝業，列聖相承。世祖皇帝旣大一統，卽建儲貳，而我裕皇天不假年，成宗入繼，纔十餘載。我皇考武宗歸膺大寶，克享天心，志存不私，以仁廟居東宮，遂嗣宸極。甫及英皇，降割我家。晉邸違盟搆逆，據有神器，天示譴告，竟隕厥身。

於是宗戚舊臣，協謀以舉義，正名以討罪，揆諸統緒，屬在眇躬。朕興念大兄播遷朔漠，以賢以長，曆數宜歸，力拒羣言，至於再四。乃曰艱難之際，天位久虛，則衆志弗固，恐隳大業。朕雖從請而臨御，秉初志之不移，是以固讓之詔始頒，奉迎之使已遣。尋命阿剌忒納失里、燕鐵木兒奉皇帝寶璽，遠迓于途。受寶卽位之日，卽遣使授朕皇太子寶。朕幸釋重負，實獲素心，乃率臣民，北迎大駕。而先皇帝跋涉山川，蒙犯霜露，道里遼遠，自春徂秋，懷艱阻於歷年，望都邑而增慨，徒御弗愼，屢爽節宜。信使往來，相望於道路，彼此思見，交切於衷懷。八月一日，大駕次王忽察都，朕欣瞻對之有期，獨兼程而先進，相見之頃，悲喜交集。何數日之間，而宮車弗駕，國家多難，遽至於斯！念之痛心，以夜繼旦。

諸王、大臣以爲祖宗基業之隆，先帝付托之重，天命所在，誠不可違，請卽正位，以安九有。朕以先皇帝奄棄方新，摧怛何忍；銜哀辭對，固請彌堅，執誼伏闕者三日，皆宗社大計，乃以八月十五日卽皇帝位于上都。可大赦天下，自天曆二年八月十五日昧爽以前，罪無輕重，咸赦除之。

於戲！戡定之餘，莫急乎與民休息；丕變之道，莫大乎使民知義。亦惟爾中外大小之臣，各究乃心，以稱朕意。

庚子，命阿榮、趙世安督造建康龍翔集慶寺。辛丑，立寧徽寺，掌明宗宮分事。壬寅，以鈔萬錠、幣帛二千匹，供明宗后八不沙費用。陞奎章閣學士院秩正二品，更司籍郎爲羣玉署，秩正六品。癸卯，幸世祖所御幄殿祓祭。禁凡送諸王、駙馬恩賜者，毋受金幣，犯者以贓論；或以衣、馬爲贈者聽。遣道士苗道一、吳全節修醮事于京師，毛穎達祭遁甲神于上都南屏山、大都西山。甲辰，命司天監及回回司天監禜星。中書省臣言：「祖宗故事，卽位之初，必恩賚諸王、百官。比因兵興，經費不足，請如武宗之制，凡金銀五錠以上減三之一，五錠以下全畀之，又以七分爲率，其二分準時直給鈔。」制可。遣欽察台先還京師，經理政務；燕鐵木兒、阿榮留上都，監給恩賚金幣。以仁宗、英宗潛邸宿衞士二百人還大都，備直宿。乙巳，立藝文監，秩從三品，隸奎章閣學士院；又立藝林庫、廣成局，皆隸藝文監。賜御史中丞史惟良沛縣地五十頃。發諸衞軍浚通惠河。丙午，自庚子至是日，晝霧夜晴。封牙納失里爲遼王，以故遼王脫脫印賜之。出官米五萬石，賑糶京師貧民。丁未，以馬扎兒台爲上都留守。馬扎兒台前爲陝西行臺侍御史，坐塗毀詔書得罪，以其兄伯顏有功，故特官之。戊申，封諸王寬徹爲肅王。己酉，車駕發上都。賜明宗北來衞士千八百三十人各鈔五十錠，怯薛官十二人各鈔二百錠。賜諸部曲出征者幣帛人各二匹遣還。冀寧之忻州兵後荐饑，賑鈔千錠。庚戌，改詹事院爲儲政院，伯顏兼儲政使，中政使哈撒兒不花、太子詹事丞胥雲世月思、前儲慶使姚煒並儲政使。河東宣慰使哈散託朝賀爲名，斂所屬鈔千錠入己，事覺，雖會赦，仍徵鈔還其主。敕自今有以朝賀斂鈔者，依枉法論罪。癸丑，徵吳王潑皮及其諸父木楠子赴京師。甲寅，置隆祥總管府，秩正三品，總建大承天護聖寺工役。監察御史劾：「前丞相別不花昔以贓罷，天曆初因人成功，遂居相位。既矯制以買驢家貲賜平章速速，又與速速等潛呼日者推測聖算。今奉詔已釋其罪，宜竄諸海島，以杜姦萌。」帝曰：「流竄海島，朕所不忍，其幷妻子置之集慶。」河南府路旱、疫，又被兵，賑以本府屯田租及安豐務遞運糧三月。莒、密、沂諸州，饑民采草木實，盜賊日滋，賑以米二萬一千石，幷賑晉寧路饑民鈔萬錠。大名、眞定、河間諸屬縣及湖、池、饒諸路旱。保定之行唐縣蝗。加封大都城隍神爲護國保寧王，夫人爲護國保寧王妃。

九月乙卯朔，作佛事于大明殿、興聖、隆福諸宮。市故宋太后全氏田爲大承天護聖寺永業。戊午，賜武寧王徹徹禿金百兩、銀五百兩，西域諸王燕只吉台金二千五百兩、銀萬五千兩，鈔幣有差。己未，立龍翔、萬壽營繕提點所，海南營繕提點所，並秩正四品，隸隆祥總管府。庚申，加封故領諸路道教事張留孫爲上卿、大宗師、輔成贊化保運神德眞君。辛酉，凡往明宗所送寶官吏，越次超陞者皆從黜降。賑甘肅行省沙州、察八等驛鈔各千五百錠。癸亥，敕宣徽院所儲金、銀、鈔、幣，百司毋得奏請。甲子，賜雲南烏撒土官祿余、曲靖土官舉精衣各一襲。丁卯，大駕至大都。戊辰，敕翰林國史院官同奎章閣學士采輯本朝典故，準唐、宋會要，著爲經世大典。召威順王寬徹不花赴闕。敕：「使者頒詔赦，率日行三百餘里。既受命，逗留三日及所至飲宴稽期者治罪。取賂者以枉法論。」辛未，以控鶴士二十人賜宣靖王買奴。監察御史劾奏：「知樞密院事塔失帖木兒阿附倒剌沙，又與王禪舉兵犯闕。今既待以不死，而又付之兵柄，事非便。」詔罷之。壬申，怯薛官武備卿定住特授開府儀同三司。癸酉，帝御大明殿，受諸王、百官朝賀。鐵木迭兒諸子鎖住等，明宗嘗敕流于南方。燕鐵木兒言，鎖住天曆初有勞于國，請各遣還田里，從之。甲戌，命江浙行省明年漕運糧二百八十萬石赴京師。廣西思明州土官黃宗永遣其子來貢虎、豹、方物。乙亥，史惟良上疏言：「今天下郡邑被災者衆，國家經費若此之繁，帑藏空虛，生民凋瘵，此政更新百廢之時。宜遵世祖成憲，汰冗濫蠶食之人，罷土木不急之役，事有不便者，咸釐正之。如此，則天災可弭，禎祥可致。不然，將恐因循苟且，其弊漸深，治亂之由，自此而分矣。」帝嘉納之。丙子，改太禧院爲太禧宗禋院。立溫州路竹木場。以衞輝路旱，罷蘇門歲輸米二千石。鐵木兒補化加錄軍國重事。以翰林學士承旨也兒吉尼、元帥梁國公都列捏並知行樞密院事。立衞候司，秩正四品，隸儲政院。賑陝西臨潼等二十三驛各鈔五百錠。論也先捏以不忠不敬，伏誅。嵐、管、臨三州所居諸王八剌馬、忽都火者等部曲，乘亂爲寇，遣省、臺、宗正府官往督有司捕治之。壬午，伯顏以病在告，居赤城，遣使召赴闕。封知樞密院事燕不鄰爲興國公。以大司農卿燕赤爲司徒。癸未，建顏子廟于曲阜所居陋巷。上都西按塔罕、闊干忽剌禿之地，以兵、旱，民告饑，賑糧一月。

冬十月甲申朔，帝服衮冕，享于太廟。丙戌，命欽察台兼領度支監。遣鎭南王孛羅不花還鎭揚州。禁奉元、永平釀酒。戊子，知樞密院事昭武王火沙知行樞密院事。己丑，立大承天護聖寺營繕提點所，秩正五品；又立大都等處、平江等處田賦提舉司二，秩從五品；皆隸隆祥總管府。辛卯，燕鐵木兒率羣臣請上尊號，不許。雲南行省立元江等處宣慰司。申飭海道轉漕之禁。籍四川囊加台家產；其黨楊靜等皆奪爵，杖一百七，籍其家，流遼東。封太禧宗禋使秃堅帖木兒爲梁國公。甲午，以登極恭謝，遣官代祀于南郊、社稷。中書省臣言：「舊制，朝官以三十月爲一考，外任則三年爲滿。比年朝官率不久於其職，或數月卽改遷，於典制不類，且治蹟無從考驗。請如舊制爲宜。」敕：「除風憲官外，其餘朝官，不許二十月內遷調。」監察御史劾奏：「吏部尙書八剌哈赤，先除陝西行臺侍御史，避難不行。」罷之。丙申，中書省臣言：「臣等謹集樞密院、御史臺、翰林、集賢院、奎章閣、太常禮儀院、禮部諸臣僚，議上大行皇帝尊謚曰翼獻景孝皇帝，廟號明宗，國言謚號曰護都篤皇帝。」是日，奉玉册、玉寶于太廟，如常儀。命江西、湖廣分漕米四十萬石，以紓江浙民力。給鈔十五萬錠，賑陝西饑民。己亥，加封天妃爲護國庇民廣濟福惠明著天妃，賜廟額曰靈慈，遣使致祭。申飭都水監河防之禁。辛丑，遣使括勘內外郡邑官久次事故應代者，歲終上名于中書省。以怯憐口諸色民匠總管府及所屬諸司隸徽政院者，悉隸儲政院。發中政院財賦總管府糧儲在江南者赴京師，以助經費，驗時直以鈔還之。諸王、公主、官府、寺觀撥賜田租，除魯國大長公主聽遣人徵收外，其餘悉輸於官，給鈔酬其直。壬寅，弛陝西山澤之禁以與民。大寧路地震。癸卯，命道士苗道一建醮于長春宮。改瓊州軍民安撫司爲乾寧軍民安撫司。陞定安縣爲南(康)〔建〕州，〔六〕隸海北元帥府，以南建洞主王官知州事，佩金符，領軍民。監察御史劾奏：「張思明在仁宗朝，阿附權臣鐵木迭兒，間諜兩宮，仁宗灼見其姦，既行黜降。及英宗朝鐵木迭兒再相，復援爲左丞，稔惡不悛，竟以罪廢。今又冒居是官，宜從黜罷。」詔罷之。敕刑部尚書察民之無賴者懲治之。甲辰，畏兀僧百八人作佛事于興聖殿。戊申，以江淮財賦都總管府隸儲政院，供皇后湯沐之用。作佛事于廣寒殿。徵朵朵、王士熙等十二人于貶所，放還鄉里。庚戌，以親祀太廟禮成，詔天下。罷大承天護聖寺工役。囚在獄三年疑不能決者，釋之。民間拖欠官錢無可追徵者，盡行蠲免。命通政院官分職往所在官司，簽補逃亡驛戶。大都至上都幷塔思哈剌、旭麥怯諸驛，自備首思，供給繁重，天曆三年官爲應付。免徵奉元路民間商稅一年，命所在官司設置常平倉。雲南八番爲囊加台所詿誤，反側未安者，並貰其罪。免各處煎鹽竈戶雜泛夫役二年。遣使代祀嶽瀆山川。免永平屯田總管府田租。申禁天下私殺馬牛。明宗乳媼夫斡耳朵，在武宗時爲大司徒，仁宗朝拘其印。燕鐵木兒以爲言，詔給還之。雲南威楚路黄州土官哀放遣其子來朝貢。〔七〕湖廣常德、武昌、澧州諸路旱饑，出官粟賑糶之。陝西鳳翔府饑民四萬七千戶，皆賑以鈔。

十一月乙卯，以立皇后，詔天下。受佛戒於帝師，作佛事六十日。丙辰，以句容郡王答鄰答里知行樞密院事。詔列聖諸宮后妃陪從之臣，永給衣廩芻粟。后八不沙請爲明宗資冥福，命帝師率羣僧作佛事七日于大天源延聖寺，道士建醮于玉虛、天寶、太乙、萬壽四宮及武當、龍虎二山。戊午，遣使代祀天妃。賜燕鐵木兒宅一區。皇后以銀五萬兩，助建大承天護聖寺。冠州旱。命朵耳只亦都護爲河南行省丞相。近制行省不設丞相，中書省以爲言，帝有旨：「朵耳只先朝舊臣，不當以例拘。」武宗宿衞士歲賜，如仁宗衞士例。西夏僧總統封國公冲卜卒，其弟監藏班臧卜襲職，仍以璽書、印章與之。癸亥，以翰林學士承旨闊徹伯知樞密院事，位居衆知院事上。甲子，廬州旱饑，發糧五千石賑之。止鷹坊毋獵畿甸。江西龍興、南康、撫、瑞、袁、吉諸路旱。丙寅，陞山東河北蒙古軍大都督府秩從二品。改普慶修寺人匠提舉司爲營繕提點所，秩從五品，隸崇祥總管府。雲南威楚路土官眠放來朝貢。罷功德使司，以所掌事歸宣政院。己巳，撤迪爲中書右丞。命中書左丞趙世安提調國子監學。庚午，諸王闊不花至自陝西，收其印，遣還。壬申，毀廣平王木剌忽印，命哈班代之，更鑄印以賜。癸酉，太陰犯塡星。丙子，諸王阿剌忒納失里翊戴有勞，以其父越王秃剌印與之。丁丑，復立孟定路軍民總管府。復給元江路軍民總管府印。湖廣州縣爲廣源等徭寇掠者二百八十餘所，命行省平章劉脫歡招捕之。造青木綿衣萬領，賜圍宿軍。〔乙〕〔已〕卯，〔八〕翰林國史院臣言：「纂修英宗實錄，請具倒剌沙款伏付史館。」從之。高麗國王王燾久病，不能朝，請命其子（楨）〔禎〕襲位。〔九〕以平江官田百五十頃，賜大龍翔集慶寺及大崇禧萬壽寺。辛巳，遷山東河北蒙古軍大都督府於濮州，仍聽山東廉訪司按治。欽察台兼右都威衞使。壬午，詔豫王阿剌忒納失里鎭雲南，賜其衞士鈔萬錠，仍每歲豫給其衣廩。

十二月甲申，給豳王忽塔忒迷失王傅印。以西僧輦眞吃剌思爲帝師。〔一〇〕詔僧尼徭役一切無有所與。丙戌，詔百官一品至三品，先言朝政得失一事；四品以下，悉聽敷陳。仍命趙世安、阿榮輯錄所上章疏，善者卽議舉行。追封燕鐵木兒曾祖班都察爲溧陽王，祖土土哈爲昇王，父床兀兒爲（楊）〔揚〕王。〔一一〕庚寅，祔祭于太祖幄殿。以末吉爲大司徒。中書省臣言：「舊制，凡有奏陳，衆議定共署，乃入奏。近年，事方議擬，一二省臣輒已上請，致多乖滯。今請如舊制。」御史臺臣言：「風憲官赴任，毋拘遠近，均給驛爲宜。」並從之。辛卯，命帝師率其徒作佛事於凝暉閣。甲午，冀寧路旱饑，賑糧二千九百石。乙未，改封前鎭南王帖木兒不花爲宣讓王。初，鎭南王脫不花薨，子孛羅不花幼，命帖木兒不花襲其爵。孛羅不花既長，帖木兒不花請以王爵歸之，乃特封宣讓王，以示褒寵。收諸王帖古思金印。詔諭廷臣曰：「皇姑魯國大長公主，蚤寡守節，不從諸叔繼尙，鞠育遺孤，其子襲王爵，女配予一人。朕思庶民若是者猶當旌表，況在懿親乎！趙世延、虞集等可議封號以聞。」詔：「諸僧寺田，自金、宋所有及累朝賜予者，悉除其租。其有當輸租者，仍免其役。僧還俗者，聽復爲僧。」戊戌，以淮、浙、山東、河間四轉運司鹽引六萬，爲魯國大長公主湯沐之資。己亥，遣使驛致故帝師舍利還其國，給以金五百兩、銀二千五百兩、鈔千五百錠、幣五千匹。加謚漢長沙王吳芮爲長沙文惠王。壬寅，命江浙行省印佛經二十七藏。癸卯，蘄州路夏秋旱饑，賑米五千石。甲辰，以明年正月武宗忌辰，命高麗、漢僧三百四十人，預誦佛經二藏于大崇恩福元寺。丁未，造至元鈔四十五萬錠、中統鈔五萬錠，如歲例。中書省臣言：「在京酒坊五十四所，歲輸課十餘萬錠。比者間以賜諸王、公主及諸官寺。諸王、公主自有封邑、歲賜，官寺亦各有常產，其酒課悉令仍舊輸官爲宜。」從之。開河東冀寧路、四川重慶路酒禁。罷土番巡捕都元帥府。賑上都留守司八剌哈赤二千二百餘戶、燭剌赤八百餘戶糧三月，鈔有差；牙連禿傑魯迭所居鷹坊八百七十戶糧三月。戊申，以玥璐不花爲御史大夫，兼領隆祥總管府事。庚戌，詔興舉中政院事。辛亥，趣內外已授官者速赴任。改上都饅頭山爲天曆山。壬子，織武宗御容成，卽神御殿作佛事。敕：「凡階開府儀同三司者，班列居一品之前。」武昌江夏縣火，賑其貧乏者二百七十戶糧一月。黄州路及恩州旱，並免其租。

是歲，會賦入之數：金三百二十七錠，銀千一百六十九錠，鈔九百二十九萬七千八百錠，幣帛四十萬七千五百匹，絲八十八萬四千四百五十斤，綿七萬六百四十五斤，糧千九十六萬五十三石。

校勘記

〔一〕中〔正〕〔政〕院　據下文三月辛酉、十二月庚戌條及本書卷八八百官志改。道光本已校。

〔二〕白〔工〕〔土〕關　據本書卷一三七阿禮海牙傳及元一統志改。續通鑑已校。

〔三〕河間臨津等縣　元無「臨津縣」。按本書卷五八地理志，河間路領寧津、臨邑等六縣，疑此處「臨津」爲「臨邑、寧津」之脱誤。

〔四〕禿堅不花及平章馬〔忽思〕〔思忽〕　按下文至順元年正月丁卯、二月己丑、甲午、三月辛未、五月癸酉、七月丁丑，二年二月己酉、十月癸丑諸條「禿堅不花」皆作「禿堅」，「不花」二字疑涉上「答失不花」衍。又，「忽思」二字倒誤，見卷三〇校勘記〔二〇〕。

〔五〕次于上都之六十〔里〕店　據周伯奇扈從北行前、后記補。本證已校。

〔六〕陞定安縣爲南〔康〕〔建〕州　據寰宇通志卷一〇六改。按下文有「以南建洞主王官知州事」，洞名與州名合。

〔七〕雲南威楚路黃州土官哀放遣其子來朝貢　按雲南威楚路無黃州，上文本年二月辛丑條有「開南土官哀放」，疑「黃州」爲「開南州」之誤。

〔八〕(乙)〔己〕卯　按是月癸丑朔，乙卯爲初三日，已見於前。此重出之「乙卯」在丁丑二十五日、辛巳二十九日間，爲己卯二十七日之誤，今改。道光本已校。

〔九〕請命其子(楨)〔禎〕襲位　據高麗史卷三六忠惠王世家改。續編已校。

〔一〇〕輦眞吃剌思　按本書卷二〇二釋老傳作「輦眞吃剌失思」，此名藏語，意爲「寶祥」。此處當脫「失」字。

〔一一〕父床兀兒爲(楊)〔揚〕王　據本書卷一二八土土哈傳附床兀兒傳改。續編已校。

元史卷三十四

本紀第三十四

文宗三

至順元年春正月丙辰，命趙世延、趙世安領纂修經世大典事。懷慶路饑，賑鈔四千錠。丁巳，賜明宗妃按出罕、月魯沙、不顏忽魯都鈔幣有差。以知樞密院事伯帖木兒爲遼陽行省左丞相。戊午，頒璽書諭雲南。辛酉，時享太廟。命回回司天監禜星。壬戌，中興路饑，賑糶糧萬石，貧者仍賙其家。甲子，燕鐵木兒、伯顏並辭丞相職，不允，仍命阿榮、趙世安慰諭之。丁卯，雲南諸王禿堅及萬戶伯忽、阿禾、怯朝等叛，攻中慶路，陷之，殺廉訪司官，執左丞忻都等，迫令署諸文牘。庚午，芍陂屯及鷹坊軍士饑，賑糧一月。辛未，中書省臣言：「科舉會試日期，舊制以二月一日、三日、五日，近歲改爲十一、十三、十五。請依舊制。」從之。壬申，衡陽猺爲寇，劫掠湘鄉州。癸酉，以宣徽使撒敦復知樞密院事，與欽察台並領長寧卿。乙亥，賜燕鐵木兒質庫一。寧海州文登、牟平縣饑，賑以糧三千石。丙子，衡州路饑，總管王伯恭以所受制命質官糧萬石賑之。丁丑，追封三寶奴爲郢城王，謚榮敏。召荆王之子脫脫木兒赴闕。趙世延請致仕，不允。命中書省製玉帶二十，賜臣僚官一品者。遣使齎金千五百兩、銀五百兩，詣杭州書佛經。賜海南大興龍普明寺鈔萬錠，市永業地。戊寅，賜隆禧總管府田千頃。立荆襄等處、平松等處田賦提舉司，並隸太禧宗禋院。命陝西行省以鹽課鈔十萬錠賑流民之復業者。傜賊八百餘人寇石康縣。己卯，封太醫院使野理牙爲秦國公。庚辰，陞羣玉署爲羣玉內司，秩正三品，置司尉、亞尉、僉司、司丞，仍隸奎章閣學士院。禮部尙書(𡡾𡡾)〔巙巙〕兼監羣玉內司事。〔一〕辛巳，改大都田賦提舉司爲宣農提舉司，荆襄田賦提舉司爲荆襄濟農香戶提舉司，平江提舉司爲平江善農提舉司。遣使齎鈔三千錠，往甘肅市髦牛。濠州去年旱，賑糧一月。大(明)〔名〕路及江浙諸路俱以去年旱告。〔二〕永平路以去年八月雹災告。加封秦蜀郡太守李冰爲聖德廣裕英惠王，其子二郎神爲英烈昭惠靈顯仁祐王。

二月壬午朔，以趙世安爲御史中丞，史惟良爲中書左丞。癸未，加知樞密院事燕不憐開府儀同三司。籍張珪子五人家資。乙酉，以西僧加瓦藏卜、蘸八兒監藏並爲烏思藏土蕃等處宣慰使都元帥。雲南麓(州)〔川〕等土官來貢方物。〔三〕揚州、安豐、廬州等路饑，以兩淮鹽課鈔五萬錠、糧五萬石賑之。眞定、蘄、黃等路，汝寧府、鄭州饑，各賑糧一月。丁亥，命江南、陝西、河南等處富民輸粟補官，江南萬石者官正七品，陝西千五百石、河南二千石、江南五千石者從七品，自餘品級有差。四川富民有能輸粟赴江陵者，依河南例，其不願仕，乞封父母者聽。僧、道輸己粟者，加以師號。徵江浙、江西、湖廣賑糶糧價鈔赴京師。己丑，禿堅、伯忽等攻陷仁德府，至馬龍州。調八番元帥完澤將八番答剌罕軍千人、順元土軍五百人禦之。庚寅，改萬聖祐國、興龍普明、龍翔萬壽三提點所並爲營繕都司，秩正四品；萬安規運、普慶營繕等八提點所並爲營繕司，秩正五品。以修經世大典久無成功，專命奎章閣阿隣帖木兒、忽都魯都兒迷失等譯國言所紀典章爲漢語，纂修則趙世延、虞集等，而燕鐵木兒如國史例監修。開元路胡里改萬戶府軍士饑，給糧賑之。（二月）辛卯（朔），〔四〕以御史臺贓罰鈔萬錠、金千兩、銀五千兩付太禧宗禋院，供祭祀之需。賜燕鐵木兒給驛璽書，以徵其食邑租賦。奎章閣學士忽都魯都兒迷失、撒迪、虞集辭職，詔諭之曰：「昔我祖宗睿知聰明，其於致理之道，自然生知。朕以統緒所傳，實在眇躬，夙夜憂懼，自惟早歲跋涉艱阻，視我祖宗，旣乏生知之明，於國家治體，豈能周知。故立奎章閣，置學士員，日以祖宗明訓、古昔治亂得失陳說於前，使朕樂於聽聞。卿等其推所學以稱朕意，其勿復辭。」帖麥赤驛戶及建康、廣德、鎭江諸路饑，賑糧一月。衞輝、江州二路饑，賑鈔二萬錠。寧國路饑，嘗賑糧二萬石，不足，復賑萬五千石。癸巳，衞輝路胙城、新鄉縣大風雨災。甲午，自庚寅至是日，京師大霜晝霁。立諸色民匠打捕鷹坊都總管府，秩正二品。置奎章閣監書博士二人，秩正五品。禿堅、伯忽等攻晉寧州。禿堅自立爲雲南王，伯忽爲丞相，阿禾、忽剌忽等爲平章等官，立城柵，焚倉庫以拒命。乙未，中書省言：「江浙民饑，今歲海運爲米二百萬石，其不足者來歲補運。」從之。丙申，雲南蒲蠻來朝。賑常德、澧州路饑。丁酉，帝及皇后、燕王阿剌忒納答剌並受佛戒。己亥，命明宗皇子受佛戒。監察御史言：「中書平章朶兒（失）〔只〕，〔五〕職任台衡，不思報效，銓選之際，紊亂綱紀，貪污著聞，恬不知恥，黜罷爲宜。」從之。徭賊入灌陽縣，劫民財。庚子，以兵興所收諸王也先帖木兒、搠思監等印還給之。壬寅，玥璐不花辭御史大夫職，不允。土蕃等處民饑，命有司以糧賑之。新安、保定諸驛孳畜疫死，命中書給鈔濟其乏。癸卯，汴梁路封丘、祥符縣霜災。甲辰，流王禪之子于吉陽軍。乙巳，封明宗皇子亦璘眞班爲鄜王。豫王阿剌忒納失里所部千六百餘人饑，賑糧二月。淮安路民饑，以兩淮鹽課鈔五萬錠賑之。丙午，復以阿兒思蘭海牙爲江南行臺御史大夫。命中尙卿小云失以兵討雲南。御史臺臣言：「欽察台天曆初在上都，常與闊闊出等謀執倒剌沙，事泄，同謀者皆死，欽察台以出征獲免。頃臺臣疑而劾之，不稱事情，宜雪其枉。」制曰「可」。丁未，以伯顏知樞密院事，依前太保、錄軍國重事。詔諭中書曰：「昔在世祖，嘗以宰相一人總領庶務，故治出於一，政有所統。今燕鐵木兒爲右丞相，伯顏既知樞密院事，左丞相其勿復置。」太禧宗禋院所隸總管府，各置副達魯花赤一人。賜豫王王傅官金虎符。戊申，命中書省及翰林國史院官祭太祖、太宗、睿宗三朝御容。以太禧宗禋使阿不海牙爲中書平章政事。命史惟良及參知政事和尙總督建言之事。中書省臣言：「舊制，正旦、天壽節，內外諸司各有贊獻，頃者罷之。今江浙省臣言，聖恩公溥，覆幬無疆，而臣等殊無補報，凡遇慶禮，進表稱賀，請如舊制爲宜。」從之。降璽書申鹽法之禁。以嘉興路崇德縣民四萬戶所輸租稅，〔六〕供英宗后妃歲賜錢帛。詔諭樞密院，以屯田子粒錢萬錠助建佛寺，免其軍卒土木之役。庚戌，茶陵州民饑，同知萬家奴、江存禮以所受敕質糧三千石賑之。辛亥，迤西蒙古驛戶饑，給芻粟有差。賑河南流民復歸者鈔五千錠。泰安州饑民三千戶，眞定南宮縣饑民七千七百戶，松江府饑民萬八千二百戶，及土蕃朶里只失監萬戶部內饑，命所在有司從宜賑之。濟寧路饑民四萬四千九百戶，賑以山東鹽課鈔萬錠。杭州火，賑糧一月。命市故瀛國公趙㬎田，爲大龍翔集慶寺永業。御史臺臣言不必予其直，帝曰：「吾建寺爲子孫黎民計，若取人田而不予直，非朕志也。」察罕腦兒宣慰司所部千戶察剌等衞饑者萬四千四百五十六人，人給鈔一錠。

三月甲寅，命宣政院供顯懿莊聖皇后神御殿祭祀。乖西解蠻三千人入松梨山，燒沿邊官軍營堡。東平路須城縣饑，賑以山東鹽課鈔。安慶、安豐、蘄、黃、廬五路饑，以淮西廉訪司贓罰鈔賑之。丁巳，徙封濟陽王木楠子爲吳王，吳王潑皮爲濟陽王。賜八番順元、曲靖、烏撒、烏蒙、蒙慶、羅羅斯、嵩明州土官幣帛各一。禁泛濫給驛。四川官吏脅從囊加台者皆復故職。戊午，封皇子阿剌忒納答剌爲燕王，立宮相府總其府事，秩正二品，燕鐵木兒領之。廷試進士，賜篤列圖、王文燁等九十七人及第、出身有差。命彰德路歲祭羑里周文王祠。以河南行省平章乞住爲雲南行省平章，八番順元宣慰使帖木兒不花爲雲南行省左丞，從豫王由八番道討雲南。賜明宗近侍七十人官有差。裕宗及昭獻元聖皇后位宿衞三千人，命儲政院給其衣糧芻粟。發米十萬石賑糶京師貧民。癸亥，遣諸王桑哥班、撒忒迷失、買哥分使西北諸王燕只吉台、不賽因、月即別等所。甲子，詔諭中外，命御史大夫鐵木兒補花、玥璐不華振舉臺綱。丁卯，木八剌沙來貢蒲萄酒，賜鈔幣有差。以山東鹽課鈔萬錠賑東昌饑民三萬三千六百戶。己巳，議明宗升祔，序于英宗之上，視順宗、成宗廟遷之例。辛未，羣臣請上皇帝尊號，不許，固請不已，乃許之。封知樞密院事不花帖木兒爲武平郡王。錄討雲南禿堅、伯忽之功，雲南宣慰使土官舉宗、祿余並遙授雲南行省參知政事，餘賜賚有差。分龍慶州隸大都路。諸王也孫台部七百餘人入天山縣，掠民財產，遣樞密院、宗正府官往捕之。壬申，奉玉册、玉寶，祔明宗神主于太廟。濮州臨淸、館陶二縣饑，賑鈔七千錠。光州光山縣饑，出官粟萬石，下其直賑糶。信陽、息州及光之固始縣饑，並以附近倉糧賑之。甲戌，封諸王速來蠻爲西寧王。乙亥，西番哈剌火州來貢蒲萄酒。諸王、駙馬還鎮，錫賚有差。丙子，改山東都萬戶府爲都督府。雲南木邦路土官渾都來貢方物。河南登封、偃師、孟津諸縣饑，賑以兩淮鹽課鈔三萬錠。鞏昌、臨洮、蘭州、定西州饑，賑鈔三千五百錠。沂、莒、膠、密、寧海五州饑，賑糧五千石。中興、峽州、歸州、安陸、沔陽饑戶三十萬有奇，賑糧四月。丁丑，陞太常禮儀院秩正二品。敕有司供明宗后八不沙宮分幣帛二百匹，及阿梯里、脫忽思幣帛有差。賜燕鐵木兒功勳之碑。廣平路饑，以河間鹽課鈔萬三千錠賑之。辛巳，諸王哈兒蠻遣使來貢蒲萄酒。廣德、太平、集慶等路饑，凡數百萬戶。濮州諸縣蟲食桑葉將盡。

夏四月壬午朔，命西僧作佛事于仁智殿，自是日始，至十二月終罷。癸未，置怯憐口錢糧都總管府，秩正三品。中書省臣言：「各宮分及宿衞士歲賜錢帛，舊額萬人，去歲增四千人，邇者增數益廣，請依舊額爲宜。」詔命阿不海牙裁省以聞。甲申，時享太廟。丙戌，封也眞也不干爲桓國公。燕鐵木兒言：「天曆初，阿速軍士爲國有勞，請以鈔十萬錠、米十萬石分給其家。」從之。戊子，四川行省調重慶五路萬戶以兵救雲南。庚寅，中書省臣言：「邇者諸處民饑，累常賑救，去歲賑鈔百三十四萬九千六百餘錠、糧二十五萬一千七百餘石。今汴梁、懷慶、彰德、大名、興和、衞輝、順德、歸德及高唐、泰安、徐、邳、曹、冠等州饑民六十七萬六千戶，一百一萬二千餘口，請以鈔九萬錠、米萬五千石，命有司分賑。」制曰「可」。以陝西饑，敕有司作佛事七日。壬辰，以所籍張珪諸子田四百頃，賜大承天護聖寺爲永業。沿邊部落蒙古饑民八千二百，人給鈔三錠、布二匹、糧二月，遣還其所部。癸巳，置豫王王傅、副尉、〔七〕司馬各二員。丁酉，遣諸王桑兀孫還雲南。金蘭等驛馬牛死，賑鈔五百錠。庚子，降璽書申諭太禧宗禋院。天臨之醴陵、湘陰等州、台州之臨海等縣饑，各賑糶米五千石。辛丑，明宗后八不沙崩。壬寅，括益都、般陽、寧海閑田十六萬二千九十頃，賜大承天護聖寺爲永業。立益都廣農提舉司及益都、般陽、寧海諸提領所，並隸隆祥總管府。烏(蒙)〔撒〕土官祿余殺烏撒宣慰司官吏，〔八〕降于伯忽。羅羅諸蠻俱叛，與伯忽相應，平章帖木兒不花爲其所害。晉寧、建昌二路民饑，賑糧五萬五千石、鈔二萬三千錠。戊申，陝西行臺言：「奉元、鞏昌、鳳翔等路以累歲饑，不能具五穀種，請給鈔二萬錠，俾分糴于他郡。」從之。雲南賊祿余以蠻兵七百餘人拒烏撒、順元界，立關固守。重慶五路萬戶軍至雲南境，值羅羅蠻，萬餘人遇害，千戶祝天祥等引餘衆遁還。詔江浙、河南、江西三省調兵二萬，命諸王云都思帖木兒及樞密判官洪浹將之，與湖廣行省平章脫歡會兵討雲南。己酉，作佛事。是月，滄州、高唐州屬縣蟲食桑葉盡。(荀)〔芍〕陂屯饑，〔九〕賑糧三月。土蕃等處脫思廨民饑，命有司賑之。賑懷慶承恩、孟州等驛鈔千錠。

五月乙卯，遣宣徽使定住等，以受尊號告祭南郊。故四川行省平章寬徹、四川道廉訪使忽都魯養阿等，皆爲囊加台所害，並贈官賜謚。楡次縣主簿太帖木兒、河中府判官禿塔兒，皆爲遼東軍所害，並加褒贈。戊午，帝御大明殿，燕帖木兒率文武百官及僧道、耆老，奉玉册、玉寶，上尊號曰欽天統聖至德誠功大文孝皇帝。是日，改元至順，詔天下。河南、懷慶、衞輝、（普）〔晉〕寧四路曾經賑濟人戶，〔一〇〕今歲差發全行蠲免。其餘被災路分人民已經賑濟者，腹裏差發、江淮夏稅，亦免三分。己未，羅羅斯權土官宣慰撒加伯、阿漏土官阿剌、里州土官德益叛，附于祿余。庚申，以受尊號恭謝太廟。辛酉，四川行省討雲南，進軍至烏蒙。壬戌，歸德府之譙縣霧傷麥。癸亥，四川軍至雲南之雪山峽，遇羅羅斯軍，敗之。德州饑，賑以山東鹽課鈔三千錠。武昌路饑，賑以糧五萬石、鈔二千錠。甲子，申命燕鐵木兒爲中書右丞相，詔天下。以鈔四萬錠分給宮人。賜魯國大長公主鈔萬錠。丁卯，翰林國史院修英宗實錄成。戊辰，車駕發大都，次大口。陞尙舍寺秩正三品。命阿鄰帖木兒爲大司徒。遣豫王阿剌忒納失里鎭西番，授以金印。賜諸王脫歡金印，大司徒不蘭奚銀印。加趙世延翰林學士承旨，封魯國公。賑衞輝、大名、廬州饑民鈔六千錠、糧五千石。開元路胡里該萬戶府、寧夏路哈赤千戶所軍士饑，各賑糧二月。己巳，次龍虎臺。置肅王寬徹傅、尉、司馬各一員。辛未，置宣忠扈衞親軍都萬戶府，秩正三品，總斡羅思軍士，隸樞密院。以太禧宗禋使亦列赤爲中書平章政事。左、右欽察、龍翊侍衞軍士五千三百七十戶饑，戶賑鈔二錠、布一匹、糧一月。癸酉，遣使勞軍于雲南。時諸王禿剌率萬戶忽都魯沙、怯列、孛羅等，皆領兵進討禿堅、伯忽。甲戌，八番乖西觧苗阿馬、察伯秩等萬人侵擾邊境，詔樞密臣分兵討之。乙亥，置順元宣撫司，統答剌（斥）〔罕〕軍征雲南，〔一〕人賜鈔五錠。衞輝路之輝州，以荒乏穀種，給鈔三千錠，俾糴於他郡。己卯，遣使詣五臺山作佛事。庚辰，命湖廣行省以鈔五萬錠給雲南軍需。是月，右衞左右手屯田大水，害禾稼八百餘頃。廣平、河南、大名、般陽、南陽、濟寧、東平、汴梁等路，高唐、開、濮、輝、德、冠、滑等州，及大有、千斯等屯田蝗。以浙東宣慰使陳天祐、湖廣參知政事樊楫死於王事，贈封特加一級。龍興張仁興妻鄒氏、奉元李郁妻崔氏以志節，汴梁尹華以孝行，皆旌其門。

六月辛巳朔，燕鐵木兒言：「嚮有旨，惟許臣及伯顏兼領三職。今趙世延以平章政事兼翰林學士承旨、奎章閣大學士，引疾以辭。」帝曰：「朕重老成人，其令世延仍視事中書，果病，無預銓選可也。」丙戌，大駕至上都。戊子，給左、右欽察、龍翊侍衞軍士糧。壬辰，鎮江饑，賑糧四萬石。饒州饑，亦命有司賑之。癸巳，御史臺臣言：「宣徽院錢穀，出納無經，以上供飲饍，冒昧者多，不稽其案牘，則弊日滋。宜如舊制，具實上之省部，以備考覈。」從之。

丙申，立行樞密院討雲南，賜給驛璽書十五、銀字圓符五。以河南行省平章徹里鐵木兒知行樞密院事，陝西行省平章探馬赤、近侍敎化爲同知、副使。發朶甘思、朶思麻及鞏昌諸處軍萬三千人，人乘馬三匹。徹里鐵木兒同鎭西武靖王搠思班等由四川，敎化從豫王阿剌忒納失里等由八番，分道進軍。黃河溢，大名路之屬縣沒民田五百八十餘頃。庚子，以內侍中瑞卿撒里爲大司徒。賜四川行省左丞孛羅金虎符。以鹽課鈔二十萬錠供雲南軍需。命河南、湖廣、江西、甘肅行省誦藏經六百五十部，施鈔三萬錠。知樞密院事闊徹伯、脫脫木兒，通政使只兒哈郎，翰林學士承旨敎化的、伯顏也不干，燕王宮相敎化的、斡羅思，中政使尙家奴、禿烏台，右阿速衞指揮使那海察、拜住，以謀變有罪，並棄市，籍其家。癸卯，四川孛羅以蒙古漸丁軍五千往雲南。乙巳，羅羅斯土官撒加伯合烏蒙蠻兵萬人攻建昌縣，〔二〕雲南行省右丞躍里怙木兒拒之，斬首四百餘級。四川軍亦敗撒加伯于蘆古驛。丙午，朶思麻蒙古民饑，賑糧一月。丁未，改東路蒙古軍元帥府爲東路欽察軍萬戶府。是月，高唐、曹州及前、後、武衞屯田水災。大都、益都、眞定、河間諸路，獻、景、泰安諸州，及左都威衞屯田蝗。迤北蒙古饑民三千四百人，人給糧二石、布二匹。旌表眞定粱子益妻李氏等貞節，徐州胡居仁孝行。

秋七月辛亥，封諸王按渾察爲廣寧王，授以金印。壬子，命西僧禁星。丙辰，以闊徹伯大司徒印授撒里。丁巳，命中書省、翰林國史院官祀太祖、太宗、睿宗御容于大普慶寺。命西僧爲皇子燕王作佛事。西域諸王不賽因遣使來朝賀。監察御史請以所籍闊徹伯衣物分賜宿衞軍士，從之。己未，以闊徹伯宅賜太禧宗禋院，衣服賜羣臣。通渭山崩，壓民舍，命陝西行省賑被災者十二家。庚申，籍脫脫木兒家貲，輸內府。辛酉，改哈思罕萬戶府爲總管府，秩四品。詔：「僧、道、獵戶、鷹坊合得璽書者，翰林院無得越中書省以聞。」眞定路之平棘，廣平路之肥鄉，保定路之曲陽、行唐等縣，大風雨雹傷稼。許失台速怯、月謹眞孛可等部獻人口牧畜，命酬其直。江西建昌萬戶府軍戍廣海者，一歲更役，來往勞苦，詔仍至元舊制，二歲一更。乙丑，翰林學士承旨也兒吉尼知樞密院事。調諸衞卒築漷州柳林海子堤堰。丙寅，蒙古百姓以饑乏至上都者，閱口數給以行糧，俾各還所部。增大都賑糶米五萬石。大都之順州、東安州大風雨雹傷稼。戊辰，壽寧公主薨，收其印。己巳，命江浙行省以鈔十萬錠至雲南，增其軍需。庚午，歲星犯氐宿。開平路雨雹傷稼。中書省臣言：「近歲帑廩虛空，其費有五：曰賞賜，曰作佛事，曰創置衙門，曰濫冒支請，曰續增衞士鷹坊。請與樞密院、御史臺、各怯薛官同加汰減。」從之。御史臺臣劾奏新除河南府總管張居敬避難不之官，有旨免所授官，加其罪笞。甲戌，賜諸王養怯帖木兒、孛欒台、徹棘斯、察阿兀罕等金銀鈔幣有差。丙子，敕中書省、御史臺遣官詣江浙、江西、湖廣、四川、雲南諸行省，遷調三品以下官。命四川行省於明年茶鹽引內給鈔八萬錠增軍需，以討雲南。賑木隣、扎里至苦鹽泊等九驛，每驛鈔五百錠。增給戍居庸關軍士糧。海潮溢，漂沒河間運司鹽二萬六千七百餘引。丁丑，以給驛璽書五、銀字圓符二，增給陝西蒙古都萬戶府，以討雲南。故丞相鐵木迭兒子將作使鎖住與其弟觀音奴、姊夫太醫使野理牙，坐怨望、造符籙、祭北斗、咒咀，事覺，詔中書鞫之。事連前刑部尚書烏馬兒、前御史大夫孛羅、上都留守馬兒及野理牙姊阿納昔木思等，俱伏誅。雲南禿堅、伯忽等勢愈猖獗，烏撒祿余亦乘勢連約烏蒙、東川、芒部諸蠻，欲令伯忽弟拜延（順）等兵攻順元。〔一三〕樞密臣以聞，詔卽遣使督豫王阿納忒剌失里及行樞密院、四川、雲南行省亟會諸軍分道進討，以烏蒙、烏撒及羅羅斯地接西番，與碉門安撫司相為脣齒，命宣政院督所屬軍民嚴加守備，又命鞏昌都總帥府調兵千人戍四川。開元、大同、眞定、冀寧、廣平諸路及忠翊侍衞左右屯田，自夏至于是月不雨。奉元、晉寧、興國、揚州、淮安、懷慶、衞輝、益都、般陽、濟南、濟寧、河南、河中、保定、河間等路及武衞、宗仁衞、左衞率府諸屯田蝗。永平龐遵以孝行，福州王薦以隱逸，大同李文實妻齊氏、河南閻遂妻楊氏、大都潘居敬妻陳氏、王成妻高氏以志節，順德馬奔妻胡閏奴、眞定民妻周氏、冀寧民妻魏益紅以夫死自縊殉葬，並旌其門。

閏七月庚辰朔，封諸王卯澤為永寧王，授金印，及給銀字圓符、給驛璽書，併以所隸封邑歲賦賜之。癸未，遣諸王篤憐、渾禿、孛羅等賫銀千兩、幣二百匹，賜諸王朶列鐵木兒。監察御史葛明誠言：「中書平章政事趙世延，年踰七十，智慮耗衰，固位苟容，無補於事，請斥歸田里。」臺臣以聞，詔令中書議之。雲南芒部路九村夷人阿斡、阿里詣四川行省自陳：「本路舊隸四川，今土官撒加伯與雲南連叛，願備糧四百石、民丁千人，助大軍進征。」事聞，詔嘉其去逆效順，厚慰諭之。衞士上都駐冬者，所給糧以三分爲率，二分給鈔。大駕將還，敕上都兵馬司官二員，率兵士由偏嶺至明安巡邏，以防盜賊。市槖駝百、牛三百，充扈從屬軍之用。丙戌，忠翊衞左右屯田隕霜殺稼。籍鎖住、野里牙等庫藏、田宅、奴僕、牧畜，給大承天護聖寺爲永業。鑄黃金神仙符命印，賜掌全眞教道士苗道一。己丑，立掌醫署，秩正五品。庚寅，以所籍野理牙宅爲都督府公署。辛卯，以陝西行臺御史中丞脫亦納爲中書參知政事。燕鐵木兒言：「趙世延向自言年老，屢乞致仕，臣等以聞，嘗有旨，世延舊人，宜與共政中書。御史之言，不知前有旨也。」帝曰：「如御史言，世延固難任中書矣。其仍任以翰林、奎章之職。」四川行省平章汪壽昌言：「雲南伯忽叛逆，興兵進討，調遣餽餉，皆壽昌領之。頃以市馬、造器械、軍官俸給、軍士行糧，已給鈔十五萬錠。今伯忽未及殄滅，而烏撒、烏蒙相繼爲亂，大兵深入，去朝廷益遠，元請軍需，早乞頒降，從本省酌其緩急，便宜以行，庶不稽誤。」從之。寧夏、奉元、鞏昌、鳳翔、大同、晉寧諸路屬縣隕霜殺稼。癸巳，以月魯帖木兒爲大司徒。賜哈剌赤軍士鈔一萬錠、糧十萬石。察罕腦兒幷東、西涼亭諸衞士九百五十人，人賜鈔五錠、糧二月；朔漠軍士，人鈔三錠、布二匹、糧二月。命燕鐵木兒以鈔萬錠，分賜天曆初諸王、羣臣死事之家。行樞密院言：「征戍雲南軍士二人逃歸，捕獲，法當死。」詔曰：「如臨戰陣而逃，死宜也。非接戰而逃，輒當以死，何視人命之易耶！其杖而流之。」丁酉，大駕發上都。授阿憐帖木兒大司徒印。戊戌，甘肅平章政事乃馬台封宣寧郡王，授以金印；駙馬謹只兒封鄆國公，授以銀印；並知行樞密院事。贈安南國王陳益稷儀同三司、湖廣行省平章政事，王爵如故，謚忠懿。益稷在世祖時自其國來歸，遂授以國王，卽居于漢陽府，天曆二年卒，至是加贈、謚。庚子，魯王阿剌哥識里所部三萬餘人告饑，賑鈔萬錠、糧二萬石。中書省臣言：「內外佛寺三百六十七所，用金、銀、鈔、幣不貲，今國用不充，宜從裁省。」命省人及宣政院臣裁減。上都歲作佛事百六十五所，定爲百四所，令有司永爲歲例。乙巳，雲南使來報捷，遣使賜雲南、四川省臣、行樞密院臣以上尊。丙午，諸王卜顏帖木兒請給鞍馬，願從諸軍擊雲南，帝嘉其意，從之。戊申，加封孔子父齊國公叔梁紇爲啓聖王，母魯國太夫人顏氏爲啓聖王夫人，顏子兗國復聖公，曾子郕國宗聖公，子思沂國述聖公，孟子鄒國亞聖公，河南伯程顥豫國公，伊陽伯程頤洛國公。羅羅斯土官撒加伯及阿陋土官阿剌、里州土官德益兵八千撤毀棧道，遣把事曹通潛結西番，欲據大渡河進寇建昌。

四川行省調碉門安撫司軍七百人，成都、保寧、順慶、廣安諸屯兵千人，令萬戶周戡統領，直抵羅羅斯界，以控扼西番及諸蠻部。又遣成都、順慶二翼萬戶昝定遠等，以軍五千同邛部知州馬伯所部蠻兵，會周戡等，從便道共討之。發成都沙糖戶二百九十人防遏敍州。徵重慶、夔州逃亡軍八百人赴成都。廣西猺于國安率千五百人寇修仁、荔浦等縣，廣西元帥府發兵捕之，賊衆潰走，生擒國安。大都、(太)〔大〕寧、〔一四〕保定、益都諸屬縣及京畿諸衞、大司農諸屯水，沒田八十餘頃。杭州、常州、慶元、紹興、鎭江、寧國諸路及常德、安慶、池州、荆門諸屬縣皆水，沒田一萬三千五百八十餘頃。松江、平江、嘉興、湖州等路水，漂民廬，沒田三萬六千六百餘頃，饑民四十萬五千五百七十餘戶，詔江浙行省以入粟補官鈔三千錠及勸率富人出粟十萬石賑之。寶慶、衡、永諸處，田生青蟲，食禾稼。冠州郁世復、大都趙祥及弟英，以孝行旌其門。大都愛祖丁、塔兀，滌州劉仲溫，以輸米賑貧旌其門。

八月庚戌，河南府路新安、沔池等十五驛饑疫，人給米、馬給芻粟各一月。辛亥，雲南躍里鐵木兒以兵屯建昌，執羅羅斯把事曹通斬之。丁巳，北邊諸王月卽別遣使來京師。燕鐵木兒由西道田獵未至，詔以機務至重，遣使趣召之。己未，大駕至京師。勞遣人士還營。辛酉，有言蔚州廣靈縣地產銀者，詔中書、太禧院遣人涖其事，歲所得銀歸大承天護聖寺。以世祖是月生，命京師率僧百七十人作佛事七日。御史臺臣請立燕王爲皇太子，帝曰：「朕子尙幼，非裕宗爲燕王時比，俟燕帖木兒至，共議之。」甲子，忠州土官黃祖顯遣其子宗忠來朝，獻方物。乙丑，遣使詣眞定玉華宮，祀睿宗及顯懿莊聖皇后神御殿。戊辰，太白犯氐宿。壬申，詔興舉蒙古字學。中書省、樞密院、御史臺言：「臣等比奉旨裁省衞士，今定大內四宿衞之士，每宿衞不過四百人；累朝宿衞之士，各不過二百人。鷹坊萬四千二十四人，當減者四千人。內饔九百九十人，四怯薛當留者各百人。累朝舊邸宮分饔人三千二百二十四人，當留者千一百二十人。媵臣、怯憐口共萬人，當留者六千人。其汰去者，斥歸本部著籍應役。自裁省之後，各宿衞復有容匿漢、南、高麗人及奴隸濫充者，怯薛官與其長杖五十七，犯者與典給散者皆杖七十七，沒家貲之半，以籍入之半爲告者賞。仍令監察御史察之。」制可。

九月庚辰，江浙行省言：「今歲夏秋霖雨大水，沒民田甚多，稅糧不滿舊額，明年海運本省止可二百萬石，餘數令他省補運爲便。」從之。罷入粟補官例。糴豆二十三萬石於河間、保定等路，冠、恩、高唐等州，出馬八萬匹，令諸路分牧之。大寧路地震。甲申，授不蘭奚及月魯鐵木兒大司徒印。史惟良辭中書左丞職，不允。命藝文監以燕鐵木兒世家刻板行之。命河南行省給湖廣行省鈔四千錠爲軍需，討雲南。遼陽諸王老的、蠻子台諸部擾民，敕樞密院、宗正府及行省，每歲遣官偕往巡問，以治其獄訟。監察御史葛明誠劾奏：「遼陽行省平章哈剌鐵木兒，嘗坐贓被杖罪，今復任以宰執，控制東藩，亦足見國家名爵之濫，黜罷爲宜。」從之。丙戌，邛部州土官馬伯嚮導征雲南軍有功，以爲征進招討，知本州事。江西、湖廣蒙古軍進征雲南者，人給鈔五錠。雲南羅羅斯叛，與成都甚邇，而成都軍馬俱進征雲南，詔四川鄰境諸王，發蕃部丁壯二千人戍成都。廣源賊弗道閉覆寇龍州羅回洞，龍州萬戶府移文詰安南國，其國回言：「本國自歸順天朝，恪共臣職，彼疆我界，盡歸一統。豈以羅回元隸本國，遂起爭端？此蓋邊吏生釁，假閉覆爲名爾，本府宜自加窮治。」湖廣行省備其言以聞，命龍州萬戶府申嚴邊防。己丑，熒惑犯鬼宿。辛卯，賜陝西蒙古軍之征雲南者三十人，人鈔六錠。監察御史朶羅台、王文若言：「嶺北行省乃太祖肇基之地，武宗時，太師月赤察兒爲右丞相，太傅答剌罕爲左丞相，保安邊境，朝廷遂無北顧之患。今天子臨御，及命哈八兒禿爲平章政事，其人無正大之譽，有鄙俚之稱，錢穀甲兵之事，懵無所知，豈能昭宣皇猷，贊襄國政！且以月赤察兒輩居於前，而以斯人繼其後，賢不肖固不待辯而明，理宜黜罷。」制曰「可」。癸巳，白虹貫日。置麓川路軍民總管府。復立總管府於哈剌火州。甲午，熒惑犯鬼宿積尸氣。封魏王阿木哥子阿魯（於）〔爲〕西靖王。〔一五〕乙未，以立冬祀五福十神、太一眞君。御史臺臣劾奏：「前中書平章速速，叨居台鼎，專肆貪淫，兩經杖斷一百七，方議流竄，幸蒙恩宥，量徙湖廣。不復畏法自守，而乃携妻娶妾，濫污百端。況湖廣乃屯兵重鎭，豈宜居此？乞屏之遠裔，以示至公。」詔永竄雷州，湖廣行省遣人械送其所。丙申，以魯國大長公主邸第未完，復給鈔萬錠，命中書平章亦列赤董其役。己亥，以奎章閣纂修經世大典，命省、院、臺諸司以次宴其官屬。以平江等處官田五百頃，賜魯國大長公主。敕：「諸人非其本俗，敢有弟收其嫂、子收庶母者，坐罪。」壬寅，覈實諸衞軍戶物力。賜魯國大長公主鈔萬錠，命燕鐵木兒詣其邸第送之。丙午，命西僧作佛事於大明殿。史惟良復乞辭職歸養，允其請，仍賜鈔二百錠。丁未，中書參知政事張友諒爲左丞。知樞密院事脫別台爲陝西行臺御史大夫。鐵里干、木隣等三十二驛，自夏秋不雨，牧畜多死，民大饑，命嶺北行省人賑糧二石。至治初以白雲宗田給壽安山寺爲永業，至是其僧沈明琦以爲言，有旨，令中書省改正之。敕有司繕治南郊齋宮。遼陽行省水達達路，自去夏霖雨，黑龍、宋瓦二江水溢，民無魚爲食。至是，末魯孫一十五狗驛，狗多餓死，賑糧兩月，狗死者，給鈔補市之。辰州萬戶圖格里不花母石抹氏以志節，漳州龍溪縣陳必達以孝行，並旌其門。

冬十月戊申朔，降璽書申飭衍聖公崇奉孔子廟事。賜雲南行省參政忽都沙三珠虎符。辛亥，命湖廣行省給諸王云都思鐵木兒幣百匹，以賞將士捕徭賊有功者。壬子，諸王、大臣復請立燕王爲皇太子，帝曰：「卿等所言誠是。但燕王尙幼，恐其識慮未弘，不克負荷，徐議之未晚也。」立宣忠扈衞親軍都萬戶營於大都北，市民田百三十餘頃賜之。戊午，致齋於大明殿。己未，遣亞獻官中書右丞相燕鐵木兒、終獻官貼木爾補化率諸執事告廟，請以太祖皇帝配享南郊。庚申，出次郊宮。辛酉，帝服大裘、衮冕，祀昊天上帝于南郊，以太祖皇帝配，禮成，是日大駕還宮。甲子，以奉元驛馬瘠死，命陝西行省給鈔三千錠補市之。木納火失溫所居諸牧人三千戶、瀕黃河所居鷹坊五千戶，各賑糧兩月。乙丑，廣西徭賊寇橫州及永淳縣，敕廣西元帥府率兵捕之。樞密院臣言：「每歲大駕幸上都，發各衞軍士千五百人扈從，又發諸衞漢軍萬五千人駐山後，蒙古軍三千人駐官山，以守關梁。乞如舊數調遣，以俟來年。」從之。辛未，烏蒙路土官阿朝歸順，遣其通事阿累等貢方物。壬申，御史臺臣言：「內外官吏令家人受財，以其干名犯義，罪止四十七、解任。今貪污者緣此犯法愈多，請依十二章計贓多寡論罪。」從之。甲戌，敕：「累朝宮分官署，凡文移無得稱皇后，止稱某位下娘子。其委用官屬，並由中書擬聞。」乙亥，改打捕鷹坊總管府爲仁虞都總管府。知樞密院事撒敦、宣徽使唐其勢，並賜答剌罕之號。中書省臣言：「近討雲南，已給鈔二十萬錠爲軍需，今費用已盡，鎭西武靖王搠思班及行省、行院復求鈔如前數。臣等議，方當進討之際，宜依所請給之。」制曰「可」。賜伯夷、叔齊廟額曰聖清，歲春秋祠以少牢。遣使趣四川、雲南行省兵進討。於是四川行省平章塔出引兵由永寧，左丞孛羅引兵由青山、茫部並進，陳兵周泥驛，及祿余等戰，殺蠻兵三百餘人。祿余衆潰，卽奪其關隘，以導順元諸軍。

時雲南行省平章乞住等俱失期不至。

十一月庚辰，命中書賑糶糧十萬石，濟京師貧民。辛巳，御史臺臣言：「陝西行省左丞怯列，坐受人僮奴一人及鸚鵡，請論如律。」詔曰：「位至宰執，食國厚祿，猶受人生口，理宜罪之。但鸚鵡微物，以是論贓，失於太苛，其從重者議罪。今後凡饋禽鳥者，勿以贓論，著爲令。」癸未，賑上都灤河駐冬各宮分怯憐口萬五千七百戶糧二萬石。甲申，熒惑退犯鬼宿。命帝師率西僧作佛事，內外凡八所，以是日始，歲終罷。丙戌，太白犯壘壁陣。中書省臣言：「至元間，安豐、安慶、廬州等路有未附籍戶千四百三十六，世祖命以其歲賦賜牀兀兒。後既附籍，所輸歲賦皆入官，別令萬億庫歲給以鈔二百錠。今乞停所給鈔，復以其戶還賜牀兀兒之子燕鐵木兒。」從之。羅羅斯撒加伯、烏撒阿答等合諸蠻萬五千人攻建昌，躍里鐵木兒等引兵追戰于木托山下，敗之，斬首五百餘級。賑襄、鄧畏兀民被西兵害者六十三戶，戶給鈔十五錠、米二石；被西兵掠者五百七十七戶，戶給鈔五錠、米二石。廣西廉訪司言：「今討叛傜，各行省官將兵二萬人，皆屯駐靜江，遷延不進，曠日持久，恐失事機。」詔遣使趣之。知樞密院事燕不憐，請依舊制全給鷹坊芻粟，使毋貧乏，帝曰：「國用皆百姓所供，當量入爲出，朕豈以鷹坊失所，重困吾民哉！」不從。辛卯，以闊闊台知樞密院事。給山東鹽課鈔三千錠，賑曹州濟陰等縣饑民。癸巳，以臨江、吉安兩路天源延聖寺田千頃所入租稅，隸太禧宗禋院。戊戌，立打捕鷹坊紅花總管府於遼陽行省，秩四品。辛丑，徵河南行省民間自實田土糧稅，不通舟楫之處得以鈔代輸。命陝西行省賑河州蒙古屯田衞士糧兩月。甲辰，命司天監禜星。丙午，恩州諸王按灰，坐擊傷巡檢張恭，杖六十七，謫還廣寧王所部充軍役。

十二月戊申，遣伯顏等以將立燕王阿剌忒納答剌爲皇太子，告祭于郊、廟。己酉，以董仲舒從祀孔子廟，位列七十子之下。國子生積分及等者，省、臺、集賢院、奎章閣官同考試，中式者以等第試官，不中者復入學肄業。以粟十萬石，米、豆各十五萬石，給河北諸路牧官馬之家。宣忠扈衞斡羅思屯田，給牛、種、農具。辛亥，立燕王阿剌忒納答剌爲皇太子，詔天下。甲寅，西域軍士居永平、灤州、豐閏、玉田者，人給鈔三錠、布二匹、糧兩月。監察御史言：「昔裕宗由燕邸而正儲位，世祖擇耆舊老臣如王顒、姚燧、蕭𣂏等爲之師、保、賓客。今皇太子仁孝聰睿，出自天成，誠宜愼選德望老成、學行純正者，俾之輔導於左右，以宏養正之功，實宗社生民之福也。」帝嘉納其言。詔：「龍翔集慶寺工役、佛事，江南行臺悉給之。」戊午，以十月郊祀禮成，帝御大明殿受文武百官朝賀，大赦天下。癸亥，知樞密院事闊闊台兼大都留守。乙丑，遣集賢侍讀學士珠遘詣眞定，以明年正月二十日祀睿宗及后于玉華宮之神御殿。丁卯，命西僧於興聖、光天宮十六所作佛事。癸酉，詔宣忠扈衞親軍都萬戶府：

「凡立營司境內所屬山林川澤，其鳥獸魚鼈悉供內膳，諸獵捕者坐罪。」甲戌，御史中丞和尚，坐受婦人爲賂，遇赦原罪。監察御史言：「和尚所爲貪縱，有污臺綱，罪雖見原，理宜追奪所受制命，禁錮元籍終其身。」臺臣以聞，制可。敕各行省：「凡遇邊防有警，許令便宜發兵，事緩則驛聞。」賑龍慶州懷來縣前歲被兵萬一千八百六十戶糧兩月。冀寧路梁世明妻程氏、中興路伯顏妻阿迭的以志節，大都宛平縣鄭珪以行義，並旌其門。賑遼陽行省所居鷹坊戶糧一月。

校勘記

〔一〕(巙巙)〔巎巎〕 據至順四年巎巎手書顏眞卿張長史十二意筆法記見三希堂石渠寶笈法帖題款改。類編云：「正字通云巎音撓，俗作巙者誤。」

〔二〕大(明)〔名〕路 按元無「大明路」，據本書卷五〇五行志改。道光本已校。

〔三〕雲南麓(州)〔川〕 據本書卷六一地理志改。類編已校。

〔四〕(二月)辛卯(朔) 按上文已書「二月壬午朔」，辛卯爲初十日。此處「二月」「朔」皆衍誤，今從道光本刪。

〔五〕中書平章朶兒(失)〔只〕 據上文天曆二年八月壬辰條及本書卷一一二宰相年表改。「朶兒只」

藏語，意爲「金剛」。續編已校。

〔六〕嘉興路崇德縣　按本書卷六二地理志，崇德元貞元年升州。本證云「當作州」。

〔七〕副尉　按本書卷八九百官志，「副尉」當係「傅尉」或「府尉」之誤。

〔八〕烏(蒙)〔撒〕土官祿余　據上文天曆二年九月甲子、下文至順元年七月丁丑、二年二月己酉、九月庚辰、三年二月己酉條改。蒙史已校。

〔九〕(荀)〔芍〕陂屯饑　從北監本改。

〔一〇〕河南懷慶衞輝(普)〔晉〕寧四路　按元無「普寧路」，據本書卷五八地理志改。

〔一一〕答剌(斥)〔罕〕軍　按本書卷九八兵志有「應募而集者，曰答剌罕軍」，據改。蒙史已校。

〔一二〕建昌縣　按本書卷六一地理志，建昌路非縣。此處史文當有脱誤。

〔一三〕欲令伯忽弟拜延(順)等兵攻順元　按下文至順二年正月己卯條有「殺伯忽弟拜延」，此處「順」字涉下「順元」而衍，今删。蒙語「拜延」，意爲「富」。

〔一四〕(太)〔大〕寧　據本書卷五〇五行志改。

〔一五〕封魏王阿木哥子阿魯(於)〔爲〕西靖王　續編改「於」爲「爲」，是，從改。

元史卷三十五

本紀第三十五

文宗四

二年春正月己卯，御製奎章閣記。行樞密臣言：「十一月，仁德府權達魯花赤曲朮，糾集兵衆以討雲南，首敗伯忽賊兵於馬龍州，以是月十一日殺伯忽弟拜延，獻馘於豫王。十三日，戰于馬金山，獲伯忽及其弟伯顏察兒、其黨拜不花、卜顏帖木兒等十餘人，誅之，餘兵皆潰，獨祿余猶據金沙江。」有旨趣進兵討之。庚辰，住持大承天護聖寺僧寶峯加司徒。辛巳，大名魏縣民曹革輸粟賑陝西饑，旌其門。癸未，立侍正府以總近侍，秩從二品。乙酉，時享太廟。丙戌，伯顏、月魯帖木兒、玥璐不花、阿卜海牙等十四人，並以本官兼侍正。旌大都大興縣郭仲安妻李氏貞節。丁亥，以壽安山英宗所建寺未成，詔中書省給鈔十萬錠供其費，仍命燕鐵木兒、撒迪等總督其工役。命後衞指揮使史塤往四川行省調軍官選。戊子，命奴都赤阿里火者按行北邊牧地。以晉邸部民劉元良等二萬四千餘戶隸壽安山大昭孝寺爲永業戶。中書省臣言：「四川省臣塔出、脫帖木兒等討雲南，以十一月九日領兵至烏撒周泥驛。明日，祿余、阿奴、阿答等賊兵萬餘，自山後間道潛出，塔出、脫帖木兒等進擊，屢戰敗之。十五日，又戰七星關，六日凡十七戰，賊大敗潰去。」詔遣使以銀、幣賞塔出、脫帖木兒等。造歲額鈔本至元鈔八十九萬五十錠，中統鈔五千錠。給鈔五千錠，賑寧海州饑民。罷益都等處廣農提舉司，改立田賦總管府，秩從三品，仍令隆祥總管府統之。命興和路建燕鐵木兒鷹棚。樞密院臣言：「四川行省地鄰烏撒，而雲南未平，今戍卒單少，宜增兵防遏。請調夔路怯憐口戶丁七百、重慶河東五路兩營兵三百，同往戍之。俟征進軍還日，悉罷遣。」從之。庚寅，改東路蒙古軍萬戶府爲東路蒙古侍衞親軍指揮使司。諸王哈兒蠻遣使來貢蒲萄酒。國制，累朝行帳設衞士、給事如在位時。近嘗汰其冗濫，武宗、仁宗兩朝，各定爲八百人，英宗七百人。中書省臣言，舊給事人有失職者，詔復其百人。辛卯，皇太子阿剌忒納答剌薨。壬辰，命宮相法里及給事者五十八人護靈轝北祔葬于山陵，仍令法里等守之。御史臺臣劾奏：「福建宣慰副使哈只，前爲廣東廉訪副使，貪汚狼籍，宜罷黜。」從之。己亥，遣吏部尚書撒里瓦，佩虎符，禮部郎中趙期頤，佩金符，齎卽位詔告安南國，且賜以授時曆。賜武寧王徹徹禿金百兩、銀五百兩，以淮安路之海寧州爲其食邑。癸卯，以皇子古納答剌疹疾愈，賜燕鐵木兒及公主察吉兒各金百兩、銀五百兩、鈔二千錠，撒敦等金、銀、鈔各有差；又賜醫巫、乳媼、宦官、衞士六百人金三百五十兩、銀三千四百兩、鈔五千三百四十錠。甲辰，敕每歲四祭五福太一星。建孔子廟于後衞。至元末，討諸王乃顏之叛，獲其部蒙古軍，分置河南、江浙、湖廣、江西諸省，命樞密院遣使括其數，得二千六百人。乙巳，封蒙古巫者所奉神爲靈感昭應護國忠順王，號其廟曰靈祐。給衞士萬人歲例鈔，人八十錠，內以他物及粟折五之一。鎮西武靖王搠思班、豫王阿剌忒納失里及行省、行院官同討雲南，兵十餘萬，以去年十一月十一日，搠思班師次羅羅斯，期躍里鐵木兒俱至三泊郎，〔一〕仍趣小云失會於曲靖馬龍等州，同進兵。躍里鐵木兒倍道兼進，奪金沙江。十二月十七日，大兵與阿禾蒙古軍相值，戰敗之，阿禾僞降，明日，率其兵三千爲三隊來襲我營，搠思班、躍里鐵木兒等分十三隊又擊敗之，阿禾竄走。大兵直趨中慶，二十六日，遇賊黨蒙古軍於安寧州，與再戰，又大敗之。二十八日，阿禾來逆戰，遂就禽，斬于軍前。三十日，將抵中慶，賊兵七千猶拒戰于伽橋、古壁口，兵交，躍里鐵木兒左頰中流矢，洞耳後，拔矢復與戰，大捷，遂復行省治。諸軍皆會，駐于城中，分兵追捕殘賊於嵩明州。樞密院臣以捷聞，詔總兵官量度緩急，從宜區處。新添安撫司甕河寨主，訴他部傜、獠蹂其禾，民饑，命湖廣行省發鈔二千錠，市米賑之。

二月丙(戌)〔午朔〕，〔三〕以上都留守乃馬台行嶺北行樞密院事，太禧宗禋使護只兒、答鄰答里、篤烈捏四人並知院事，遙授平章政事。戊申，立廣教總管府，以掌僧尼之政，凡十六所：曰京畿山後道，曰河東山右道，曰遼東山北道，曰河南荆北道，曰兩淮江北道，曰湖北湖南道，曰浙西江東道，曰浙東福建道，曰江西廣東道，曰廣西兩海道，曰燕南諸路，曰山東諸路，曰陝西諸路，曰甘肅諸路，曰四川諸路，曰雲南諸路。秩正三品，府設達魯花赤、總管、同知府事、判官各一員，宣政院選流內官擬注以聞，總管則僧爲之。四川行省招諭懷德府驢谷什用等四洞及生蠻十二洞，皆內附，詔陞懷德府爲宣撫司以鎮之。諸洞各設長官司及巡檢司，且命各還所掠生口。湖廣參政徹里帖木兒與速速、班丹俱坐出怨言，鞫問得實，刑部議當徹里帖木兒、班丹杖一百七，速速處死，會赦，徹里帖木兒流廣東，班丹廣西，速速徙海南，皆置荒僻州郡。有旨：「此輩怨望於朕，向非赦原，俱當置之極刑，可俱籍其家，速速禁錮終身。」己酉，白虹貫日。旌鞏昌金州民杜祖隆妻張氏志節。樞密院臣言：「徹里鐵木兒、孛羅以正月戊寅敗烏撒蠻兵，射中祿余，降其民，烏蒙、東川、易良州蠻兵、夷獠等俱款附。鎮西武靖王搠思班等駐中慶，復行省事；豫王阿剌忒納失里等至當當驛，安輯其人民。」又言：「瀫江路蠻官郡容報賊古剌忽及禿堅之弟必剌都迷失等僞降於豫王而反圍之，至易龍驛，古剌忽等兵掩襲官軍。四川行省平章塔出頓兵不進。平章乞住妻子孳畜爲賊所掠。諜知禿堅方修城堡，布兵拒守，無出降意。」詔速進兵討之。敕探馬赤軍士歲以五月十日遷處山後諸州。辛亥，建燕鐵木兒居第于興聖宮之西南，詔撒迪及留守司董其役。壬子，太白晝見。中書平章政事亦列赤兼瀋陽等路安撫使。燕王宮相伯撒里爲中書平章政事，陝西行臺中丞朵兒只班爲中書參知政事，戶部尙書高履亨、兩淮都轉運鹽使許有壬並參議中書省事。甲寅，燕鐵木兒言：「賽因怯列木丁，英宗時嘗獻寶貨于昭獻元聖太后，議給價鈔十二萬錠，故相拜住奏酬七萬錠，未給，泰定間以鹽引萬六百六十道折鈔給之。今有司以詔書奪之還官。臣等議，以爲寶貨太后旣已用之，以鹽引還之爲宜。」從之。燕鐵木兒又言：「安慶萬戶鎖住，坐令家人殺人繫獄，久未款伏，宜若無罪，乞釋之。」制曰「可」。乙卯，太白犯昴。祀太祖、太宗、睿宗御容。雲南統兵官來報捷，諸蠻悉降，唯祿余追捕未獲。命番休各衞漢軍，十之二以三月一日放遣。丁巳，駙馬不顏帖木兒自北邊從武寧王徹徹禿來朝。己未，命西僧爲皇子古納答剌作佛事一周歲。壬戌，改封武寧王徹徹禿爲郯王，賜以金印。甲子，中書省臣言：「國家錢穀，歲入有額，而所費浩繁，是以不足。天曆二年，嘗以鹽賦十分之一折銀納之，凡得銀二千餘錠。今請以銀易官帑鈔本，給宿衞士卒。」又言：「陛下不用經費，不勞人民，創建大承天護聖寺。臣等願上嚮所易鈔本十萬錠、銀六百鋌助建寺之需。」從之。丙寅，以太祖四大行帳世留朔方不遷者，其馬駝孳畜多死損，發鈔萬錠，命內史府市以給之。行樞密院都事阿里火者來報雲南之捷。庚午，給宿衞士歲例鈔，詔毋出定額萬人之外。占城國遣其臣高暗都剌來朝貢。創建五福太一宮于京城乾隅。修上都洪禧、崇壽等殿。諸王徹徹禿、沙哥，坐妄言不道，詔安置徹徹禿廣州，沙哥雷州。壬申，命遼陽行省發粟賑國王朶兒只及納忽答兒等六部蒙古軍民萬五千戶。旌大都民劉德仁妻王氏貞節。甲戌，給宣讓王王傅印。荊王也速也不干貢犛牛。命田賦總管府稅鑛銀輸大承天護聖寺。命興和路爲玥璐不花作鷹棚。雲南景東甸蠻官阿只弄遣子罕旺來朝，獻馴象，乞陞甸爲景東軍民府，阿只弄知府事，罕旺爲千戶，常賦外歲增輸金五千兩、銀七百兩，許之。以山東鹽課鈔萬錠，賑膠州饑。命龍翊衞以屯田歲入粟贍衞卒孤貧者。是月，深、冀二州有蟲食桑爲災。

三月丙子朔，熒惑犯鬼宿。辛巳，御史臺臣劾奏：「燕南廉訪使卜咱兒，前爲閩海廉訪使，受贓計鈔二萬二千餘錠、金五百餘兩、銀三千餘兩、男女生口二十二人及它寶貨無算，雖遇赦原，乞追奪制命，籍沒流竄。」詔如所言，仍暴其罪示天下。壬午，賜南郊侍祠文武官金、幣有差。特命沙津愛護持必剌忒納失里爲三藏國師，〔三〕賜玉印。以陝西鹽課鈔萬錠，賑察罕腦兒蒙古饑民。癸未，割外府幣、帛各千匹輸之中宮，以供需用。甲申，繪皇太子眞容，奉安慶壽寺之東鹿頂殿，祀之如累朝神御殿儀。鞫宦者拜住侍皇太子疹疾，飲食不時進，以酥拭其眼鼻，又爲禳呪，杖一百七，斥出京城。冠州有蟲食桑四十餘萬株。御史臺臣言：「奎章閣參書雅琥，阿媚奸臣，所爲不法，宜罷其職。」從之。丙戌，雨土，霾。伯撒里辭所兼儲政使，不允。伯顏娶諸王女，賜金二百兩、銀千兩。賜上都死事者不顏帖木兒等十一家鈔各百錠。分賜燕鐵木兒鷹坊百人。中書省臣言：「宜課提舉司歲榷商稅，爲鈔十萬餘錠，比歲數不登，乞凡僧道爲商者，仍征其稅。」有旨：「誠爲僧者，其仍免之。」司徒香山言：「陶弘景胡笳曲，有『負扆飛天曆、終是甲辰君』之語，今陛下生年、紀號，實與之合，此實受命之符，乞錄付史館，頒告中外。」詔令翰林、集賢、奎章、禮部雜議之。翰林諸臣議以謂：「唐開元間，太子賓客薛讓進武后鼎銘云『上玄降鑑、方建隆基』，爲玄宗受命之符。姚崇表賀，請宣示史官，頒告中外。而宋儒司馬光斥其采偶就之文以爲符瑞，乃小臣之諂，而宰相實之，是侮其君也。今弘景之曲，雖於生年、紀號若偶合者，然陛下應天順人，紹隆正統，于今四年，薄海內外，罔不歸心，固無待於旁引曲說以爲符命。從其所言，恐啓讖緯之端，非所以定民志。」事遂寢。趙王不魯納食邑沙、淨、德寧等處蒙古部民萬六千餘戶饑，命河東宣慰發近倉糧萬石賑之。又發山東鹽課鈔、朱王倉粟賑登、萊饑民，興和倉粟賑（保）〔寶〕昌饑民。〔四〕戊子，以西僧旭你迭八答剌班的爲三藏國師，賜金印。以龍慶州之流杯園池、水磑、土田賜燕鐵木兒。命諸王阿魯出鎮陝西行省。以籍入速速、班丹、徹理帖木兒貲產賜大承天護聖寺爲永業。浙西諸路比歲水旱，饑民八十五萬餘戶，中書省臣請令官私、儒學、寺觀諸田佃民，從其主假貸錢穀自賑，餘則勸分富家及入粟補官，仍益以本省鈔十萬錠，幷給僧道度牒一萬道，從之。旌同知大都府事忙兀禿魯迷失妻海迷失貞節。己丑，賑雲內州饑民及察忽涼樓戍兵共七千戶。庚寅，命威順王寬徹不花還鎭湖廣。癸巳，詔累朝神御殿之在諸寺者，各製名以冠之：世祖曰元壽，昭睿順聖皇后曰睿壽，南必皇后曰懿壽，裕宗曰明壽，成宗曰廣壽，順宗曰衍壽，武宗曰仁壽，文獻昭聖皇后曰昭壽，仁宗曰文壽，英宗曰宣壽，明宗曰景壽。召亳州太清宮道士馬道逸、汴梁朝天宮道士李若訥、河南嵩山道士趙亦然，各率其徒赴闕，修普天大醮。賑浙西鹽丁五千餘戶。命玥璐不花作佛事於德興府。監察御史劾江浙行省平章童童荒泆宴安，才非輔佐，詔免其官。豫王阿剌忒納失里、鎭西武靖王搠思班等禽雲南諸賊也木干、羅羅、脫脫木兒、板不、阿居、澂江路總管羅羅不花、伯忽之叔怯得該、僞署萬戶哈剌答兒及諸將校，悉斬之，磔尸以徇。賑遼陽境內蒙古饑民萬四千餘戶。旌山丹州郝榮妻李閏貞節。陝州諸縣蝗。八番軍從征雲南者俱屯貴州，樞密院臣請遣使發粟給之。己亥，御史臺臣劾奏：「大都總管劉原仁稱疾，久不視事，及遷同知儲政院事，卽就職，僥倖巧宦，避難就易。」有旨罷之。庚子，以將幸上都，命西僧作佛事於乘輿次舍之所。壬寅，以欽察衞軍士增多，析爲左右二衞。給雲南行省鈔十萬錠，以備軍資民食。癸卯，御史臺臣劾奏工部尚書蘇炳性行貪邪，詔罷之。大同路累歲水旱，民大饑。裁節衞士馬芻粟，自四月一日始。壽王脫里出、陽翟王帖木兒赤、西平王管不八、昌王八剌失里等七部之民居遼陽境者萬四千五百餘戶告饑，命遼陽行省發近境倉糧賑兩月。命宣靖王買奴置王傅等官。立宮相都總管府，秩正三品，給銀印。以儒學教授在選數多，凡仕，由內郡、江淮者，注江西、江浙、湖廣；由陝西、兩廣者，注福建；由甘肅、四川、雲南、福建者，注兩廣。敕河南行省右丞那海提督境內屯田。中書省臣言：「嘉興、平江、松江、江陰蘆場、蕩山、沙塗、沙田等地之籍于官者，嘗賜他人，今請改賜燕鐵木兒。」有旨：「燕鐵木兒非他臣比，其令所在有司如數給付。」發通州官糧賑檀、順、昌平等處饑民九萬餘戶。以山東鹽課鈔三千五百錠賑益都三萬餘戶。是月，陝西行省遣官分給復業饑民七萬餘口行糧。賑諸王伯顏也不干部內蒙古饑民千餘口。眞定、汴梁二路，恩、冠、晉、冀、深、蠡、景、獻等八州，俱有蟲食桑爲災。

夏四月丙午朔，全寧民王脫歡獻銀鑛。詔設銀場提舉司，隸中政院。中書、樞密臣言：「天曆兵興，諸領軍與敵戰者，宜定功賞。臣等議：諸王各金百兩、銀五百兩、金腰帶一、織金等幣各十八匹，諸臣四戰以上者同，三戰及一戰者各有差。」有旨：「賞格具如卿等議。燕鐵木兒首倡大義，躬擐甲冑，伯顏在河南先誅攜貳，使朕道路無虞，兩人功無與比，其賞不可與衆同。其賜燕鐵木兒七寶腰帶一、金四百兩、銀九百兩，伯顏金腰帶一、金二百兩、銀七百兩。」受賞者凡九十六人，用金二千四百兩、銀萬五千六百兩、金腰帶九十一副、幣帛千三百餘匹。命西僧於五臺及霧靈山作佛事各一月，爲皇(太)子古(訥)〔納〕答剌祈福。〔五〕以糧五萬石賑糶京師貧民。戊申，皇姑魯國大長公主薨。以宮中高麗女子不顏帖你賜燕鐵木兒，高麗國王請割國中田爲資送，詔遣使往受之。發衛卒三千助大承天護聖寺工役。庚戌，詔建燕鐵木兒生祠於紅橋南，樹碑以紀其勳。御史臺臣言：「平章政事曹立，累任江浙，今雖閑廢，猶與富民交納，宜遣還其本籍大同路。又，監察御史萬家閭嘗薦中丞和尚，脫脫嘗舉廉訪使卜咱兒，今和尚、卜咱兒俱以贓罪除名，萬家閭、脫脫難任臺省之職。」並從之。眞定(武陟)〔涉〕縣地震，〔六〕逾月不止。壬子，命燕鐵木兒總制宮相都總管府事，也不倫、伯撒里俱以本官兼宮相都總管府都達魯花赤。諸王哈兒蠻遣使來朝貢。甲寅，改宣忠扈衛親軍都萬戶府爲宣忠斡羅思扈衛親軍都指揮使司，賜銀印。中書省臣言：「越王禿剌在武宗時以紹興路爲食邑，歲割賜本路租賦鈔四萬錠，今其子阿剌忒納失里襲王號，宜歲給其半。」從之。乙卯，時享太廟。鎭西武靖王搠思班等已平雲南，各遣使來報捷。諸王朶列揑鎭雲南品甸，自以貲力給軍，協力討賊，詔以襲衣賜之。丙辰，葺太祖所御大行帳。戊午，以集慶路玄妙觀爲大元興崇壽宮。命興和建屋居海青，上都建屋居鷹鶻。庚申，特命河南儒士吳炳爲藝文監典簿，仍予對品階。寧國路涇縣民張道，殺人爲盜，道弟吉從而不加功，居囚七年不決。吉母老，無他子孫，中書省臣以聞，敕免死，杖而黜之，俾養其母。辛酉，以山東鹽課鈔五千錠賑博興州饑民九千戶，一千錠賑信陽等場鹽丁。御史臺臣言：「儲政使哈撒兒不花侍陛下潛邸時，受馬七十九匹，又盜用官庫物。天曆初，領兵瀘溝橋，迎敵卽逃，擅閉城門，驚惑民庶。度支卿納哈出嘗匿官馬，又矯增制命，又受諸王斡卽七寶帶一、鈔百六十錠。臣等議：其罪宜杖一百七，除名，斥還鄉里。」從之。壬戌，樞密院臣言：「雲南事已平，鎭西武靖王搠思班言：蒙古軍及哈剌章、羅羅斯諸種人叛者，或誅或降，雖已略定，其餘黨逃竄山谷，不能必其不反側，今請留荊王也速也不干及諸王鎖南等各領所部屯駐一二歲，以示威重。」從之。仍命豫王阿剌忒納失里分兵，給探馬赤三百、乞赤伯三百，共守一歲，以鎭輯之，餘軍皆遣還所部，統兵官召赴闕。時已命探馬赤爲雲南行省平章政事，遂命總制境內軍事。潞州潞城縣大水。癸亥，諸王完者也不干所部蒙古民二百八十餘戶告饑，命河東宣慰司發官粟賑之。甲子，陝西行省言終南屯田去年大水，損禾稼四十餘頃，詔蠲其租。鎭寧王那海部曲二百，以風雪損孳畜，命嶺北行省賑糧兩月。欽察台以名園爲獻，命御史臺給贓罰鈔千錠酬其直。諸王乞八言：「臣每歲扈從時巡，爲費甚廣，臣兄豫王阿剌忒納失里、弟亦失班，歲給鈔五百錠、幣帛各五千匹，敢視其例以請。」制可。詔：「故尚書省丞相脫脫，可視三寶奴例，以所籍家貲還其家。」御史臺臣言：「同僉中政院事殷仲容，姦貪邪佞，冒哀居官。」詔黜之。揚州泰興縣饑民萬三千餘戶，河南行省先賑以糧一月後以聞，許之。命遼陽行省發粟賑孛羅部內蒙古饑民。戊辰，奎章閣以纂修經世大典，請從翰林國史院取脫卜赤顏一書以紀太祖以來事蹟，詔以命翰林學士承旨押不花、塔失海牙。押不花言：「脫卜赤顏事關祕禁，非可令外人傳寫，臣等不敢奉詔。」從之。增置拱衞司儀仗。命武備寺諸匠官避元籍。遣使召趙世延於集慶。詔以泥金畏兀字書無量壽佛經千部。壬申，散遣宣忠扈衞新籍軍士六百人還鄉里，期以七月一日還營。衡州路屬縣比歲旱蝗，仍大水，民食草木殆盡，又疫癘，死者十九，湖南道宣慰司請賑糧米萬石，從之。河中府蝗。晉寧、冀寧、大同、河間諸路屬縣，皆以旱不能種告饑。甘州阿兒思蘭兗古妻忽都的斤以貞節旌其門。

五月丙子，皇太子影殿造祭器如裕宗故事。敕建宮相都總管府公廨。丁丑，熒惑犯軒轅左角。賜宮相都總管府給驛璽書。調衞兵浚金水河。己卯，安南世子陳日焞遣其臣段子貞來朝貢。安慶之望江縣、淮安之山陽縣去歲皆水災，免其田租。丙戌，太禧宗禋院臣言：「累朝所建大萬安等十二寺，舊額僧三千一百五十人，歲例給糧，今其徒猥多，請汰去九百四十三人。」制可。常德之桃源州去歲水災，免其租。丁亥，復立怯憐口提舉司，仍隸中政院。命樞密院調軍士修京城。己丑，置八百等處宣慰司都元帥府，以土官昭練爲宣慰使都元帥。又置臨（江）〔安〕元江等處宣慰司兼管軍萬戶〔府〕。〔七〕孟定路、孟月路並爲軍民總管府，秩從三品。者線、蒙慶甸、銀沙羅等甸並爲軍民府，秩從四品。孟併、孟廣、者樣等甸並設軍民長官司，秩從五品。益都路宋德讓、趙仁各輸米三百石賑膠州饑民九千戶，中書省臣請依輸粟補官例予官，從之。賑駐冬衞士二萬一千五百戶糧四月。庚寅，立雲南省蘆傳路軍民總管府，〔八〕以土官爲之，制授者各給金符。癸巳，雲南威楚路之蒲蠻猛吾來朝貢，願入銀爲歲賦，詔爲置散府一及土官三十三所，皆賜金銀符。甲午，太白犯畢宿。封宣政使脫因爲薊國公。以平江官田五百頃立稻田提舉司，隸宮相都總管府。乙未，以陝西行臺御史大夫脫別台知樞密院事。御史大夫玥璐不花累辭職，江西行省平章朵兒只以疾辭新任，並許之。脫忽思娘子繼主明宗幄殿，詔賜湘潭州民戶四萬爲湯沐。奎章閣學士院纂修皇朝經世大典成。詔以泥金書佛經一藏。丙申，大駕幸上都。四川行省平章汪壽昌辭職，不允。敕在京百司日集公署，自晨及暮毋廢事。賑灤陽、桓州、李陵臺、昔寶赤、失〔八〕兒禿五驛鈔各二百錠。〔九〕桓州民以所種麥獻，詔賜幣帛二匹，慰遣之。戊戌，次紅橋，臨視燕鐵木兒生祠。以太禧宗禋院所隸昭孝營繕司隸崇（禧）〔祥〕總管府。〔一〇〕賑遼陽東路蒙古萬戶府饑民三千五百戶糧兩月。己亥，也兒吉尼知行樞密院事。八番〔乖〕西蠻官阿馬路奉方物入貢。〔二〕高郵、寶應等縣去歲水，免其租。庚子，太陰犯太白。辛丑，太白經天。改阿速萬戶府爲宣毅萬戶府，賜銀印，命伯顏領之。旌濟南章丘縣馬萬妻晉氏志節。癸卯，加也兒吉尼太尉，賜銀印。以河間鹽課鈔四千錠賑河間屬縣饑民四千一百戶。甲辰，詔通政院整治內外水陸驛傳。宣政院臣言：「舊制，列聖神御殿及諸寺所作佛事，每歲計二百十六，今汰其十六爲定式。」制可。東昌、保定二路，濮、唐二州，有蟲食桑。寧夏、紹慶、保定、德安、河間諸路屬縣大水。

六月乙巳朔，徽儲政院鈔三萬錠，給中宮道路之用。敕河南行省立阿不海牙政蹟碑。監察御史韓元善言：「歷代國學皆盛，獨本朝國學生僅四百員，又復分辨蒙古、色目、漢人之額。請凡蒙古、色目、漢人，不限員額，皆得入學。」又監察御史陳守中言：「請凡仕者親老，別無侍丁奉養，不限地方名次，宜從優附近遷調，庶廣忠孝之道。」皆不報。發米五千石賑興和屬縣饑民。丁未，太白晝見。乙卯，監察御史陳良，劾浙東廉訪使脫脫赤顏阿附權姦倒剌沙，其生母何氏本父之妾，而兄妻之，欺誑朝廷，封溫國夫人，請黜罷憲職，追還贈恩爲宜。御史臺臣以聞，從之。旌大都右警巡院胡德妻曹氏貞節。壬戌，以鈔萬五千錠賑國王朶兒只等九部蒙古饑民三萬三百六十二戶。癸亥，詔：「諸官吏在職役或守代未任，爲人行賕關說，卽有所取者，官如十二章論贓，吏罷不敍終其身；雖無所取，訟起滅由己者，罪加常人一等。〔一〕甲子，太府監頒宮嬪、閹宦及宿衞士行帳資裝。免控鶴衞士當驛戶。丙寅，雲南出征軍悉還，烏撒羅羅蠻復殺戍軍黄海潮等，撒加伯又殺掠良民爲亂。命雲南行省及行樞密院：「凡境上諸關戍兵，未可輕撤，宜視緩急以制其變。」丁卯，太陰犯畢，太白犯井。庚午，以揚州泰興、江都二縣去歲雨害稼，免今年租。樞密院臣言：「征西萬戶府軍七百人，自泰定以來，累經優卹，放還者四百五十人，今邊防軍少，例當追使還營。」從之。是月，晉寧、亦集乃二路旱。濟寧路蟲食桑。河南、晉寧二路諸屬縣蝗。大都、保定、眞定、河間、東昌諸路屬州縣及諸屯水。彰德路臨漳縣漳水決。

秋七月甲戌朔，賜野馬川等處駐冬衞士衣。藝文少監歐陽玄言：「先聖五十四代孫襲封衍聖公，爵最五等，秩登三品，而用四品銅印，於爵秩不稱。」詔鑄從三品印給之。德安府去年水，免今年田租。旌德安應山縣高可肅孝行。己卯，以雲南旣平，惟祿余等懼罪竄伏，降詔曲赦之。辛巳，只兒哈答兒坐罪當流遠，以唐其勢舅氏故釋之。壬午，祀太祖、太宗、睿宗御容於翰林國史院。監察御史張益等言：「欽察台在英宗朝，陰與中政使咬住造謀，誣告脫歡察兒將搆異圖，辭連潛邸，致出居海南。及天曆初，倒剌沙據上都，遣欽察台以兵拒命，倒剌沙疑其有異志，復禽以歸，卽追言昔日咬住之謀以自解。皇上卽位，不念舊惡，擢居中書，而又自貽厥咎，以致奪官籍產。旋復釋宥，以爲四川平章。今雲南未平，與蜀接境，其人反覆，不可信任，宜削官遠竄，仍沒入其家產。」臺臣以聞，詔奪其制命、金符，同妻孥禁錮于廣東，毋籍其家。仍詔諭御史：「凡憸人如欽察台者，其極言之，毋隱。」鐵木兒補化辭御史大夫職，不允。乙酉，遣使代祀護國庇民廣濟福惠明著天妃。命西僧於大都萬歲山憫忠閣作佛事，起八月八日，至車駕還大都日止。丁亥，海南黎賊作亂，詔江西、湖廣兩省合兵捕之。諸王搠思吉亦兒甘卜、哈兒蠻，駙馬完者帖木兒遣使來獻蒲萄酒。壬辰，以知樞密院事脫別台爲御史大夫。癸巳，辰州、興國二路蟲傷稼，免今年租。甲午，歸德府雨傷稼，免今年租。給諸衞士及蒙古戶糧四月。乙未，立閔子書院於濟南。杭州火，賑被災民百九十戶。丁酉，調甘州兵千人、撒里畏兀兵五百人守參卜郎，以防土番。戊戌，封伯顏爲浚寧王，賜金印，仍前太保、知樞密院事。高郵府去歲水災，免今年租。湖州安吉縣大水暴漲，漂死百九十人，人給鈔二十貫瘞之，存者賑糧兩月。庚子，廣西徭賊平，召諸王云都思帖木兒還。辛丑，懷德府洞蠻二十一洞田先什用等以方物來貢，還所虜生口八百餘人給其家。癸卯，知行樞密院事徹里帖木兒以兵討叛蠻鎖力哈迷失，戮其黨七百餘人。是月，河南、奉元屬縣蝗。大都、河間、漢陽屬縣水，冀寧屬縣雨雹傷稼，廬州去年水，寧夏霜爲災，並免今年田租。賑(靈)〔寧〕夏鳴沙、〔二〕蘭山二驛戶二百九十，定〔西〕州新軍戶千二百，〔三〕應理州民戶千三百糧各一月。又賑龍興路饑民九百戶糧一月。大寧和衆縣何千妻柏都賽兒，夫亡以身殉葬，旌其門。

八月甲辰朔，日有食之。封脫憐忽禿魯爲靖恭王，沙藍朶兒只爲懿德王，並給以塗金銀印。西域諸王卜賽因遣使忽都不丁來朝。灤陽驛戶增置馬牛各一，免其和市雜役。賜上都孔子廟碑。御史臺臣劾奏：「宣徽副使桑哥，比奉旨給宿衞士錢糧，稽緩九日，玩法欺公，罪當黜罷。」從之。己酉，以銀符二十八賜拱衞直百戶。命燕鐵木兒以鈔萬錠分賜蒙古孤寡者。辛亥，大駕南還大都。壬子，西域諸王答兒麻〔失里〕襲朶列帖木兒之位，〔一四〕遣諸王孛兒只吉台等來朝貢。甲寅，雪別台之孫月魯帖木兒、買閭也先來獻失剌奴，賜以金百兩、銀千五百兩、鈔五百錠、金帶一。命宣課提舉司毋收燕鐵木兒邸舍商貨稅。斡兒朶思之地頻年災，畜牧多死，民戶萬七千一百六十，命內史府給鈔二萬錠賑之。乙卯，太白犯軒轅大星。丙辰，封內史怯列該爲豐國公。以星變，令羣臣議赦。丁巳，命邠王不顏帖木兒圍獵於撫州。己未，立鎭寧王總管府於撫州。公主脫脫灰來朝。以汴梁路尉氏縣賜伯顏爲食邑。詔刑部鞫內侍撒里不花巫蠱事，凡當死者杖一百七，流廣東、西。中書省臣言：「明年海運糧二百四十萬石，已令江浙運二百二十萬，河南二十萬。今請令江浙復增二十萬，本省參政杜貞督領。」從之。復命賑糶米五萬石濟京城貧民。旌濟寧路魏鐸孝行、揚州路呂天麟妻韋氏貞節。庚申，太白犯軒轅左角。中書、樞密臣言：「西域諸王不賽因，其臣怯列木丁矯王命來朝，不賽因遣使來言，請執以歸。臣等議：宗藩之國，行人往來，執以付之，不可。宜令乘驛歸國以自辨。」制可。壬申，陞侍正府秩正二品。是月，江浙諸路水潦害稼，計田十八萬八千七百三十八頃。景州自六月至是月不雨。澧州、泗州等縣去年水，免今年租。沅州饑，賑糶米二千石。金州及西和州頻年旱災，民饑，賑以陝西鹽課鈔五千錠。

九月癸酉朔，市阿魯渾撒里宅，命燕鐵木兒奉皇子古納答剌居之。中書省臣言：「今歲當飼馬駝十四萬八千四百匹，京城飼六萬匹，餘令外郡分飼，每匹給芻粟價鈔四錠。」從之。乙亥，命留守司發軍士築駐蹕臺于大承天護聖寺東。御史臺臣劾奏：「四川行省參政馬鎔，發糧六千石餉雲南軍，中道輒還，預借俸鈔一十九錠以娶妾，又詬罵平章汪壽昌，罪雖蒙宥，難任宰輔。」帝曰：「綱常之理，尊卑之分，懵無所知，其何以居上而臨下！亟罷之。」丙子，太白犯填星。樞密院臣言：「雲南東川路總管普折兄那具，會祿余兵，殺烏撒宣慰使月魯、東川路府判教化的三十餘人；又會伯忽姪阿福，領蒙古兵將擊羅羅斯。臣等與燕鐵木兒議：遣西域指揮使鎖住等，發陝西都萬戶府兵，直抵羅羅斯，發碉門安撫司兵，絕大渡河，直抵邛部州，巡守關隘。」詔宣政院亦遣使同往督之。海南賊王周糾率十九洞黎蠻二萬餘人作亂，命調廣東、福建兵，隸湖廣行省左丞移剌四奴統領討捕之。阿速及斡羅思新戍邊者，命遼陽行省給其牛具糧食。己卯，發粟五千石賑興和路鷹坊。庚辰，樞密院臣言：「六月中，行樞密院官以兵與烏撒賊兵五戰，破之，惟祿余竄伏未獲。」命四川行省給其軍餉。賑興和寶昌州饑民米二千石。御史臺臣言：「大聖壽萬安寺壇主司徒嚴吉祥，盜公物，畜妻孥，宜免其司徒、壇主之職。」從之。禁諸驛毋畜竄行馬。免控鶴戶雜役。湖州安吉縣久雨，太湖溢，漂民居二千八百九十戶，溺死男女百五十七人，命江浙行省賑卹之。丁亥，御史臺臣言：「江西行省參政李允中，乃故內侍李邦寧養子，器質庸下，誤叨重選，宜黜罷。」從之。庚寅，幸大承天護聖寺。以鈔五萬錠及預貸四川明年鹽課鈔五萬錠，給行樞密院軍需。祿余寇順元路。癸巳，罷供需府覆實司，置廣誼司，秩正三品，以右丞撒迪領其務。御史臺臣劾太禧宗禋使童童淫侈不潔，不可以奉明禋；又，奎章閣監書博士柯九思，性非純良，行極矯譎，挾其末技，趨附權門，請罷黜之。乙未，以金虎符賜中書平章政事亦列赤。思州鎮遠府饑，賑米五百石。丁酉，雲南行省遣都事那海、鎮撫樂智等奉詔往諭祿余及授以參政制命，至撒家關，祿余拒不受。俄而賊大至，那海因與力戰，賊乃退。及晚，烏撒兵入順元境，左丞帖木兒不花禦戰，那海復就陣宣詔招之，遂遇害，帖木兒不花等斂兵還。壬寅，改隆祥總管府爲隆祥使司，秩從二品。

冬十月甲辰，遣祕書太監王珪等代祀嶽鎮、海瀆、后土。乙巳，召行樞密院徹里鐵木兒、小云失還朝。以前東川路總管普折子安樂襲其父職。己酉，時享于太廟。爲皇子古納答剌作佛事，釋在京囚，死罪者二人，杖罪者四十七人。辛亥，召江南行臺御史大夫阿兒思蘭海牙赴闕。癸丑，幸大承天護聖寺。蒙古都元帥怯烈，引兵擊阿禾賊黨於（靖）〔徼〕江路海中山，〔二五〕爲雲梯登山，破其柵，殺賊五百餘人。禿堅之弟必剌都古象失舉家赴海死。又獲禿堅弟二人、子三人，誅之。甲寅，杭州火，命江浙行省賑其不能自存者。丁巳，中書省臣言：「江浙平江、湖州等路水傷稼，明年海漕米二百六十萬石，恐不足，若令運百九十萬，而命河南發三十萬，江西發十萬爲宜。又，遣官齎鈔十萬錠、鹽引三萬五千道，於通、漷、陵、滄四州，優價和糴米三十萬石。又，以鈔二萬五千錠、鹽引萬五千道，於通、漷二州，和糴粟豆十五萬石；以鈔三十萬錠，往遼陽懿、（綿）〔錦〕二州，〔二六〕和糴粟豆十萬石。」並從之。燒在京積年還倒昏鈔二百七十餘萬錠。戊午，詔還平江路大玉清昭應宮田百頃，官勿徵其租。己未，給宿衞士有官者芻豆。諸王卜賽因使者還西域，詔酬其所貢藥物價直。辛酉，命西僧作佛事於興聖宮，十有五日乃罷。吳江州大風雨，太湖溢，漂沒廬舍資畜千九百七十家，命江浙行省給鈔千五百錠賑之。乙丑，立昭功萬戶都總使府，伯顏、鐵木兒補化並兼昭功萬戶都總使。丙寅，命大都路定時估，每月朔望送廣誼司，以酬物價。燕鐵木兒取犛牛五十於西域來獻。

十一月壬申朔，日有食之。雲南行省言：「亦乞不薛之地所牧國馬，歲給鹽，以每月上寅日啖之，則馬健無病。比因伯忽叛亂，雲南鹽不可到，馬多病死。」詔令四川行省以鹽給之。乙亥，李彥通、蕭不蘭奚等謀反，伏誅。丙子，封諸王斡即為保寧王，賜以印，以其先所受印賜諸王渾禿帖木兒之子庚兀台。〔一七〕詔給移剌四奴分行省印。丁丑，興和路鷹坊及蒙古民萬一千一百餘戶，大雪畜牧凍死，賑米五千石。戊寅，樞密院臣言：「天曆兵興，以揚州重鎮，嘗假淮東宣慰司以兵權，今事已寧，宜以所部兵復隸河南行省。又，征西元帥府自泰定初調兵四千一百人戍龍剌、亦集乃，期以五年為代，今已七年，逃亡者衆，宜加優卹，期以來歲五月代還。」並從之。己卯，封醮班為豳國公。庚辰，左、右欽察衞軍士千四百九十戶饑，命上都留守司賑之。辛巳，以戶部尚書耿煥為中書參知政事。癸未，詔養燕鐵木兒之子塔剌海為子，賜居第及所籍李彥通貲產。荊王也速也不干獻犛牛四百。詔：「每歲樞密院、宗正府遣官，與遼陽行省官，巡歷諸郡，毋令諸王所部擾民。」隆祥司使晃忽兒不花言：「海南所建大興龍普明寺，工費浩穰，黎人不勝其擾，以故為亂。」詔湖廣行省臣玥璐不花及宣慰、宣撫二司領其役，仍命廉訪司涖之。辛卯，諸王撒兒蠻遣使者七十四人來。賑左欽察衞撒敦等翼頂也兒古駐冬軍千五百八十戶。諸鹽課鈔以十分之一折收銀，銀每錠五十兩，折鈔二十五錠。乙未，敕宮相都總管府勿隸昭功都總使府。丁酉，以南陽府之嵩州，更賜伯顏為食邑。

十二月戊申，陝西行臺御史捏古伯、高坦等劾奏：「本臺監察御史陳良，恃勢肆毒，徇私破法，請罷職籍贓，還歸田里。」有旨：「雖會赦，其准風憲例，追奪敕命，餘如所奏。」以黃金符鐫文曰「翊忠徇義迪節同勳」，賜西域親軍副都指揮使欽察，以旌其天曆初紅橋戰功。壬子，復命諸王忽刺出還鎮雲南。癸丑，撒敦獻斡羅思十六戶，酬以銀百七錠、鈔五千錠。以河間路清池、南皮縣牧地賜斡羅思駐冬，仍以忽里所牧官羊給之。河南河北道廉訪副使僧家奴言：「自古求忠臣必於孝子之門。今官於朝者，十年不省覲者有之，非無思親之心，實由朝廷無給假省親之制，而有擅離官次之禁。古律，諸職官父母在三百里，於三年聽一給定省假二十日；無父母者，五年聽一給拜墓假十日。以此推之，父母在三百里以至萬里，宜計道里遠近，定立假期。其應省覲匿而不省覲者坐以罪。若詐冒假期，規避以掩其罪，與詐奔喪者同科。」御史臺臣以聞，命中書省、禮部、刑部及翰林、集賢、奎章閣議之。丁巳，雨木冰。戊午，西域諸王秃列帖木兒遣使獻西馬及蒲萄酒。預給四宿衞及諸潛邸衞士歲賜鈔，人二十錠。庚申，遣集賢直學士答失蠻詣眞定玉華宮，祀睿宗及顯懿莊聖皇后神御殿。辛酉，遣兵部尚書也速不花、同僉通政院事忽納不花迎帝師。詔中書省、御史臺遣官詣各道，同廉訪司錄囚。癸亥，雨木冰。給征東元帥府兵仗。丁卯，御史臺臣言：「甘肅行省平章月魯帖木兒，既非蒙古族姓，且闇於事機，使總兵柄，恐非所宜。」詔樞密院勿令提調軍馬。己巳，御史臺臣言：「河東道廉訪副使忽哥兒不花、僉燕南道廉訪司事不顏忽都、王士元、郝志善，憲綱不振，宜免官。」從之。旌寧海州崔惟孝孝行。

是歲，眞定路屬州水。冀寧、河南二路旱，大饑。

校勘記

〔一〕三泊郎 按本書卷六一地理志，雲南行省中慶路昆陽州有三泊縣，至元十三年立。疑「三泊郎」即「三泊縣」，「郎」爲「縣」之誤。

〔二〕二月丙(戌)〔午朔〕 按是月丙午朔，無丙戌日。此「丙戌」在戊申初三日前，爲丙午之誤，且脫「朔」字，今改補。

〔三〕必刺忒納失里 按本書卷二〇二釋老傳作「必蘭納識里」與蒙文白史語音相符。梵語「必蘭納識里」，意爲「智慧吉祥」，無「忒」音。疑此處「忒」字因涉「阿剌忒納失里」梵語「寶吉祥」而衍。

〔四〕(保)〔寶〕昌 按元保昌縣屬江西行省南雄路，與興和倉無涉。此「保昌」爲「寶昌」之誤，本書卷二六仁宗紀延祐六年九月戊戌條有「以故昌州寶山縣置寶昌州，隸興和路」，據改。

〔五〕爲皇(太)子古(訥)〔納〕答剌祈福 按上文本年正月癸卯、二月己未及下文本年九月癸酉、十月己酉、至順三年正月戊戌諸條皆作「皇子古納答剌」，據删改。梵語「古納答剌」，意爲「功德賢」。

〔六〕眞定（武陟）〔涉〕縣地震　本證云：「繼培案，地理志武陟屬懷慶路，其屬眞定路者涉縣也。五行志作眞定陟縣，陟亦涉字之誤。」從改。

〔七〕臨（江）〔安〕元江等處宣慰司兼管軍萬戶〔府〕　據本書卷六一地理志、卷九一百官志改補。

〔八〕蘆傳路　按本書卷六一地理志，雲南省無「蘆傳路」，疑爲「麓川路」之誤。

〔九〕失〔八〕兒禿　據周伯奇扈從北行前記補。蒙語「失八兒禿」，意爲「泥地」。

〔一〇〕崇（禧）〔祥〕總管府　據本書卷八七百官志「崇祥總管府」條改。本證已校。

〔一一〕八番〔乖〕西蠻官阿馬路奉方物入貢　據本書卷六三地理志所見「乖西軍民府」補。又，土官阿馬本書多見，疑「路」字衍。

〔一二〕（靈）〔寧〕夏　據本書卷六〇地理志改。

〔一三〕定〔西〕州　據本書卷六〇地理志補。

〔一四〕西域諸王答兒麻〔失里〕襲朵列帖木兒之位　按此卽篤哇之子，察合台系諸王。後文至順三年二月甲辰條有「諸王答兒馬失里」，七月戊辰條有「諸王答里麻失里」，據補。蒙史已校。

〔一五〕（靖）〔瀓〕江路海中山　按元兵擊阿禾在雲南行省境。雲南行省有瀓江路，無靖江路。「靖」誤，今改。蒙史已校。

〔一六〕遼陽懿（綿）〔錦〕二州　按本書卷五九地理志，遼陽行省遼陽路有懿州，大寧路有錦州。綿州則在四川。此處「綿」誤，今改。本證已校。

〔一七〕庚兀台　按「唐兀台」一名本書屢見，其異譯有「唐兀歹」、「唐兀帶」、「唐兀䚟」、「唐古歹」、「唐古帶」等。此處「庚」字當爲「唐」之誤。

元史卷三十六

本紀第三十六

文宗五

三年春正月辛未朔，高麗國王(楨)〔禎〕遣其臣元忠奉表稱賀，〔一〕貢方物。癸酉，命高麗國王王燾仍爲高麗國王，賜金印。初，燾有疾，命其子(楨)〔禎〕襲王爵，至是燾疾愈，故復位。甲戌，賜燕鐵木兒妻公主月魯金五百兩、銀五千兩。丁丑，禁冒哀求敍復者。賑糶米五萬石，濟京師貧民。己卯，時享太廟。罷諸建造工役，惟城郭、河渠、橋道、倉庫勿禁。廣西羅偉里叛寇馬武冲等，合龍州嶺北朗龍洞韋大蟲賊兵萬人，攻陷那馬違、那馬安等寨，命廣西宣慰司嚴軍禦之。月闊察兒冒請衞士芻束，當坐罪，燕鐵木兒請釋之。壬午，命甘肅行省爲豳王不顏帖木兒建居第。封孔子妻鄆國夫人幷官氏爲大成至聖文宣王夫人。癸未，給納鄰等十四驛糧及芻粟。賑永昌路流民。慶遠南丹等處溪洞軍民安撫司言，所屬宜山縣饑疫，死者衆，乞以給軍積穀二百八十石賑糶，從之。江西行省言，梅州頻年水旱，民大饑，命發粟七百石以賑糶。丙戌，印造歲額鈔本，至元鈔九十九萬六千錠，中統鈔四千錠。丁亥，幸大承天護聖寺。賜諸王帖木兒及共妃阿剌赤八剌金五百兩、銀萬兩、鈔二萬錠、幣帛各千匹。監察御史劾奏：「翰林學士承旨典哈，其兄野里牙坐誅，當罷。」從之。戊子，萬安軍黎賊王奴羅等，集衆五萬人寇陵水縣。己丑，賑肇慶路高要縣饑民九千五百四十口。四川行省言：「去年九月，左丞帖木兒不花與祿余賊兵戰被創，賊遂侵境，乞調重慶、敍州兵二千五百人往救之。」順元宣撫司亦言：「賊列行營爲十六所，乞調兵分道備禦。」詔上都留守司爲燕鐵木兒建居第。御史臺言：「選除雲南廉訪司官，多託故不行，繼今有如是者，風憲勿復用。」制可。戊戌，命中書省以鈔三千錠、幣帛各三千匹，給皇子古納答剌歲例鷹犬回賜。諸王章吉獻斡羅思百七十人，酬以銀七十二錠、鈔五千錠。己亥，給斡羅思千人衣糧。山南道廉訪副使禿堅董阿劾：「荊湖北道宣慰使別列怯都嘗貸內府鈔，威逼部民代償，不足則以宣慰司公帑鈔償之。又，副使驢駒，以修治沿江堤岸，縱家奴掊斂民財。二人罪雖遇赦，宜從黜退。」御史臺臣以聞，從之。庚子，封公主不納爲鄆安大長公主。夔路忠信寨洞主阿具什用，合洞蠻八百餘人寇施州。

二月辛丑朔，八番苗蠻駱度來貢方物。癸卯，諸王也先帖木兒薨。甲辰，諸王答兒馬失里、哈兒蠻各遣使來貢蒲萄酒、西馬、金鴉鶻。乙巳，以湖廣行省平章玥璐不華爲陝西行臺御史大夫。給豳王及其王傅祿。戊申，雲南行省言：「會通州土官阿賽及河西阿勒等與羅羅賊兵千五百人寇會川路之卜龍村；又，祿余將引兵與茫部合寇羅羅斯，截大渡河、金沙江以攻東川、會通等州。臣等敢奉先所降詔書招諭之，不奉命則從宜進軍。」制可。己酉，賜怯薛官完者帖木兒及阿昔兒珠衣帽。德寧路去年旱，復値霜雹，民饑，賑以粟三千石。旌晉寧路沁州劉瑋妻張氏志節。祿余言于四川行省：「自父祖世爲烏撒土官宣慰使，佩虎符，素無異心。曩爲伯忽誘脅，比聞朝廷招諭，而今期限已過，乞再降詔赦，卽率四路土官出降。仍乞改屬四川省，隸永寧路，冀得休息。」四川行省以聞，詔中書、樞密、御史諸大臣雜議之。己未，旌寧夏路趙那海孝行。辛酉，燕鐵木兒兼奎章閣大學士，領奎章閣學士院事。己巳，命燕鐵木兒集翰林、集賢、太禧宗禋院，議立太祖神御殿。詔修曲阜宣聖廟。邛州有二井，宋舊名曰金鳳、茅池，天曆初，九月地震，鹽水湧溢，州民侯坤願作什器煮鹽而輸課於官，詔四川轉運鹽司主之。旌濟州任城縣王德妻秦氏、婺州路金華縣吳塡妻宋氏、廬州路高仁妻張氏、甘州路岳忽南妻失林、蓋州完顏帖哥住妻李氏志節。

三月庚午朔，帝師至京師。遣使往西域，賜諸王不賽因繡綵幣帛二百四十匹。中書省臣言：「凡遠戍軍官死而歸葬者，宜視民官例，給道里之費。又，四川驛戶比以軍興消乏，宜遣官同行省量濟之。」制可。燕鐵木兒言：「平江、松江澱山湖圩田方五百頃有奇，當入官糧七千七百石。其總佃者死，頗爲人占耕。今臣願增糧爲萬石入官，令人佃種，以所得餘米贍臣弟撒敦。」從之。洛水溢。爪哇國遣其臣僧伽剌等八十三人，奉金書表及方物來朝貢。己卯，詔：「以西寧王速來蠻鎮禦有勞，其如安定王朵兒只班例，置王傅官四人，鑄印給之。」庚辰，以安陸府賜弁王晃火（兒不花）〔帖木兒〕爲食邑。〔二〕旌大都良鄉縣韋安妻張氏貞節。丁亥，諸王伯岳兀、完者帖木兒來朝。戊子，占城國遣其臣阿南那那里沙等四人，奉金書表及方物來朝貢。己丑，復立功德使司。癸巳，皇子古（剌答納）〔納答剌〕更名燕帖古思。〔三〕置興瑞司，掌中宮歲作佛事，秩正三品。乙未，命燕鐵木兒依舊例以鈔萬錠分給蒙古孤寡者。以帝師泛舟于西山高梁河，調衞士三百挽舟。丙申，賜怯薛官篤憐鐵木兒璽書，申飭其所部。賑木憐、苦鹽濼、札哈、掃憐九驛之貧者凡四百五十二戶。丁酉，緬國遣使者阿落等十人，奉方物來朝貢。己亥，賜行樞密院鈔四萬錠，分給征烏撒、烏蒙所調陝西、四川蒙古軍及漸丁萬人。高唐、德、冀諸州，大名、汴梁、廣平諸路，有蟲食桑葉盡。

夏四月壬寅，中書省臣言：「去歲宿衞士給鈔者萬五千人，今減去千四百人，餘當給者萬三千六百人。又，太府監歲支幣帛二萬匹，不足於用，請再給二百匹。」並從之。四川師壁、散毛、盤速出三洞蠻野王等二十三人來貢方物。戊申，大寧路地震。四川大盤洞謀者什用等十四人來貢方物。丙辰，諸王不別居法郎，遣使者要忽難等，及西域諸王不賽因使者也先帖木兒等，皆來貢方物。戊午，命奎章閣學士院以國字譯貞觀政要，鋟板模印，以賜百官。四川行省平章汪壽昌辭職，不允。以作佛事祈福，釋御史臺所囚定興劉縣尹及刑部囚二十六人。乙丑，安南國世子陳日𤇰遣其臣鄧世延等二十四人來貢方物。安西王阿難答之子月魯帖木兒，坐與畏兀僧玉你達八的剌板的、國師必剌忒納失里沙津愛護持謀不軌，〔四〕命宗王、大臣雜鞫之，獄成，三人皆伏誅，仍籍其家。以必剌忒納失里沙津愛護持妻丑丑賜通政副使伯藍，玉鞍賜撒敦，餘人畜、土田及七寶奩具、金珠、寶玉、鈔幣，並沒入大承天護聖寺。免四川行省境內今年租。命有司爲伯顏建生祠，立紀功碑于涿州，仍別建祠、立碑于汴梁。戊辰，免雲南行省田租三年。安州饑，給河間鹽課鈔萬錠賑之。東昌、濟寧二路及曹、濮諸州，皆有蟲食桑。

五月己巳朔，高昌王藏吉薨，其弟太平奴襲位。壬申，賑木憐、七里等二十三驛，人米二石。癸酉，熒惑犯東井。賜燕鐵木兒宴于流盃池。雲南大理、中慶等路大饑，賑鈔十萬錠。甲戌，陞尚舍寺爲從三品。〔五〕撒迪請備錄皇上登極以來固讓大凡、往復奏答，其餘訓敕、辭命及燕鐵木兒等宣力效忠之蹟，命朵來續爲蒙古脫卜赤顏一書，置之奎章閣，從之。賜湖廣行省平章政事脫亦納金虎符。旌保定路郭𤪌孝行、探忒妻靈保賢孝。戊寅，幸大承天護聖寺。京師地震有聲。己卯，命諸王也失班還鎮。浙西道廉訪司劾副使三寶兒惡陰險，紊亂紀綱，詔罷之。壬午，復賑糶米五萬石，濟京城貧民。戊子，唐其勢以疾先往上都，賜藥價鈔千錠。遣使往帝師所居撒思吉牙之地，以珠織制書宣諭其屬，仍給鈔四千錠、幣帛各五千匹，分賜之。賑帖里干、不老、也不徹溫等十九驛，人米二石。庚寅，大駕發大都，時巡于上都。置山東益都等處金銀銅鐵提舉司。辛卯，復以司徒印給萬安寺僧嚴吉祥。詔給鈔五萬錠，修帝師巴思八影殿。壬辰，太常博士王瓚言：「各處請加封神廟，濫及淫祠。按禮經，以勞定國，以死勤事，能禦大災，能捍大患，則祀之。其非祀典之神，今後不許加封。」制可。丁酉，白虹並日出，長竟天。追封顏子父顏無繇爲杞國公，謚文裕；母齊姜氏杞國夫人，謚端獻；妻宋戴氏兗國夫人，謚貞素。甘州大雹。揚州之江都、泰興，德安府之雲夢、應城縣水。汴梁之睢州、陳州、開封、(之)蘭陽、封丘諸縣河水溢。〔六〕滹沱河決，沒河間清州等處屯田四十三頃。常寧州饑，賑糶米二千四百石。杭州火，被災九十一戶，池州火，被災七十三戶，命江浙行省量賑之。

六月己亥朔，以月魯帖木兒等罪詔告中外，赦天下。免四川行省今年差稅、陝西行省今年商稅。錄用朵朵、王士熙、脫歡等。己酉，以御史中丞趙世安爲中書左丞。癸丑，遣使分祀嶽鎮海瀆。戊午，給鈔五萬錠，賜雲南行省爲公儲。己未，燕鐵木兒言：「頃伯顏封浚寧王，賜食邑嵩州，今請於瀕汴擇一州賜之。」詔改賜陳州。癸亥，加授知樞密院事也卜倫開府儀同三司。乙丑，御史臺臣劾遼陽行省參政賽甫丁庸鄙不勝任，罷之。監察御史陳思謙言：「內外官非文武全才、出處繫天下安危、能拯金革之難者，勿許奪情起復。」制可。禁諸卜筮、陰陽人，毋出入諸王公大臣家。晉寧、冀州桑災。益都、濟寧大雨。無爲州、和州水。旌歸德府永城縣民張氏孝節。

秋七月戊辰朔，諸王答里麻失里等遣使來貢虎豹。雲南行省言：「本省舊降給驛璽書六十九、金字圓符四，伯忽之亂，散失殆盡，乞更賜爲宜。」敕更賜璽書三十二、圓符四，仍究詰所失者。辛未，以車坊官園賜伯顏。賜從征雲南將校三百四十七人鈔幣有差。調軍士修柳林海子橋道。乙亥，命僧於鐵幡竿修佛事，施金百兩、銀千兩、幣帛各五百匹、布二千匹、鈔萬錠。丁丑，賑蒙古軍流離至陝西者四百六十七戶糧三月，遣復其居，戶給鈔五十錠。湖廣行省言：「黎賊勢猖獗，乞益兵三千以備調用。」有旨：「依前詔，促移剌四奴剋日進兵。」壬午，江西行省造螺鈿几榻遺燕鐵木兒，詔賜匠者幣帛各一。甲申，燕鐵木兒獻斡羅思二千五百人。旌裕州民李庭瑞孝行。庚寅，給鈔萬錠，命燕鐵木兒分賜累朝宮分嬪御之貧乏者。壬辰，西域諸王不賽因遣哈只怯馬丁以七寶水晶等物來貢。給蒙古民及各部衞士鈔幣有差，仍賑糧五月。甲午，北邊諸王月卽別遣南忽里等來朝貢。燕鐵木兒言：「諸王徹徹禿、沙哥，曩坐罪流南荒，乞賜矜閔，俾還本部。」從之。賑宗仁衞軍士九百戶各鈔一錠。滕州民饑，賑糶米二萬石。慶都縣大饑，以河間鹽課鈔萬錠賑之。

八月辛丑，諸王阿兒加失里獻斡羅思三十人、漸丁百三人。賑大都寶坻縣饑民以京畿運司糧萬石。癸卯，吳王木喃子及諸王答都河海、鎖南管卜、帖木兒赤、帖木迭兒等來朝。賜護守上都宮殿衞卒二千二百二十九人，人鈔二十五錠。乙巳，天鼓鳴于東北。丙午，遣官祭社稷。丁未，有事于太廟。海道漕運糧六十九萬餘石至京師。己酉，隴西地震。帝崩，壽二十有九，在位五年。癸丑，靈駕發引，葬起輦谷，從諸帝陵。元統二年正月己酉，太師右丞相伯顏率文武百官等議，上尊謚曰聖明元孝皇帝，廟號文宗，國言謚號曰札牙篤皇帝，請謚于南郊。三月己酉，祔于太廟。後至元六年六月，以帝謀爲不軌，使明宗飲恨而崩，詔除其廟主。放燕帖古思於高麗，未至，月闊察兒害之于中道。

校勘記

〔一〕高麗國王（楨）〔禎〕　見卷三三校勘記〔九〕。下同。

〔二〕幷王晃火（兒不花）〔帖木兒〕　按本書卷二六仁宗紀延祐五年二月丁酉條有「封諸王晃火鐵木兒爲嘉王」，卷二九泰定帝紀泰定二年六月甲申條有「改封嘉王晃火帖木兒爲幷王」，據改。本證已校。

〔三〕皇子古（剌答納）〔納答剌〕 據上文所見「古納答剌」改正。參看卷三五校勘記〔五〕。

〔四〕必剌忒納失里沙津愛護持 見卷三五校勘記〔三〕。下同。

〔五〕陞尙舍寺爲從三品 本證云：「案元年五月陞正三品，此陞字疑當作降，或三當作二。」

〔六〕開封（之）蘭陽封丘 按本書卷五九地理志，開封、蘭陽、封丘皆汴梁路屬縣，此處「之」字衍，今删。

元史卷三十七

本紀第三十七

寧宗

寧宗沖聖嗣孝皇帝，諱懿璘質班，明宗第二子也。母曰〔八不沙〕皇后，〔一〕乃蠻眞氏。初，武宗有子二人，長明宗，次文宗。延祐中，明宗封周王，出居朔漠。泰定之際，正統遂偏。天曆元年，文宗入紹大統，內難旣平，卽遣使奉皇帝璽綬，北迎明宗。明宗崩，文宗復卽皇帝位。明宗有子二人，長妥懽帖木耳，次卽帝也。天曆〔二〕〔三〕年二月乙巳，〔二〕封帝爲鄜王。

至順三年八月己酉，文宗崩于上都，皇后導揚末命，申固讓初志，傳位於明宗之子。時妥懽帖木耳出居靜江，帝以文宗眷愛之篤，留京師。太師、太平王、右丞相燕鐵木兒，請立帝以繼大統。於是遣使徵諸王會京師，中書百司政務，咸啓中宮取進止。（八月）甲寅，〔三〕

中書省臣奉中宮旨，預備大朝會賞賜金銀幣帛等物。乙卯，燕鐵木兒奉中宮旨，賜駙馬也不干子歡忒哈赤、太尉孛蘭奚、句容郡王答隣答里、僉事小薛、阿廝剌台之子禿帖木兒、公主本答里、諸王丑漢妃公主台忽都魯、〔四〕諸王卯澤妃公主完者台及公主本答里、〔五〕徹里帖木兒等金、銀、幣、鈔有差。是月，渾源、雲内二州隕霜殺禾。冀寧路之陽曲、河曲二縣及荆門州皆旱。江水又溢。高郵府之寶應、興化二縣，德安府之雲夢、應城二縣大雨，水。

九月丁丑，塡星犯太微垣左執法。辛巳，修皇太后儀仗。是夜地震有聲來自北。是月，益都路之莒、沂二州，泰安州之奉符縣，濟寧路之魚臺、豐縣，曹州之楚丘縣，平江、常州、鎭江三路，松江府、江陰州，中興路之江陵縣，皆大水。河南府之洛陽縣旱。

十月庚子，帝卽位于大明殿，大赦天下，詔曰：

洪惟太祖皇帝，啓闢疆宇；世祖皇帝，統一萬方；列聖相承，法度明著。我曲律皇帝入纂大統，修舉庶政，動合成法，授大寶位于普顏篤皇帝以及格堅皇帝。曆數之歸，實當在我忽都篤皇帝、扎牙篤皇帝，而各播越遼遠。時則有若燕鐵木兒，建義效忠，戡平內難，以定邦國，協恭推戴扎牙篤皇帝。登極之始，卽以讓兄之詔明告天下。隨奉璽紱，遠迓忽都篤皇帝，朔方言還，奄棄臣庶。扎牙篤皇帝，荐正宸極，仁義之至，視民如傷，恩澤旁被，無間遠邇。顧育眇躬，尤篤慈愛。賓天之日，皇后傳顧命於太師、太平王、右丞相、答剌罕燕帖木兒，太保、浚寧王、知樞密院事伯顏等，謂聖體彌留，益推固讓之初志，以宗社之重，屬諸大兄忽都篤皇帝之世嫡。乃遣使召諸王宗親，以十月一日來會于大都，與宗王、大臣同奉遺詔。揆諸成憲，宜御神器。以至順三年十月初四日，卽皇帝位于大明殿。可大赦天下。自至順三年十月初四日昧爽以前，除謀反大逆、謀殺祖父母父母、妻妾殺夫、奴婢殺主、謀故殺人、但犯强盜、印造僞鈔、蠱毒魘魅犯上者不赦外，其餘一切罪犯，咸赦除之。

大都、上都、興和三路，差稅免三年。腹裏差發幷其餘諸郡不納差發去處，稅糧十分爲率，免二分。江淮以南，夏稅亦免二分。土木工役，除倉庫必合修理外，毋復創造，以紓民力。民間在前應有逋欠差稅課程，盡行蠲免。監察御史、肅政廉訪司官幷內外三品以上正官，歲舉才堪守令者一人，申達省部，先行錄用。如果稱職，舉官優加旌擢。一任之內，或犯贓私者，量其輕重黜罰。其不該原免重囚，淹禁三年以上、疑不能決者，申達省部，詳讞釋放。學校農桑、孝義貞節、科舉取士、國學貢試，並依舊制。廣海、雲南梗化之民，詔書到日，限六十日內出官，與免本罪，許以自新。

於戲！肆予冲人，託于天下臣民之上，任大守重，若涉淵冰。尙賴宗王大臣、百司庶府，交修乃職，思盡厥忠。嘉與億兆之民，共保承平之治。咨爾多方，體予至意！故茲詔示，想知悉。

辛丑，以知樞密院事撒敦爲御史大夫，中書右丞撒迪爲中書平章政事，宣政使闊里吉思爲中書右丞，中書平章政事禿兒哈鐵木兒知樞密院事。乙巳，造皇太后玉册、玉寶。丁未，皇太后命作兩宮幄殿、車乘、供張。戊申，賞賚諸王金、幣，其數如文宗卽位之制。立徽政、中政二院。己酉，太白犯斗宿。敕：「諸王、駙馬、勳舊大臣及中書省、樞密院、御史臺秩正二品，百司庶府秩至一品者，闕門之內，得施繩床以坐，餘皆禁之。」庚戌，修郊祀法服。以宦者鐵古思、哈里兀答兒、黑狗者、闊闊出，並爲中政院使。辛亥，以江浙歲比不登，其海運糧不及數，俟來歲補運。壬子，定婦人犯私鹽罪，著爲令。甲寅，諸王不賽因遣使貢塔里牙八十八斤、佩刀八十，賜鈔三千三百錠。乙卯，以卽位告祭南郊。丙辰，給宿衞士、蒙古、漢軍三萬人禦寒衣。命江浙行省範銅造和寧宣聖廟祭器，凡百三十有五事。己未，告祭太廟。庚申，告祭社稷。以伯顏爲徽政使，依前開府儀同三司、浚寧王、太保、錄軍國重事、知樞密院事。提調忠翊侍衞親軍都指揮使司事伯撒里、右都威衞都指揮使常不蘭奚，並爲徽政使。賜諸妃后大朝會賞賚有差。甲子，以諸王忽剌台貧乏，賜鈔五百錠。皇弟燕帖古思受戒於西僧加兒麻哇。敕：「百官及宿衞士有只孫衣者，凡與宴饗，皆服以侍。其或質諸人者，罪之。」丙寅，楚丘縣河堤壞，發民丁二千三百五十人修之。

十一月己巳，詔翰林國史、集賢院、奎章閣學士院集議先皇帝廟號、神主、升祔武宗皇后及改元事。庚午，賜郯王徹徹禿以海寧州朐山、贛榆、(沐)〔沭〕陽三縣。〔六〕壬申，命郯王徹徹禿鎮遼陽。甲戌，遣宿衞官阿察赤以上皇太后玉册告祭南郊，中書平章政事伯撒里告祭太廟。戊寅，奉玉册、玉寶尊皇后曰皇太后。皇太后御興聖殿受朝賀。己卯，帝御大明殿受朝賀。庚寅，賜諸王寬徹幣帛各二千匹，以周其貧。左欽察衞士饑，賑糧二月。壬辰，帝崩，年七歲。甲午，葬起輦谷，從諸陵。明年六月己巳，明宗長子妥懽帖木耳卽位。至元四年三月辛酉，謚曰沖聖嗣孝，廟號寧宗。四月乙酉，祔于太廟。

校勘記

〔一〕母曰〔八不沙〕皇后　據本書卷一〇六后妃表、卷一一四后妃傳補。蒙史已校。

〔二〕天曆(二)〔三〕年二月乙巳　按本書卷三四文宗紀至順元年二月乙巳條有「封明宗皇子亦璘眞班爲鄜王」。至順元年卽天曆三年，此處「二」誤，今改。蒙史已校。

〔三〕(八月)甲寅　考異云：「上文已書八月己酉，此又書八月。」此「八月」衍，今刪。

〔四〕諸王丑漢妃公主台忽都魯　按本書卷一〇九諸公主表作「台忽普都」，卷一一八特薛禪傳作「台忽魯都」，疑此處「都魯」倒誤。

〔五〕公主本答里　按上文已書「公主本答里」，此五字疑衍。

〔六〕（沐）〔沭〕陽　據本書卷五九地理志改。道光本已校。

元史卷三十八

本紀第三十八

順帝一

順帝名妥懽貼睦爾，明宗之長子。母罕祿魯氏，名邁來迪，郡王阿兒廝蘭之裔孫也。初，太祖取西北諸國，阿兒廝蘭率其衆來降，乃封爲郡王，俾領其部族。及明宗北狩，過其地，納罕祿魯氏。延祐七年四月丙寅，生帝于北方。

當泰定帝之崩，太師燕鐵木兒與諸王、大臣迎立文宗。文宗既卽位，以明宗嫡長，復遣使迎立之。明宗卽位于和寧之北，而立文宗爲皇太子。及明宗崩，文宗復正大位。至順元年四月辛丑，明宗后八不沙被讒遇害，遂徙帝于高麗，使居大青島中，不與人接。閱一載，復詔天下，言明宗在朔漠之時，素謂非其己子，移于廣西之靜江。

三年八月己酉，文宗崩，燕鐵木兒請文宗后立太子燕帖古思，后不從，而命立明宗次子懿璘只班，是爲寧宗。十一月壬辰，寧宗崩，燕鐵木兒復請立燕帖古思，文宗后曰：「吾子尙幼，妥懽貼睦爾在廣西，今年十三矣，且明宗之長子，禮當立之。」乃命中書右丞闊里吉思迎帝于靜江。至良鄉，具鹵簿以迓之。燕鐵木兒既見帝，並馬徐行，具陳迎立之意，帝幼且畏之，一無所答。於是燕鐵木兒疑之。故帝至京，久不得立。適太史亦言帝不可立，立則天下亂，以故議未決。遷延者數月，國事皆決於燕鐵木兒，奏文宗后而行之。俄而燕鐵木兒死，后乃與大臣定議立帝，且曰：「萬歲之後，其傳位於燕帖古思，若武宗、仁宗故事。」諸王宗戚奉上璽綬勸進。

四年六月己巳，帝卽位于上都，詔曰：

洪惟我太祖皇帝，受命于天，肇造區夏；世祖皇帝，奄有四海，治功大備；列聖相傳，丕承前烈。我皇祖武宗皇帝入纂大統，及致和之季，皇考明宗皇帝遠居朔漠，札牙篤皇帝戡定內難，讓以天下。我皇考賓天，札牙篤皇帝復正宸極。治化方隆，奄棄臣庶。

今皇太后召大臣燕鐵木兒、伯顏等曰：「昔者闊徹〔伯〕、〔一〕脫脫木兒、只兒哈郞等謀逆，以明宗太子爲名，又先爲八不沙始以妬忌，妄構誣言，疏離骨肉。逆臣等既正其罪，太子遂遷于外。札牙篤皇帝後知其妄。尋至大漸，顧命有曰：『朕之大位，其以朕兄子繼之。』〔二〕時以朕遠征南服，以朕弟懿璘只班登大位，以安百姓，乃遽至大故。皇太后體承札牙篤皇帝遺意，以武宗皇帝之元孫，明宗皇帝之世嫡，以賢以長，在予一人，遣使迎還。徵集宗室諸王來會，合辭推戴。今奉皇太后勉進之篤，宗親大臣懇請之至，以至順四年六月初八日，即皇帝位于上都。

於戲！惟天、惟祖宗全付予有家，慄慄危懼，若涉淵冰，罔知攸濟。尚賴宗親臣鄰，交修不逮，以底隆平。其赦天下。

時有阿魯輝帖木兒者，明宗親臣也，言於帝曰：「天下事重，宜委宰相決之，庶可責其成功；若躬自聽斷，則必負惡名。」帝信之。由是深居宮中，每事無所專焉。辛未，命伯顏爲太師、中書右丞相、上柱國、監修國史，兼奎章閣大學士，領學士院、太史院、回回、漢人司天監事；撒敦爲太傅、左丞相。是月，大霖雨，京畿水平地丈餘，饑民四十餘萬，詔以鈔四萬錠賑之。涇河溢，關中水災。黃河大溢，河南水災。兩淮旱，民大饑。

秋七月，潦雨。潮州路水。己亥，太陰犯房宿。

八月壬申，鞏昌徽州山崩。是月，立燕鐵木兒女伯牙吾氏爲皇后。

九月甲午，太陰犯塡星。〔三〕乙未，太陰犯天江。甲寅，中書省臣言：「官員遞陞，窒礙選法。今請自省、院、臺官外，其餘不許遞陞。」從之。丁巳，太陰犯塡星。己未，太陰犯氐宿。

庚申，詔太師、右丞相伯顏，太傅、左丞相撒敦，專理國家大事，其餘官不得兼領三職。秦州山崩。賑恤寧夏饑民五萬三千人一月。詔免儒人役。

冬十月甲子，太陰犯斗宿。丙寅，鳳州山崩。戊辰，改元，詔曰：

在昔世祖皇帝，紹開丕圖，稽古建元，立經陳紀，列聖相承，恪遵成憲。肆予沖人，嗣大歷服，茲圖治之云初，嘉與民而更始。乃新紀號，誕告多方，其以至順四年爲元統元年。於戲！一元運於四時，惟裁成之有道；大統綿於萬世，思保佑於無疆。

中書省臣言：「凡朝賀遇雨，請便服行禮。」從之。己巳，加知樞密院事、答剌罕答里金紫光祿大夫。庚午，詔以察罕腦兒宣慰司人民，止令應當徽政院差發。癸酉，雲南僰羅土官渾鄧馬弄來貢方物，詔以其地陞立散府。丁丑，依皇太后行年之數，釋放罪囚二十七人。庚辰，奉文宗皇帝及太皇太后御容於大承天護聖寺。命左丞相撒敦爲隆祥使，奉其祭祀。乙酉，詔以高郵府爲伯顏食邑。戊子，封撒敦爲榮王，食邑廬州。唐其勢襲父封爲太平王，進階金紫光祿大夫。庚寅，中書省臣請集議武宗、英宗、明宗三朝皇后陞祔。

十一月辛卯朔，罷富州金課。甲午，太陰犯壘壁陣。丙申，鞏昌成紀縣地裂山崩，令有司賑被災人民。丁酉，享于太廟。辛丑，起椶毛殿。丙午，申飭鹽運司。辛亥，江西、湖廣、江浙、河南復立榷茶運司。追謚札牙篤皇帝爲聖明元孝皇帝，廟號文宗。時寢廟未建，於英宗室次權結綵殿，以奉安神主。封伯顏爲秦王，錫金印。是日，秦州山崩地裂。夜，太陰犯太微東垣上相。壬子，太陰犯塡星。癸丑，太陰犯亢宿。乙卯，以燕鐵木兒平江所賜田五百頃，復賜其子唐其勢。罷河間大報恩寺諸色人匠總管府。江浙旱饑，發義倉糧、募富人入粟以賑之。詔秦王、右丞相伯顏，滎王、左丞相撒敦，統百官，總庶政。

十二月庚申〔朔〕，命伯顏提調彰德威武衞。乙丑，廣西徭寇湖南，陷道州，千戶郭震戰死，寇焚掠而去。壬申，遣省、臺官分理天下囚，罪狀明者處決，寃者辨之，疑者讞之，淹滯者罪其有司。以奴列你他代其父塔剌赤爲耽羅國軍民安撫使司達魯花赤，錫三珠虎符。癸酉，太陰犯鬼宿。甲戌，禿堅帖木兒致仕，錫太尉印，置僚屬。乙亥，爲皇太后置徽政院，設官屬三百六十有六員。太白犯（壁壘）〔壘壁〕陣。〔三〕太陰犯軒轅。己卯，太陰犯進賢。癸未，太陰犯東咸。

元統二年春正月庚寅朔，雨血于汴梁，着衣皆赤。辛卯，東平須城縣、濟寧濟州、曹州濟陰縣水災，民饑，詔以鈔六萬錠賑之。以御史大夫脫別台爲中書平章政事，阿里海牙爲河南行省左丞相。丁酉，享于太廟。戊戌，四川大盤洞蠻謀谷什用遣男謀者什用來貢方物，卽其地立盤順府，命謀谷什用爲知府。遣吏部尚書帖住、禮部郎中智熙善使交趾，以授時曆賜之。太陰犯軒轅。癸卯，敕僧道與民一體充役。己酉，以上文宗皇帝謚號，遣官告祭于南郊。庚戌，太陰犯房宿。甲寅，罷廣教總管府，立行宣政院。乙卯，雲南土酋姚安路總管高明來獻方物，錫符印遣之。

二月己未朔，詔內外興舉學校。癸亥，廣西徭寇邊，殺官吏。廣海官已除而未上者罷之。甲子，塞北東涼亭雹，民饑，詔上都留守發倉廩賑之。乙丑，命有司以時給宿衛冬衣。以燕不憐爲太保，置僚屬。戊辰，封也眞也不干爲昌寧王，錫金印。癸酉，太陰犯太微上相。丁丑，封皇姑妥妥輝爲英壽大長公主。癸未，安豐路旱饑，敕有司賑糶麥萬六千七百石。甲申，太廟木陛壞，遣官告祭。丁亥，太白經天。是月，灤河、漆河溢，永平諸縣水災，賑鈔五千錠。瑞州路水，賑米一萬石。

三月己丑朔，詔：「科舉取士，國子學積分、膳學錢糧，儒人免役，悉依累朝舊制。學校官選有德行學問之人以充。」辛卯，以陰陽家言，罷造作四年。太陰犯塡星。癸巳，廣西徭賊復起，殺同知元帥吉烈思，掠庫物，遣右丞禿魯迷失將兵討之。復立西番巡捕都元帥府。罷廣誼司，復立覆實司。贈吉烈思官，令其子孫襲職。庚子，杭州、鎭江、嘉興、常州、松江、江陰水旱疾疫，敕有司發義倉糧，賑饑民五十七萬二千戶。癸卯，月食旣。甲辰，中書省臣言：「興和路起建佛事，一路所費，爲鈔萬三千五百三十餘錠。請依上都、大都例，給膳僧錢，節其冗費。」從之。乙巳，中書省臣言：「益都、眞定盜起，請選省、院官往督捕之，仍募能擒獲者倍其賞，獲三人者與一官。」從之。丁未，以河南行省左丞相阿里海牙爲江浙行省左丞相。壬子，廣西慶遠府徭賊寇全州，詔平章政事探馬赤統兵二萬人擊之。丁巳，詔：「蒙古、色目犯奸盜詐僞之罪者，隸宗正府；漢人、南人犯者，屬有司。」是月，山東霖雨，水湧，民饑，賑糶米二萬二千石。淮西饑，賑糶米二萬石。湖廣旱，自是月不雨至于八月。

夏四月戊午朔，日有食之。庚申，封宗室蠻子爲文濟王。乙丑，命順元等處軍民宣撫使、八番等處沿邊宣慰使伯顏溥花承襲父職。丙寅，罷龍慶州黑峪道上勝火兒站。庚午，詔：「雲南出征軍士亡歿者，人賜鈔二錠以葬。」壬申，命唐其勢爲總管高麗女直漢軍萬戶府達魯花赤，與馬札兒台並爲御史大夫。丁丑，太白經天。戊寅，太白晝見。己卯，奉聖明元孝皇帝文宗神主祔于太廟，躬行告祭之禮，樂用宮懸，禮三獻。先是御史臺臣言：「郊廟，國之大典，王者必行親祀之禮，所以盡尊尊、親親之誠，宜因陞祔，有事于太廟。」帝從之。是日，罷夏季時享。詔加榮王、左丞相撒敦開府儀同三司、上柱國、錄軍國重事，食邑廬州。復立杭州四隅錄事司。太白晝見。壬午，復如之。帝嘉許衡輔世祖以不殺一天下，特錄其孫從宗爲章佩監異珍庫提點。癸未，立鹽局于京師南北城，官自賣鹽，以革專利之弊。乙酉，中書省臣言：「佛事布施，費用太廣，以世祖時較之，歲增金三十八錠、銀二百三錠四十兩、繒帛六萬一千六百餘匹、鈔二萬九千二百五十餘錠。請除累朝期年忌日之外，餘皆罷。」從之。是月，車駕時巡上都。益都、東平路水，設酒禁。大名路桑麥災。成州旱饑，詔出庫鈔及發常平倉米賑之。河南旱，自是月不雨至于八月。

五月己丑，詔威武西寧王阿哈伯之子亦里黑赤襲其父封。宦者孛羅帖木兒傳皇后旨，取鹽一十萬引入中政院。辛卯，以唐其勢代撒敦爲中書左丞相，撒敦仍商量中書省事。壬辰，命中書平章政事撒的領蒙古國子監。癸巳，罷洪教提點所。戊申，詔文濟王蠻子鎭大名，雲南王阿魯鎭雲南，給銀字圓牌。是月，中書省臣言：「江浙大饑，以戶計者五十九萬五百六十四，請發米六萬七百石、鈔二千八百錠，及募富人出粟，發常平、義倉賑之，并存海運糧七十八萬三百七十石以備不虞。」從之。詔：「王侯宗戚軍站、人匠、鷹房、控鶴，但隸京師諸縣者，令所在一體役之。」贈故中書平章政事王泰亨諡清憲。舊令，三品以上官，立朝有大節及有大功勳於王室者，得賜功臣號及諡。時寖冗濫失實，惟泰亨在中書時，安南請佛書，乞以九經賜之，使高麗不受禮遺，爲尙書貧不能自給，故特賜是諡。贈漳州萬戶府知事闞文興英毅侯，妻王氏貞烈夫人，廟號雙節。

六月丁巳朔，中書省臣言：「雲南大理、中慶諸路，曩因脫肩、敗狐反叛，民多失業，加以災傷，民饑，請發鈔十萬錠，差官賑恤。」從之。戊午，淮河漲，淮安路山陽縣滿浦、淸岡等處民畜房舍多漂溺。丙寅，宣德府水災，出鈔二千錠賑之。乙亥，唐其勢辭左丞相不拜，復命撒敦爲左丞相。辛巳，詔蒙古、色目人行父母喪。癸未，復立繕工司，造繒帛。乙酉，贈燕鐵木兒公忠開濟弘謨同德翊運佐命功臣、開府儀同三司、太師、中書右丞相，追封德王，謚忠武。是月，彰德雨白毛。大寧、廣寧、遼陽、開元、瀋陽、懿州水旱蝗，大饑，詔以鈔二萬錠，遣官賑之。

秋七月丁亥，戒陰陽人毋得於貴戚之家妄言禍福。辛卯，祭太祖、太宗、睿宗三朝御容。罷秋季時享。壬辰，帝幸大安閣。是日，宴侍臣於奎章閣。甲午，太白晝見。己亥，太白經天。壬寅，詔：「蒙古、色目人犯盜者免刺。」甲辰，太白經天。丙午，復如之。帝幸楠木亭。己酉，太白晝見。夜，有流星大如酒盃，色赤，長五尺餘，光明燭地，起自天津，沒于離宮之南。庚戌，太白經天。壬子，復如之。夜，熒惑犯鬼宿。癸丑、甲寅，太白復經天。是月，池州青陽、銅陵饑，發米一千石及募富民出粟賑之。

八月丙辰朔，太白經天，凡四日。戊午，祭社稷。癸亥，太白經天。丙寅至戊辰，太白復經天。辛未，赦天下。京師地震。雞鳴山崩，陷爲池，方百里，人死者甚衆。自是日至甲戌，太白經天，丁丑、己卯，復如之；夜，犯軒轅。庚辰至壬午，太白復經天。癸未，中書平章政事阿里海牙罷。是月，南康路諸縣旱蝗，民饑，以米十二萬三千石賑糶之。

九月庚寅，太白經天。辛卯，車駕還自上都。壬辰，太陰入南斗。癸巳，太白犯靈臺。甲午，太白經天。徭賊陷賀州，發河南、江浙、江西、湖廣諸軍及八番義從軍，命廣西宣慰使、都元帥章伯顏將以擊之。乙未，太白經天。己亥、壬寅，復如之。乙巳，太白犯太微垣。壬子，吉安路水災，民饑，發糧二萬石賑糶。夜，太白犯太微垣。

冬十月乙卯朔，正內外官朝會儀班次，一依品從。戊午，享于太廟。辛酉，以侍御史許有壬爲中書參知政事。癸亥，太白犯太微上相，復犯進賢。丁卯，立湖廣黎兵屯田萬戶府，統千戶一十三所，每所兵千人，屯戶五百，皆土人爲之，官給田土、牛、種、農器，免其差徭。又創立武安縣。移石山寨巡檢司於淸水寨。立霍丘縣淮陰鄉臨水山巡檢司。改乾寧軍民安撫司曰乾寧安撫司。乙亥，太陰犯軒轅，太白犯填星。己卯，奉玉册、玉寶，上皇太后尊號曰贊天開聖仁壽徽懿昭宣皇太后。詔曰：「朕登大寶，君臨萬方，永惟大母擁佑之勤；神器奠安，海宇寧謐，實慈訓之致然也。爰協衆議，再舉徽稱，而皇太后以文宗皇帝未祔于廟，至誠謙抑，弗賜兪允。今告祔禮成，亦旣閱歲，始徇所請。乃以吉日奉上尊號，思與普天同茲大慶，其赦天下。」免今年民租之半。內外官四品以下減一資。却天鵝之獻。癸未，命臺憲部官各擧材堪守令者一人。

十一月戊子，中書省臣請發兩䑸船下番，爲皇后營利。濟南萊蕪縣饑，罷官冶鐵一年。

辛卯，賜行宣政院廢寺錢一千錠以營公廨。乙未，塡星犯亢宿。庚戌，熒惑犯太微垣。是月，鎭南王孛羅不花來朝。

十二月，立道州永明縣白面墟、江華縣濤墟巡檢司各一，以鎭遏猺賊。甲戌，詔整治學校。

是歲，禁私創寺觀庵院。僧道入錢五十貫，給度牒，方聽出家。

至元元年春正月癸巳，申命廉訪司察郡縣勸農官勤惰，達大司農司以憑黜陟。乙未，立徽政院屬官侍正府。丙午，雲南婦人一產三男。

二月甲寅朔，革冗官。乙卯，車駕將田于柳林，御史臺臣諫曰：「陛下春秋鼎盛，宜思文皇付託之重，致天下於隆平。況今赤縣之民，供給繁勞，農務方興，而馳騁冰雪之地，倘有銜橛之變，奈宗廟社稷何！」遂止。丁巳，立縹甸散府一，穆由甸、范陵甸軍民長官司二。以薊州寶坻縣稻田提舉司所轄田土賜伯顏。戊午，祭社稷。甲戌，熒惑逆行入太微。己卯，以上皇太后册、寶，遣官告祭天地。

三月癸未朔，詔遣五府官決天下囚。御史臺臣言：「丞相已領軍國重事，省、院、臺官，俱不得兼領各衞。」從之。平伐、都雲、定雲酋長寶郎、天都蟲等來降，卽其地復立宣撫司，參用其土酋爲官。辛卯，以上皇太后寶、册，遣官告祭太廟。壬辰，河州路大雪十日，深八尺，牛羊駝馬凍死者十九，民大饑。丙申，中書省臣言：「甘肅甘州路十字寺奉安世祖皇帝母別吉太后於內，請定祭禮。」從之。丁酉，以雲南益州所轄羅山、石梁、交水三縣併歸巡檢司。月食。己亥，龍興路饑，出糧九萬九千八百石賑其民。庚子，御史臺臣言：「高麗爲國首效臣節，而近年屢遣使往選取媵妾，至使生女不舉，女長不嫁，乞賜禁止。」從之。中書省臣言，帝生母太后神主宜於太廟安奉，命集議其禮。甲辰，山東、河間、兩淮、福建四處增鹽課一十八萬五千引，中書請權罷徵，止令催辦正額。乙巳，以中書左丞王結、參知政事許有壬知經筵事。封安南世子陳端午爲安南國王。是月，益都路沂水、日照、蒙陰、莒縣旱饑，賑米一萬石。

夏四月癸丑朔，詔：「諸官非節制軍馬者，不得佩金虎符。」辛酉，享于太廟。以江南行御史臺中丞不花爲中書省參知政事。壬戌，太陰犯左執法。丙寅，詔以鈔五十萬錠，命徽政院散給達達兀魯思、怯薛丹、各愛馬。己巳，加唐其勢開府儀同三司。己卯，詔翰林國史院纂修累朝實錄及后妃、功臣列傳。庚辰，罷功德、典瑞、營繕、集慶、翊正、羣玉、繕工、金玉珠翠諸提舉司。以撒的爲御史大夫。禁犯御名。是月，河南旱，賑恤芍陂屯軍糧兩月。

五月壬午朔，皇太后以膺受寶、册，恭謝太廟。丙戌，占城國遣其臣剌忒納瓦兒撒來獻方物，且言交趾遏其貢道，詔遣使宣諭交趾。戊子，車駕時巡上都。遣使者詣曲阜孔子廟致祭。加伯撒里金紫光祿大夫。壬辰，命嚴謚法，以絕冒濫。京畿民饑，詔有司議賑恤。癸卯，太陰犯壘壁陣。甲辰，伯顏請以右丞相讓唐其勢，詔不允，命唐其勢為左丞相。是月，永新州饑，賑之。

六月辛酉，有司言甘肅撒里畏〔兀〕產金銀，〔四〕請遣官稅之。壬戌，太陰犯心宿。癸酉，禁服色不得僭上。乙亥，罷江淮財賦總管府所管杭州、平江、集慶三處提舉司，以其事歸有司。詔湖南宣慰使司兼都元帥府，總領所轄諸路鎮守軍馬。庚辰，伯顏奏唐其勢及其弟塔剌海謀逆，誅之。執皇后伯牙吾氏幽於別所。大霖雨。

秋七月辛巳朔，以馬札兒台、阿察赤並為御史大夫。壬午，伯顏殺皇后伯牙吾氏于開平民舍。丁亥，享于太廟。壬辰，加馬札兒台銀青榮祿大夫、開府儀同三司，領承徽寺。乙未，太陰犯壘壁陣。壬寅，專命伯顏為中書右丞相，罷左丞相不置。癸卯，立脫脫禾孫於察罕腦兒之地。乙巳，罷燕鐵木兒、唐其勢舉用之人。戊申，誅答里及剌剌等于市，詔曰：「曩者文宗皇帝以燕鐵木兒嘗有勞伐，父子兄弟，顯列朝廷，而輒造事釁，出朕遠方。文皇尋悟其妄，有旨傳次于予。燕鐵木兒貪利幼弱，復立朕弟懿璘質班，不幸崩殂。今丞相伯顏，追奉遺詔，迎朕于南，既至大都，燕鐵木兒猶懷兩端，遷延數月，天隕厥躬。伯顏等同辭翊戴，乃正宸極。後撒敦、答里、唐其勢相襲用事，交通宗王晃火帖木兒，圖危社稷，阿察赤亦嘗與謀，賴伯顏等以次掩捕，明正其罪。元兇搆難，貽我(太皇)〔皇太〕后震驚，〔五〕朕用兢惕。永惟皇太后後其所生之子，一以至公爲心，親挈大寶，畀予兄弟，迹其定策兩朝，功德隆盛，近古罕比。雖嘗奉上尊號，揆之朕心，猶爲未盡，已命大臣特議加禮。伯顏爲武宗捍禦北邊，翼戴文皇，茲又克清大憝，明飭國憲，爰賜答剌罕之號，至于子孫，世世永賴。可赦天下。」是月，西和州、徽州雨雹，民饑，發米賑貸之。

八月辛亥朔，熒惑犯氐宿。戊午，祭社稷。癸亥，詔以岐陽王完者帖木兒、〔六〕知樞密院事帖木兒不花並爲御史大夫。甲子，加完者帖木兒太傅。戊寅，道州、永興水災，發米五千石及義倉糧賑之。己卯，議尊皇太后爲太皇太后，許有壬諫以爲非禮，不從。是月，廣西徭反，命湖廣行省右丞完者討之。沅州等處民饑，賑米二萬七千七百石。

九月庚辰朔，車駕駐扼胡嶺。丙戌，赦。丁亥，封知樞密院事闊里吉思爲宣國公，太保、中書平章政事定住爲宣德王。夜，太陰犯斗宿。庚寅，太陰犯壘壁陣。庚子，加中書平章政事徹里帖木兒銀青榮祿大夫。命有司造太皇太后玉册、玉寶。御史臺臣言：「國朝初用宦官，不過數人，今內府執事不下千餘。乞依舊制，裁減冗濫，廣仁愛之心，省糜費之患。」從之。丙午，詔以烏撒、烏蒙之地隸四川行省。是月，耒陽、常寧、道州民饑，以米萬六千石并常平米賑糶之。車駕還自上都。以京畿鹽換羊二萬口。

冬十月甲寅，熒惑犯南斗。丙辰，以大司農塔失海牙爲太尉，置僚屬，商議中書省事。丁巳，以塔失帖木兒爲太禧院使，議軍國重事。流晃火帖木兒、答里、唐其勢子孫於邊地。詔海道都漕運萬戶府船戶與民一體充役。壬戌，加御史大夫帖木兒不花銀青榮祿大夫。癸亥，流御史大夫完者帖木兒於廣海安置。完者帖木兒乃賊臣也先鐵木兒骨肉之親，監察御史以爲言，故斥之。選省、院、臺、宗正府通練刑獄之官，分行各道，與廉訪司審決天下囚。甲子，太陰犯昴宿。丁卯，太陰犯斗宿。戊辰，太白晝見。以宗王亦思干兒弟撒昔襲其兄封。監察御史呂思誠等十九人劾奏徹里帖木兒之罪，不聽，皆辭去，惟陳允文以不署名留。辛未，太皇太后玉册、玉寶成，遣官告祭于太廟。是月，以伯顏獨任中書右丞相詔天下。

十一月庚辰，敕以所在儒學貢士莊田租給宿衞衣糧。詔罷科舉。甲申，太白經天。乙酉，伯顏請內外官悉循資銓注，今後毋得保舉，澀滯選法，從之。癸巳，命知樞密院事馬札兒台領武備寺。丙戌，太白經天。己丑，辰星犯房宿。〔七〕甲午，以燕鐵木兒、唐其勢、答里所奪高麗田宅，還其王阿剌忒納失里。丁酉，以戶部尚書徐奭、吏部尚書定住參議中書省事。戊戌，召前知樞密院事福丁、失剌不花、撒兒的哥還京師。初，二人以帝未立，謀誅燕鐵木兒，爲所誣貶，故正之。己亥，太陰犯太微垣。庚子，太陰犯左執法。辛丑，下詔改元，詔曰：

朕祇紹天明，入纂丕緒，于今三年，夙夜寅畏，罔敢怠荒。玆者年穀順成，海宇清謐，朕方增修厥德，日以敬天恤民爲務，屬太史上言，星文示儆。將朕德菲薄，有所未逮歟？天心仁愛，俾予以治，有所告戒歟？弭災有道，善政爲先。更號紀年，實惟舊典。惟世祖皇帝，在位長久，天人協和，諸福咸至，祖述之志，良切朕懷。今特改元統三年仍爲至元元年。遹遵成憲，誕布寬條，庶格禎祥，永綏景祚。赦天下。

立常平倉。丁未，賜知樞密院事徹里帖木兒三珠虎符。

十二月己酉朔，荆門州獻紫芝。以廩給司屬通政院。加知樞密院事闊里吉思銀青榮祿大夫，兼左翊蒙古侍衛親軍都指揮使。壬子，太陰犯壘壁陣。乙卯，命雲南行省造軍士錢糧新舊之籍。丙辰，制省諸王、公主、駙馬飲饍之費。詔徵高麗王阿剌忒納失里入朝。丁巳，詔伯顏領宮相府。戊午，日赤如赭。辛酉，太白犯壘壁陣。壬戌，撥廬州、饒州牧地一百頃，賜宣讓王帖木兒不花。命四川、雲南、江西行省保選蠻夷官以俟銓注。乙丑，奉玉册、玉寶，上太皇太后尊號曰贊天開聖徽懿宣昭貞文慈佑儲善衍慶福元太皇太后，詔曰：「欽惟太皇太后，承九廟之托，啓兩朝之業，親以大寶，付之眇躬。尙依擁佑之慈，恪遵仁讓之訓，爰極尊崇之典，以昭報本之忱。庸上徽稱，宣告中外。」命宣政院使末吉以司徒就第。太白犯軒轅夫人星。丙寅，太白經天。丁卯，復如之。夜，太陰犯右執法。庚午，太白經天。壬申，復如之。癸酉，歲星晝見。乙亥，太白、歲星皆晝見。丙子，安慶、蘄、黃地震。丁丑，西番賊起，遣兵擊之。戊寅，蒙古國子監成。是日，太白經天，歲星晝見。是月，寶慶路饑，賑糶米三千石。

閏月乙酉，詔：「四川鹽運司於鹽井仍舊造鹽，餘井聽民煮造，收其課十之三。」熒惑犯壘壁陣。丁亥，日赤如赭，凡三日。戊子，復以宗正府爲大宗正府。壬辰，詔宗室脫脫木兒襲封荆王，賜金印，命掌忙來諸軍，設立王府官屬。丁酉，御史大夫撒的加銀青榮祿大夫，領奎章閣，知經筵事。戊戌，御史臺臣復劾奏中書平章政事徹里帖木兒罪，罷之。庚子，太陰犯心星。〔八〕壬寅，流徹里帖木兒於南安。太陰犯箕宿。癸卯，太陰犯南斗。丙午，詔平章政事塔失海牙領都水、度支二監。

是年，江西大水，民饑，賑糶米七萬七千石。賜天下田租之半。凡有妻室之僧，令還俗爲民，既而復聽爲僧。移犍爲縣還舊治。

校勘記

〔一〕闊徹〔伯〕　據本書卷三四文宗紀至順元年六月庚子條及卷一三八燕鐵木兒傳補。續編已校。

〔二〕九月甲午太陰犯填星　按本書卷四九天文志作「九月甲午，太陰犯東咸西第一星，填星犯進賢」。此處史文有脫誤。

〔三〕太白犯（壁壘）〔壘壁〕陣　從殿本改。

〔四〕甘肅撒里畏〔兀〕　據本書卷三五文宗紀至順二年七月丁酉條補。卷一二一速不台傳作「撒里畏吾」。

〔五〕（太皇）〔皇太〕后　按同詔下文即有「皇太后」之稱，此「太皇」倒誤，今改正。類編已校。

〔六〕岐陽王完者帖木兒　考異云：「岐陽當作淇陽，月赤察兒之孫，承其祖父封號。」

〔七〕丙戌至己丑　按是月己卯朔，丙戌初八日、己丑十一日不應在癸巳十五日後，此處錯簡。

〔八〕庚子太陰犯心星　按本書卷四九天文志作「庚子，太陰犯心宿大星」，此處史文有脫誤。

元史卷三十九

本紀第三十九

順帝二

二年春正月壬戌，太陰犯右執法。甲子，太陰犯角宿。乙丑，宿松縣地震，山裂。丁卯，太陰犯房宿。是月，置都水庸田使司于平江。

二月戊寅朔，祭社稷。辛巳，太陰犯昴宿。甲申，太白經天。戊子，詔以世祖所賜王積翁田八十頃還其子都中。初，積翁齎詔諭日本，死於王事，嘗受賜，後收入官，故復賜之。己丑，立穆陵關巡檢司。壬辰，日赤如赭。乙未、丙申，復如之。丁酉，追尊帝生母邁來迪爲貞裕徽聖皇后。庚子，分衡州路衡陽縣，立新城縣。進封宣靖王買奴爲益王。甲辰，宗王也可札魯忽赤添孫薨，賜鈔一百錠以葬。乙巳，詔賞勞廣海征徭將卒，有官者升散階，歿於王事者優加褒贈。金山甘肅兵士在逃者，聽復業，免其罪。

三月戊申，以阿里海牙家藏書盡賜伯顏。甲寅，以按灰爲大宗正府也可札魯忽赤，總掌天下奸盜詐僞。丁巳，以累朝御服珠衣、七寶項牌賜伯顏。庚申，日赤如赭。壬戌，復如之。賜征東元帥府軍士冬衣及甲。諸軍討廣西徭，久無功，敕行省、行臺、廉訪司官共督之。順州民饑，以鈔四千錠賑之。夜，太陰犯心宿。癸亥，日赤如赭。甲子，太陰犯箕宿。乙丑，太陰犯南斗。賜宗王火兒灰母答里鈔一千錠。以撒敦上都居第賜太保定住，仍敕有司籍撒敦家財。甲戌，復四川鹽井之禁。以按答木兒家人田宅賜太保定住。以汪家奴爲宣政院使，加金紫光祿大夫。造武宗、英宗、明宗三朝皇后玉册、玉寶。是月，陝西暴風，旱，無麥。

夏四月丁丑朔，日赤如赭。禁民間私造格例。戊寅，封駙馬孛羅帖木兒爲毓德王。丙戌，太陰犯角宿。丁亥，禁服麒麟、鸞鳳、白兔、靈芝、雙角五爪龍、八龍、九龍、萬壽、福壽字、赭黄等服。庚寅，以知樞密院事帖木兒不華爲中書平章政事，撒迪爲御史大夫。甲午，遣使以香、幣賜武當、龍虎二山。詔以太平路爲郯王徹徹禿食邑。以集慶、廬州、饒州禿禿哈民戶賜伯顏，仍於句容縣設長官所領之。戊戌，車駕時巡上都。拜中書左丞耿煥爲侍御史，王（德懋）〔懋德〕爲中書左丞。〔一〕賜宗室灰里王金一錠、鈔一千錠，毓德王孛羅帖木兒鈔三千錠，公主八八鈔二千錠。

五月丙午朔，黃河復于故道。庚戌，太陰犯靈臺。乙卯，南陽、鄧州大霖雨，自是日至于六月甲申，湍河、白河大溢，水爲災。丙辰，太白晝見。丁巳，亦如之。壬申，秦州山崩。是月，婺州不雨，至于六月。

六月丁丑，禁諸王、駙馬從衞服只孫衣，繫條環。贈宗王忽都答兒爲雲安王，謚忠武；羅羅歹爲保寧王，謚昭勇。庚辰，命中書平章政事阿吉剌知經筵事。戊子，以鐵木兒補化爲江浙行省左丞相。太白犯井宿。辛卯，以汴梁、大名諸路脫別台地土賜伯顏。禮部侍郎忽里台請復科舉取士之制，不聽。庚子，涇水溢。辛丑，以鈔五千錠賜吳王搠失江。

秋七月丙午，詔以公主奴倫引者思之地五千頃賜伯顏。以衞輝路賜衞王寬徹哥爲食邑。己酉，太白犯鬼宿。庚戌，以定住、鎖南參議中書省事。壬子，發阿魯哈、不蘭奚駱駝一百一十上供太皇太后乘輿之用。乙卯，太白犯熒惑。庚申，禁隔越中書口傳敕旨，冒支錢糧。甲子，命有司以所籍撒敦寶器分賜伯顏及太保定住。乙丑，中書平章政事孛羅徙宅，賜金二錠、銀十錠。庚午，敕賜上都孔子廟碑，載累朝尊崇之意。省諸王、公主、駙馬從衞糧賜之數。癸酉，命宗王不蘭奚，駙馬月魯不花、帖古思、教化鎭薛連哥、怯魯連之地，各賜鈔六百錠及銀牌遣之。是月，黃州蝗，督民捕之，人日五斗。以鈔二千錠賑新收阿速軍扈從車駕者，每戶鈔二錠，死者人一錠。

八月甲戌朔，日有食之。高郵大雨雹。詔：「雲南、廣海、八番及甘肅、四川邊遠官，死而不能歸葬者，有司給糧食舟車護送還鄉；去鄉遠者，加鈔二十錠；無親屬者，官爲瘞之。」命威順王寬徹不花還鎮湖廣。先是伯顏矯制召之至京，至是帝遣歸藩。戊寅，祭社稷。大都至通州霖雨，大水，敕軍人修道。己卯，太陰犯心宿。辛巳，太陰犯箕宿。辛卯，以徽政院、中政院財賦府田租六萬三千三百石，補本年海運未敷之數，令有司歸其直。壬辰，立屯衞於馬札罕之地。庚子，詔：「强盜皆死；盜牛馬者劓；盜驢騾者黥額，再犯劓；盜羊豕者墨項，再犯黥，三犯劓；劓後再犯者死。盜諸物者，照其數估價。省、院、臺、五府官三年一次審決。著爲令。」辛丑，減（湖馬）〔馬湖〕路泥溪、平夷、蠻夷、夷都、沐川、雷坡六長官司，〔三〕併爲三。

九月庚戌，熒惑犯太微垣。癸亥，弛鞏昌總帥府漢人軍器之禁。戊辰，車駕還自上都。海運糧至京，遣官致祭天妃。是月，台州路饑，發義倉、募富人出粟賑之。沅州路盧陽縣饑，賑糶米六千石。

冬十月丙子，熒惑犯左執法。己卯，享于太廟。丙申，命參知政事納麟監繪明宗皇帝御容。丁酉，太陰犯昴宿。己亥，詔：「每日，右丞相伯顏、太保定住，中書平章政事孛羅、阿吉剌聚議於內廷。平章政事塔失海牙，右丞鞏卜班，參知政事納麟、許有壬等聚議於中書。」太陰犯進賢。是月，撫州、袁州、瑞州諸路饑，發米六萬石賑糶之。

十一月己酉，太陰犯壘壁陣。壬子，以那海爲湖廣行省平章政事，討廣西叛徭。武宗、英宗、明宗三朝皇后升祔入廟，命官致祭。丁巳，遣河南行省平章政事玥璐普華於西番爲僧。己未，太陰犯壘壁陣。〔三〕辛酉，賜宣讓王帖木兒不花市宅錢四千錠。詔帖木兒不花王府官屬，朝賀班次列于有司之右。壬戌，命同知樞密院事者燕不花兼宮相都總管府達魯花赤，領隆鎮衞、左阿速衞諸軍。癸亥，安置宗王不蘭奚於梧州。丁卯，太陰犯房宿。辛未，禁彈弓、弩箭、袖箭。壬申，國公買住卒，賜鈔三百錠。印造至元三年鈔本一百五十萬錠。是月，松江府上海縣饑，發義倉糧及募富人出粟賑之。安豐路饑，賑糶麥四萬二千四百石。

十二月甲戌，日赤如赭。丙子，命興元府鳳州留壩鎮及晉寧路遼山縣十八盤各立巡檢司。宗王也孫帖木兒進西馬三匹。賜文濟王蠻子金印、驛劵及從衞者衣幷糧五千石。詔省、院、臺、翰林、集賢、奎章閣、太常禮儀院、禮部官定議寧宗皇帝尊謚、廟號。是月，江州諸縣饑，總管王大中貸富人粟以賑貧民，而免富人雜徭以爲息，約年豐還之，民不病饑。慶元慈溪縣饑，遣官賑之。

是歲，詔整治驛傳。以甘肅行省白城子屯田之地賜宗王喃忽里。以燕鐵木兒居第賜灌頂國師曩哥星吉，號大覺海寺，塑千佛於其內。江浙旱，自春至于八月不雨，民大饑。

三年春正月癸卯，廣州增城縣民朱光卿反，其黨石昆山、鍾大明率衆從之，僞稱大金國，改元赤符。命指揮狗札里、江西行省左丞沙的討之。戊申，大都南北兩城設賑糶米鋪二十處。辛亥，升祔懿璘只班皇帝於廟，謚冲聖嗣孝皇帝，廟號寧宗。豫王阿剌忒納失里言池州銅陵產銀地一所，請用私財煅煉，輸納官課，從之。癸丑，立宣鎮侍衞屯田萬戶府於寧夏。丙辰，月食。丁巳，日有交暈，左右珥上有白虹貫之。戊午，帝獵于柳林，凡三十五日。監察御史丑的、宋紹明進諫，帝嘉納之，賜金、幣。丑的等固辭，帝曰：「昔魏徵進諫，唐太宗未嘗不賞，汝其受之。」是月，臨江路新淦州、新喻州、瑞州民饑，賑糶米二萬石。封晉郭璞爲靈應侯。

二月壬申朔，日有食之。棒胡反於汝寧信陽州。棒胡本陳州人，名閏兒，以燒香惑衆，妄造妖言作亂，破歸德府鹿邑，焚陳州，屯營於杏岡，命河南行省左丞慶童領兵討之。紹興路大水。丙子，立船戶提舉司十處，提領二十處。定船戶科差，船一千料之上者，歲納鈔六錠，以下遞減。壬午，以上太皇太后玉册、玉寶，恭謝太廟。甲申，定服色、器皿、輿馬之制。己丑，汝寧獻所獲棒胡彌勒佛、小旗、僞宣敕幷紫金印、量天尺。辛卯，發鈔四十萬錠，賑江浙等處饑民四十萬戶，開所在山場、河泊之禁，聽民樵采。廣西猺賊復反，命湖廣行省平章那海、江西行省平章禿兒迷失海牙總兵捕之。丙申，太保定住薨，給賜殯葬諸物。庚子，中書參知政事納麟等請立採珠提舉司。先是嘗立提舉司，泰定間以其煩擾罷去，至是納麟請復立之，且以採珠戶四萬賜伯顏。是月，發義倉米賑蘄州及紹興饑民。

三月辛亥，太陰犯靈臺。發鈔一萬錠，賑大都寶坻饑民。戊午，以玉寶、玉册立弘吉剌氏伯顏忽都爲皇后，因雨輟賀。詔以完者帖木兒蘇州之田二百頃賜郯王徹徹禿。己未，大都饑，命於南北兩城賑糶糙米。癸亥，加封晉周處爲英義武惠正應王。(己)[乙]丑，(四)命宗王燕帖木兒爲大宗正府札魯忽赤。是月，天雨線。發義倉糧賑溧陽州饑民六萬九千二百人。

夏四月壬申，遣使降香於龍虎、三茅、閤皂諸山。癸酉，禁漢人、南人、高麗人，不得執持軍器，凡有馬者拘入官。甲戌，有星孛于王良，至七月壬寅沒于貫索。皇后以受玉册、玉寶，恭謝太廟。命伯顏領宣鎮侍衞軍，賜鈔三千錠，建宣鎮侍衞府。以太皇太后受册、寶詔天下。己卯，車駕時巡上都。壬午，高麗王阿剌忒納失里朝賀還國，賜金一錠、鈔二千錠，從官賜與有差。辛卯，合州大足縣民韓法師反，自稱南朝趙王。太陰犯壘壁陣。丁酉，謚唐杜甫爲文貞。己亥，惠州歸善縣民聶秀卿、譚景山等造軍器，拜戴甲爲定光佛，與朱光卿相結爲亂，命江西行省左丞沙的捕之。庚子，太白晝見。是月，詔：「省、院、臺、部、宣慰司、廉訪司及郡府幕官之長，並用蒙古、色目人。禁漢人、南人不得習學蒙古、色目文字。」以米八千石、鈔二千八百錠，賑哈剌奴兒饑民。龍興路南昌、新建縣饑，太皇太后發徽政院糧三萬六千七百七十石賑糶之。

五月辛丑〔朔〕，民間訛言朝廷拘刷童男、童女，一時嫁娶殆盡。壬寅，太白犯鬼宿。癸卯，給平伐、都雲定雲二處安撫司達魯花赤暗都剌等虎符。乙巳，以興州、松州民饑，禁上都、興和造酒。太陰犯軒轅。戊申，詔：「汝寧棒胡，廣東朱光卿、聶秀卿等，皆係漢人。漢人有官於省、臺、院及翰林、集賢者，可講求誅捕之法以聞。」太白晝見。壬子，太陰犯心宿。甲寅，詔哈八兒禿及禿堅帖木兒爲太尉，各設僚屬幕官。西番賊起，殺鎮西王子党兀班。立行宣政院，以也先帖木兒爲院使，往討之。戊午，太白晝見。己未，太陰犯壘壁陣。辛酉，太白晝見。壬戌，命四川行省參知政事舉理等捕反賊韓法師。丁卯，彗星見於東北，大如天船星，色白，約長尺餘，彗指西南，至八月庚午始滅。

六月庚午〔朔〕，太白經天。辛未、甲戌，復如之。乙亥，太白犯靈臺。戊寅，贈丞相安童推忠佐運開國元勳、東平忠憲王，於所封城內建立祠廟，官爲致祭。己卯，太白經天。夜，太白犯太微垣。辛巳，大霖雨，自是日至癸巳不止。京師、河南、北水溢，御河、黃河、沁河、渾河水溢，沒人畜、廬舍甚衆。壬午，太白晝見。太陰犯斗宿。癸未，設醮長春宮。丁亥，太白犯太微垣。戊子，加封文始尹眞人爲無上太初博文文始眞君，徐甲爲垂玄感聖慈化應御眞君，庚桑子洞靈感化超蹈混然眞君，文子通玄光暢昇元敏誘眞君，列子冲虛至德遁世遊樂眞君，莊子南華至極雄文弘道眞君。己丑，太白晝見。庚寅，復如之，至七月辛酉方息。壬辰，彰德大水，深一丈。立高密縣濰川鄉景芝社巡檢司。

秋七月己亥〔朔〕，漳河泛溢至廣平城下。賜鞏卜班西平王印。癸卯，車駕出獵。太白經天。乙巳，復如之。丙午，車駕幸失剌斡耳朶。太白復經天。丁未，車駕幸龍岡，洒馬乳以祭。戊申，召朶兒只國王入朝。庚戌，太白晝見。河南武陟縣禾將熟，有蝗自東來，縣尹張寬仰天祝曰：「寧殺縣尹，毋傷百姓。」俄有魚鷹羣飛啄食之。壬子，車駕幸乾元寺。甲寅，太白經天。乙卯，懷慶水。庚申，詔：「除人命重事之外，凡盜賊諸罪，不須候五府官審錄，有司依例決之。」辛酉，太白晝見。壬戌，賜宗王桑哥八剌七寶繫腰。太白經天。癸亥、甲子，復如之。是月，狗札里、沙的擒朱光卿，尋追擒石昆山、鍾大明。

八月戊辰〔朔〕，祭社稷。遣使賑濟南饑民九萬戶。庚午，彗星不見，自五月丁卯始見，至是凡六十三日，自昴至房，凡歷一十五宿而滅。甲戌，太陰犯心宿。辛巳，京畿盜起。壬午，京師地大震，太廟梁柱裂，各室墻壁皆壞，壓損儀物，文宗神主及御床盡碎；西湖寺神御殿壁仆，壓損祭器。自是累震，至丁亥方止，所損人民甚衆。癸未，日有交暈，左右珥白虹貫之。河南地震。弛高麗執持軍器之禁，仍令乘馬。戊子，漢人鎭遏生蕃處，亦開軍器之禁。修理文宗神主并廟中諸物。是月，車駕至自上都。

九月己亥，熒惑犯斗宿。甲辰，太(白)〔陰〕犯斗宿。〔五〕丁未，太陰犯壘壁陣。己酉，立皮貨所於寧夏，設提領使、副主之。立四川、湖廣江西、江浙行樞密院。文宗新主、玉册及一切神御之物皆成，詔依典禮祭告。太陰犯壘壁陣。辛(亥)〔酉〕，太陰犯軒轅。〔六〕丙寅，大都南北兩城添設賑糶米鋪五所。

冬十月庚午，太白晝見。癸酉，日赤如赭。乙亥，命江浙行省丞相撒思監提調海運。〔七〕丙子，太陰犯壘壁陣。壬午，太陰犯昴宿。丁亥，太白晝見。太陰犯鬼宿。庚寅，太白晝見。辛卯，亦如之。丙申，復如之。

十一月丁酉〔朔〕，太白經天。戊戌，太白犯亢宿。己亥，太白經天。壬寅，太陰犯熒惑。癸卯，太陰犯壘壁陣。丙午，立屯田於雄州。丁未，塡星犯鍵閉。辛亥，太(白)〔陰〕犯五車。〔八〕甲寅，太(白)〔陰〕犯鬼宿。〔九〕丙辰，太陰犯軒轅。丁巳，太白經天。太陰犯太微垣。詔脫脫木兒襲脫火赤荆王位，仍命其妃忽剌灰同治兀魯思事。戊午，太白經天。癸亥，發鈔萬五千錠，賑宣德等處地震死傷者。太白經天。甲子、乙丑，復如之。

十二月己巳，享于太廟。歲星退犯天罇。塡星犯罰星。甲戌，熒惑犯壘壁陣。太白犯東咸。乙亥，吏部仍設考功郎中、員外郎、主事各一員。庚辰，命阿魯圖襲廣平王爵。壬午，集賢大學士羊歸等言：「太上皇、唐妃影堂在眞定玉華宮，每年宜於正月二十日致祭。」從之。丙戌，命阿速衞探馬赤軍屯田。是月，以馬札兒台爲太保，分樞密院鎭北邊。

是歲，詔賜孝子靳昺碑。伯顏請殺張、王、劉、李、趙五姓漢人，帝不從。徵西域僧加剌麻至京師，號灌頂國師，賜玉印。

四年春正月丙申〔朔〕，以地震，赦天下。詔：「內外廉能官，父母年七十無侍丁者，附近銓注，以便侍養。」以宣政院使不蘭奚年七十致仕，授大司徒，給全俸終身。癸卯，太白犯建星。甲辰，復如之。丙午，太(白)〔陰〕犯五車。〔一〇〕辛亥，太陰犯軒轅。己未，塡星犯東咸。江浙海運糧數不足，撥江西、河南五十萬石補之。庚申，太陰入南斗。太白犯牛宿。辛酉，分命宗王乃馬歹爲知行樞密院事。〔一一〕癸亥，印造鈔本百二十萬錠。是月，詔修曲阜孔子廟。

二月丁卯，罷河南、(江西)江浙、湖廣〔江西〕、四川等處行樞密院。〔一二〕戊辰，祭社稷。庚午，車駕獵於柳林。戊寅，太陰犯軒轅。己卯，太陰犯靈臺。乙酉，奉聖州地震。是月，賑京師、河南、北被水災者。龍興路南昌州饑，〔一三〕以江西海運糧賑糶之。

三月戊申，塡星退犯東咸。辛酉，命中書平章政事阿吉剌監修至正條格。告祭南郊。以國王朶兒只爲遼陽行省左丞相，宗王玉里不花爲知樞密院事，賜鈔一千錠、金一錠、銀十錠。

夏四月辛未，京師天雨紅沙，晝晦。以探馬赤、只兒瓦歹爲中書平章政事。癸酉，以脫脫爲御史大夫。乙亥，命阿吉剌爲奎章大學士兼知經筵事。己卯，車駕時巡上都。河南執棒胡至京師，誅之。癸巳，車駕薄暮至八里塘，雨雹，大如拳，其狀有小兒、環玦、獅、象、龜、卯之形。

五月乙未〔朔〕，立五臺山等處巡檢司。庚戌，升兩淮屯田打捕總管府爲正三品。甲寅，贈湖廣行省平章政事燕赤推誠翊戴安邊制勝功臣、太傅、開府儀同三司、上柱國，追封永平王，謚忠襄。辛酉，詔：「土番宣慰司軍士，許令乘馬，執兵器。」湖廣行省元領新化洞、古州、潭溪、龍里、洪州諸洞三百餘處，洞民六萬餘戶，分隸靖州，立敍南、横江巡檢司。是月，命佛家閭爲考功郎中，喬林爲考功員外郎，魏宗道爲考功主事，考較天下郡縣官屬功過。命阿剌吉復爲中書平章政事。彰德獻瑞麥，一莖三穗。臨沂、費縣水，發米三萬石賑糶之。

六月庚午，廣東廉訪司僉事恩莫綽言：「處決重囚，宜命五府官斟酌地理遠近，預選官分行各道，比到秋分時畢事。」從之。辛巳，袁州民周子旺反，僭稱周王，僞改年號，尋擒獲，伏誅。塡星退犯鍵閉。壬午，立重慶路墊江縣。己丑，邵武路大雨，水入城郭，平地二丈。

是月，信州路靈山裂。漳州路南勝縣民李志甫反，圍漳城，守將搠思監與戰，失利。詔江浙行省平章別不花，總浙閩、江西、廣東軍討之。

秋七月壬寅，詔以伯顏有功，立生祠於涿州、汴梁。己酉，奉聖州地大震，損壞人民廬舍。丙辰，鞏昌府山崩，壓死人民。戊午，爲伯顏立打捕鷹房諸色人戶總管府。

八月癸亥朔，日有食之。戊辰，祭社稷。己巳，申取高麗女子及閹人之禁。贈伯顏察兒守誠佐治安惠世美功臣、太師、開府儀同三司、上柱國，追封奉元王，謚忠宣。辛未，宣德府地大震。癸酉，山東鹽運司於濟南歷城立濱洛鹽倉東西二場。丙子，京師地震，日二三次，至乙酉乃止。丁丑，白虹貫天。癸未，改宣德府爲順寧府，奉聖州爲保安州。贈太保曲出推忠翊運保寧一德功臣、太師、開府儀同三司、上柱國，追封廣陽王，謚忠惠。贈平章伯帖木兒宣忠濟美協誠正德功臣、太傅、開府儀同三司、上柱國，追封文安王，謚忠憲。甲申，雲南老告土官八那遣姪那賽齎象馬來朝，爲立老告軍民總管府。是月，車駕還自上都。

閏八月戊戌，日赤如赭。己亥，復如之。塡星犯罰星。太陰犯斗宿。壬寅，日赤如赭。庚戌，太陰犯（斗）〔昴〕宿。〔一四〕乙卯，太陰犯鬼宿。

九月丙寅，太陰犯斗宿。戊辰，太白犯東咸。癸酉，奔星如盃大，色白，起自右旗之下，西南行，沒於近濁。甲申，太陰犯軒轅。乙酉，太陰犯靈臺。庚寅，日赤如赭。太白犯斗宿。

冬十月辛卯〔朔〕，享于太廟。辛亥，太陰犯酒旗。

十一月丙寅，改英宗殿名昭融。丁卯，立紹熙府軍民宣撫都總使司，命御史大夫脫脫兼都總使，治書侍御史吉當普爲副都總使，世襲其職。本府元領六州、二十縣、一百五十二鎮，國初，以其地荒而廢之；至是居民二十餘萬，故立府治之。(乙)〔己〕巳，〔一五〕命平章政事孛羅領太常禮儀院使。熒惑犯氐宿。丁丑，太陰犯鬼宿。戊寅，太(陰)〔白〕犯壘壁陣。〔一六〕壬午，四川散毛洞蠻反，遣使賑被寇人民。

十二月甲午，大都南城等處設米鋪二十，每鋪日糶米五十石，以濟貧民，俟秋成乃罷。戊戌，立邦牙等處宣慰司都元帥府幷總管府。先是，世祖旣定緬地，以其處雲南極邊，就立其酋長爲帥，令三年一入貢，至是來貢，故立官府。庚子，熒惑犯房宿。壬寅，以宣徽使別兒怯不花爲御史大夫。癸卯，太白經天。己酉，復如之。庚戌，加荆王脫脫木兒元德上輔廣忠宣義正節振武佐運功臣之號。太白經天。辛亥，復如之。壬子，熒惑犯東咸。乙卯，太白犯外屏。太陰犯斗宿。丙辰，太白經天。

校勘記

〔一〕王〔德懋〕〔懋德〕　據本書卷一一三宰相年表及山左金石志卷二三琅琊郡公王氏先德碑改。新元史已校。

〔二〕〔湖馬〕〔馬湖〕路　據本書卷六〇地理志改。類編已校。

〔三〕太陰犯壘壁陣　按是日月黃經一一八度半，壘壁陣黃經三一〇度半至三三七度半，不合。本書卷四九天文志作「太陰犯鬼宿積尸氣」，積尸氣黃經一一八度，合。「壘壁陣」誤，當作「鬼宿積尸氣」。

〔四〕〔己〕〔乙〕丑　按是月壬寅朔，無己丑日。此「己丑」在癸亥二十二日後，爲乙丑二十四日之誤，今改。道光本已校。

〔五〕太〔白〕〔陰〕犯斗宿　本書卷四九天文志作「太陰犯斗宿魁第二星」，據改。按是日斗宿魁第二星黃經二六六度半，第五星二七五度半，金星黃經一九〇度半，不合；月黃經二七七度半，合。

〔六〕辛〔亥〕〔酉〕太陰犯軒轅　本書卷四九天文志作「辛酉，太陰犯軒轅大星」，據改。按是月軒轅大星一黃經一〇三度半，軒轅大星四黃經一二八度半，辛亥十四日月黃經二一度，不合；辛酉二十四日月黃經一二四度，合。

〔七〕命江浙行省丞相撒思監提調海運　按本書卷二〇五本傳，撒思監至元三年拜江浙行中書省參知政事，同年受命督海運。蒙史改「丞相」爲「參政」，疑是。

〔八〕太(白)〔陰〕犯五車　本書卷四九天文志作「太陰犯五車東南星」，據改。按是日五車東南星黃經六七度，金星黃經二一七度，不合；月黃經七一度半，近。

〔九〕太(白)〔陰〕犯鬼宿　本書卷四九天文志作「太陰犯鬼宿西北星」，據改。按是日鬼宿西北星黃經一一五度，金星黃經二二〇度，不合；月黃經一一三度半，合。

〔一〇〕太(白)〔陰〕犯五車　本書卷四九天文志作「太陰犯五車東南星」，據改。按是日五車東南星黃經六七度，金星黃經二七九度，不合；月黃經七四度，近。

〔一一〕宗王乃馬歹　蒙史云：「乃蠻台，木合黎五世孫也。本傳稱後至元三年襲國王，考朶兒只傳則云四年，與紀異。此本異姓之王，舊紀誤稱爲宗王。」

〔一二〕罷河南(江西)江浙湖廣〔江西〕四川等處行樞密院　按本書卷九二百官志有「至元三年，伯顏右丞相奏准於四川及湖廣、江西之境及江浙，凡三處，各置行樞密院」，上文至元三年九月己酉條有「立四川、湖廣江西、江浙行樞密院」。湖廣、江西實爲一處行樞密院所轄，此處行文倒舛，今改正。

〔一三〕龍興路南昌州饑　本證云「按地理志，州當作縣」。

〔一四〕太陰犯(斗)〔昴〕宿　本書卷四九天文志作「太陰犯昴宿第二星」，據改。按是日月黃經五一度，斗宿一黃經二七〇度，不合；昴宿二黃經五〇度，合。

〔一五〕（乙）〔己〕巳　按是月辛酉朔，無乙巳日。此「乙巳」在丁卯初七日、丁丑十七日間，爲己巳初九日之誤。今改。道光本已校。

〔一六〕太（陰）〔白〕犯壘壁陣　本書卷四九天文志作「太白犯壘壁陣西第六星」，據改。按是日壘壁陣西第六星黃經三二六度，月黃經一三一度半，不合；金星黃經三二五度半，合。

元史卷四十

本紀第四十

順帝三

五年春正月癸亥，禁濫予僧人名爵。庚午，太陰犯井宿。乙亥，熒惑犯天江。濮州鄄城、范縣饑，賑鈔二千一百八十錠。冀寧路交城等縣饑，賑米七千石。桓州饑，賑鈔二千錠。雲需府饑，賑鈔五千錠。開平縣饑，賑米兩月。興和寶昌等處饑，賑鈔萬五千錠。

二月庚寅〔朔〕，信州雨土。甲午，太陰犯昴宿。戊戌，祭社稷。庚子，免廣海添辦鹽課萬五千引，止辦元額。壬寅，太陰犯靈臺。

三月辛酉，八魯剌思千戶所民被災，遣太禧宗禋院斷事官塔海發米賑之。戊辰，灤河住冬怯憐口民饑，每戶賑糧一石、鈔二十兩。

夏四月辛卯，革興州興安縣。癸巳，立伯顏南口過街塔二碑。乙未，加封孝女曹娥爲慧感靈孝昭順純懿夫人。壬寅，太陰犯日星及房宿。己酉，申漢人、南人、高麗人不得執軍器、弓矢之禁。是月，車駕時巡上都。

五月己未朔，晃火兒不剌、賽禿不剌、紐阿迭烈孫、三卜剌等處六愛馬大風雪，民饑，發米賑之。庚午，太陰犯心宿。壬申，太陰犯斗宿。丙子，太白犯昴宿。丙戌，加封瀏陽州道吾山龍神崇惠昭應靈顯廣濟侯。

六月壬寅，月食。甲辰，熒惑退入南斗。庚戌，汀州路長汀縣大水，平地深可三丈餘，沒民廬八百家，壞民田二百頃，戶賑鈔半錠，死者一錠。乙卯，達達民饑，賑糧三月。是月，沂、莒二州民饑，發糧賑糶之。

秋七月辛酉、壬戌，熒惑犯南斗。甲子，熒惑犯南斗。太陰犯房宿。甲戌，太白經天。丙子，開上都、興和等處酒禁。丁丑，封皇姊月魯公主為昌國大長公主。戊寅，太白經天。詔：「諸王位下官毋入常選。」甲申，常州宜興山水出，勢高一丈，壞民廬。乙酉，太白經天。丙戌，太白復經天。

八月丁亥〔朔〕，車駕至自上都。戊子，太白經天。祭社稷。己丑，太白復經天。庚寅，宗王脫歡脫木爾各愛馬人民饑，以鈔三萬四千九百錠賑之。宗王脫憐渾禿各愛馬人民饑，以鈔萬一千三百五十七錠賑之。太白經天。辛卯，太白復經天。甲午，太陰犯斗宿。丁酉，太白犯軒轅。戊戌、己亥，太白經天。壬寅至甲辰，太白復經天。乙巳，太陰犯昴宿。

九月丁巳，瀋陽饑，民食木皮，賑糶米一千石。戊午，太白經天。己未，太白復經天。

冬十月辛卯，享于太廟。壬辰，禁倡優盛服，許男子裹青巾，婦女服紫衣，不許戴笠、乘馬。甲午，詔命伯顏爲大丞相，加元德上輔功臣之號，賜七寶玉書龍虎金符。〔一〕己亥，熒惑犯壘壁陣。是月，衡州饑，賑糶米五千石。遼陽饑，賑米五百石。文登、牟平二縣饑，賑糶米一萬石。

十一月丁巳，熒惑犯壘壁陣。禁宰殺。戊辰，開封杞縣人范孟反，僞傳帝旨，殺河南行省平章政事月祿帖木兒、左丞刼烈、廉訪使完者不花等，已而捕誅之。癸酉，瑞州路新昌州雨木冰，至明年二月始解。是月，八番順元等處饑，賑鈔二萬二十錠。

十二月辛卯，復立都水庸田使司于平江。先是嘗置而罷，至是復立。甲午，太陰犯昴宿。癸卯，熒惑犯外屏。

是歲，敕賜曲阜宣聖廟碑。工部廳梁上出芝草，一本七莖。袁州饑，賑糶米五千石。膠、密、莒、濰等州饑，賑鈔二萬錠。

六年春正月丁卯，太陰犯鬼宿。甲戌，立司禋監，奉太祖、太宗、睿宗三朝御容於石佛寺。乙亥，太陰犯房宿。戊寅，追封闊兒吉思宣誠戡難翊運致美功臣、太師、開府儀同三司、上柱國，追封晉寧王，謚忠襄。是月，察忽、察罕腦兒等處馬災，賑鈔六千八百五十八錠。邳州饑，賑米兩月。

二月甲申朔，詔權止今年印鈔。戊子，祭社稷。己丑，太陰犯昴宿。丙申，太陰犯太微垣。己亥，黜中書大丞相伯顏爲河南行省左丞相，詔曰：「朕踐位以來，命伯顏爲太師、秦王、中書大丞相，而伯顏不能安分，專權自恣，欺朕年幼，輕視太皇太后及朕弟燕帖古思，變亂祖宗成憲，虐害天下。加以極刑，允合輿論。朕念先朝之故，尙存憫恤，今命伯顏出爲河南行省左丞相。所有元領諸衞親軍幷怯薛丹人等，詔書到時，卽許散還。」以太保馬札兒台爲太師、中書右丞相，太尉塔失海牙爲太傅，知樞密院事塔馬赤爲太保，御史大夫脫脫爲知樞密院事，汪家奴爲中書平章政事，嶺北行省平章政事也先帖木兒爲御史大夫。增設京城米鋪，從便賑糶。壬寅，詔：「除知樞密院事脫脫之外，諸王侯不得懸帶弓箭、環刀輒入內府。」癸卯，太陰犯心宿。乙巳，罷各處船戶提舉、廣東採珠提舉二司。丁未，太陰犯羅堰。立延徽寺，以奉寧宗祀事。罷司禋監。罷通州、河西務等處抽分按利房，大都東裏山查提領所。戊申，熒惑犯月星。己酉，彗星如房星大，色白，狀如粉絮，尾跡約長五寸餘。彗指西南，漸向西北行。是月，福寧州大水，溺死人民。京畿五州十一縣水，每戶賑米兩月。

三月甲寅〔朔〕，漳州義士陳君用襲殺反賊李志甫，授君用同知漳州路總管府事。乙卯，益都、般陽等處饑，賑之。丙辰，赦漳、潮二州民爲李志甫、劉虎仔脅從之罪，褒贈軍將死事者。丁巳，大斡耳朶思風雪爲災，馬多死，以鈔八萬錠賑之。癸亥，四怯薛役戶饑，賑米一千石、鈔二千錠。成宗潛邸四怯薛戶饑，賑米二百石、鈔二百錠。以知樞密院事脫脫、御史大夫別兒怯不花、知樞密院事牙不花知經筵事，中書參議阿魯佛住兼經筵官。太陰犯軒轅。丁卯，詔賜江南行臺御史中丞史惟良、御史中丞耿煥、山東廉訪使張友諒、中書參知政事許有壬上尊、束帛。庚午，太陰犯房宿。辛未，詔徙伯顏於南恩州陽春縣安置。壬申，太陰犯南斗。丁丑，以治書侍御史達識帖睦邇爲奎章閣大學士，翰林直學士揭傒斯爲奎章閣供奉學士。戊寅，太白犯月星。辛巳，彗星〔不〕見，自二月己酉至三月庚辰，凡〔見〕三十二日。〔二〕是月，淮安路山陽縣饑，賑鈔二千五百錠，給糧兩月。順德路邢臺縣饑，賑鈔三千錠。

夏四月己丑，享于太廟。庚寅，詔大天(元延壽)〔源延聖〕寺立明宗神御殿碑。〔三〕以同知樞密院事鐵木兒塔識爲中書右丞。丙午，詔封馬札兒台爲忠王及加答剌罕之號，馬札兒台辭。

五月癸丑〔朔〕，禁民間藏軍器。乙卯，監察御史普魯台言：「右丞相馬札兒台辭答剌罕及王爵名號，宜示天下，以勸廉讓。」從之。己未，詔以党兀巴太子擒賊阿答理胡，歿於王事，追封涼王，謚忠烈。漳州龍巖尉黄佐才獲李志甫餘黨鄭子箕。佐才因與賊戰，妻子四十餘口皆遇害，以佐才爲龍巖縣尹。丁卯，太陰犯斗宿。辛未，降鈔萬錠，給守衞宮闕内外門禁唐兀、左、右阿速、貴赤、阿兒渾、欽察等衞軍。丙子，車駕時巡上都。置月祭各影堂香於大明殿，遇行禮時，令省臣就殿迎香祭之。以宦者伯不花爲長寧寺卿。是月，濟南饑，賑鈔萬錠。

六月丙申，詔撤文宗廟主，徙太皇太后不答失里東安州安置，放太子燕帖古思於高麗，其略曰：

昔我皇祖武宗皇帝昇遐之後，祖母太皇太后惑於儉慝，俾皇考明宗皇帝出封雲南。英宗遇害，正統寖偏，我皇考以武宗之嫡，逃居朔漠，宗王大臣同心翊戴，肇啓大事，于時以地近，先迎文宗，暫總機務。繼知天理人倫之攸當，假讓位之名，以寶璽來上，皇考推誠不疑，卽授以皇太子寶。文宗稔惡不悛，當躬迓之際，乃與其臣月魯不花、也里牙、明里董阿等謀爲不軌，使我皇考飲恨上賓。歸而再御宸極，思欲自解於天下，乃謂夫何數日之間，宮車弗駕。海内聞之，靡不切齒。又私圖傳子，乃搆邪言，嫁禍於八不沙皇后，謂朕非明宗之子，遂俾出居遐陬。祖宗大業，幾於不繼。內懷愧慊，則殺也里牙以杜口。上天不祐，隨降殞罰。叔嬸不答失里，怙其勢燄，不立明考之冢嗣，而立孺稚之弟懿璘質班，奄復不年，諸王大臣以賢以長，扶朕踐位。國之大政，屬不自遂者，詎能枚舉。

每念治必本於盡孝，事莫先於正名，賴天之靈，權奸屏黜，盡孝正名，不容復緩，永惟鞠育罔極之恩，忍忘不共戴天之義。既往之罪，不可勝誅，其命太常徹去脫脫木兒在廟之主。不答失里本朕之嬸，乃陰構奸臣，弗體朕意，僭膺太皇太后之號，迹其閨門之禍，離間骨肉，罪惡尤重，揆之大義，削去鴻名，徙東安州安置。燕帖古思昔雖幼沖，理難同處，朕終不陷於覆轍，專務殘酷，惟放諸高麗。當時賊臣月魯不花、也里牙已死，其以明里董阿等明正典刑。

監察御史崔敬言燕帖古思不宜放逐，不報。己亥，秦州成紀縣山崩地坼。癸卯，太白晝見。己酉，太白復晝見。辛亥，太白晝見，夜犯歲星。是月，濟南路歷城縣饑，賑鈔二千五百錠。

秋七月甲寅，太白晝見。詔封微子爲仁靖公，箕子爲仁獻公，比干加封爲仁顯忠烈公。乙卯，奉元路盩厔縣河水溢，漂流人民。丁巳，太白晝見。戊午，以星文示異，地道失寧，蝗旱相仍，頒罪己詔於天下。享于太廟。己未，以亦憐眞班爲御史大夫。庚申，太陰犯心宿。壬戌至癸亥，太白晝見。甲子，太陰犯羅堰。乙丑至丙寅，太白復晝見。丁卯，燕帖古思薨，詔以鈔一百錠備物祭之。癸酉，太白晝見。戊寅，命翰林學士承旨腆哈、奎章閣學士(巙巙)〔巎巎〕等删修大元通制。〔四〕庚辰，達達之地大風雪，羊馬皆死，賑軍士鈔一百萬錠，并遣使賑怯烈干十三站，〔五〕每站一千錠。是月，禁色目人勿妻其叔母。

八月壬午〔朔〕，以也先帖木兒爲御史大夫。戊子，祭社稷。是月，車駕至自上都。

九月辛亥〔朔〕，明里董阿伏誅。癸丑，加封漢張飛武義忠顯英烈靈惠助順王。辛酉，太(白)〔陰〕犯虛梁。〔六〕丙寅，詔：「今後有罪者，毋籍其妻女以配人。」丁卯，太陰犯昴宿。熒惑犯歲星。甲戌，太陰犯軒轅。

冬十月甲申，奉玉册、玉寶尊皇考爲順天立道睿文智武大聖孝皇帝，親祼太室。庚寅，奉符、長清、元城、清平四縣饑，詔遣制國用司官驗而賑之。辛卯，各愛馬人不許與常選。壬辰，立曹南王阿剌罕、淮安王伯顏、河南王阿朮祠堂。丁酉，太白入南斗。己亥，太白犯斗宿。壬寅，馬札兒台辭右丞相職，仍爲太師。以脫脫爲中書右丞相，宗正札魯忽赤鐵木兒不花爲中書左丞相。是月，河南府宜陽等縣大水，漂沒民廬，溺死者衆，人給殯葬鈔一錠，仍賑義倉糧兩月。

十一月甲寅，監察御史世圖爾言，宜禁答失蠻、回回、主吾人等叔伯爲婚姻。乙卯，太陰犯虛梁。以親祼大禮慶成，御大明殿受羣臣朝。戊午，熒惑犯氐宿。甲子，月食。辰星犯東咸。辛未，以孔克堅襲封衍聖公。戊寅，辰星犯天(罡)〔江〕。〔七〕是月，處州、婺州饑，以常平、義倉糧賑之。

十二月，復科舉取士制。國子監積分生員，三年一次，依科舉例入會試，中者取一十八名。癸未，太陰犯虛粱。乙酉，太陰犯土公。丁亥，熒惑犯鈎鈐。戊子，罷天曆以後增設太禧宗禋等院及奎章閣。乙未，熒惑犯東咸。戊戌，太陰犯明堂。是月，東平路民饑，賑之。寶慶路大雪，深四尺五寸。

至正元年春正月己酉朔，改元，詔曰：

朕惟帝王之道，德莫大於克孝，治莫大於得賢。朕早歷多難，入紹大統，仰思祖宗付託之重，戰兢惕勵，于茲八年。慨念皇考，久勞于外，甫卽大命，四海觖望，夙夜追慕，不忘于懷。乃以至元六年十月初四日，奉玉册、玉寶，追上皇考曰順天立道睿文智武大聖孝皇帝，被服衮冕，祼于太室，式展孝誠。十有一月六日，勉徇大禮慶成之請，御大明殿受羣臣朝。

爰自去春，疇咨于衆，以知樞密院事馬札兒台爲太師、右丞相，以正百官，以親萬民。尋卽控辭，養疾私第，再三諭旨，勉令就位，自春徂秋，其請益固。朕憫其勞日久，察其至誠，不忍煩之以政，俾解機務，仍爲太師。而知樞密院事脫脫，早歲輔朕，克著忠貞，乃命爲中書右丞相；宗正札魯忽赤帖木兒不花，嘗歷政府，嘉績著聞，爲中書左丞相，並錄軍國重事。夫三公論道，以輔予德，二相總政，以弼予治，其以至元七年爲至正元年，與天下更始。

甲寅，熒惑犯天江。丁巳，享于太廟。庚申，太陰犯井宿。癸亥，詔天壽節禁屠宰六日。辛未，太陰犯心宿。癸酉，太陰犯斗宿。甲戌，太白晝見，凡四日。是月，命脫脫領經筵事。命永明寺寫金字經一藏。免天下稅糧五分。湖南諸路饑，賑糶米十八萬九千七十六石。

二月戊寅〔朔〕，祭社稷。己卯，太白晝見。庚辰，太白復晝見。辛巳，立廣福庫，罷藏珍等庫。乙酉，濟南濱州霑化等縣饑，以鈔五萬三千錠賑之。丙戌，太白晝見。癸巳，太陰犯明堂。乙未，加封皇姊不答昔你明惠貞懿大長公主。是月，大都寶坻縣饑，賑米兩月。河間莫州、滄州等處饑，賑鈔三萬五千錠。晉州饒陽、阜平、安喜、靈壽四縣饑，賑鈔二萬錠。印造至元鈔九十九萬錠、中統鈔一萬錠。

三月庚戌，罷兩淮屯田手號打捕軍役，令屬本所領之。癸丑，命屯儲衞軍於河南芍陂、洪澤、德安三處屯種。甲寅，給還帖木兒不花宣讓王印，鎮淮西。己未，汴梁地震。大都路涿州范陽、房山饑，賑鈔四千錠。丙子，以行省平章政事燕帖木兒就佩虎符，提調屯田。是月，般陽路長山等縣饑，賑鈔萬錠。彰德路安陽等縣饑，賑鈔萬五千錠。

夏四月丁丑〔朔〕，道州土賊蔣丙等反，破江華縣，掠明遠縣。〔八〕戊寅，彰德有赤風自西北起，晝晦如夜。甲申，享于太廟。丁亥，臨賀縣民被傜寇鈔掠，發義倉糧賑之。庚寅，帝幸護聖寺。命中書右丞鐵木兒塔識爲平章政事，阿魯爲右丞，許有壬爲左丞。癸巳，立富昌庫，隸資正院。復立衞候司。丁酉，以兩浙水災，免歲辦餘鹽三萬引。己亥，立吏部司績官。庚子，復封太師馬札兒台爲忠王。罷灤州河西務。彰德饑，賑鈔萬五千錠。是月，車駕時巡上都。

五月戊申，以崇文監屬翰林國史院。己未，罷河西務行用庫。壬戌，月食。是月，賑阿剌忽等處被災之民三千九百一十三戶，給鈔二萬一千七百五錠。

閏五月丁丑〔朔〕，改封徽州土神汪華爲昭忠廣仁武烈靈顯王。甲午，賞賜扈從明宗諸王官屬八百七人金、銀、鈔、幣各有差。壬寅，詔刻宣文、至正二寶。

六月戊午，禁高麗及諸處民以親子爲宦者，因避賦役。戊辰，改奎章閣爲宣文閣。庚午，太陰犯井宿。是月，揚州路崇明、通、泰等州，海潮湧溢，溺死一千六百餘人，賑鈔萬一千八百二十錠。

秋七月己卯，享于太廟。乙酉，太陰犯塡星。庚寅，太陰犯雲雨。

八月戊申，祭社稷。是月，車駕至自上都。

九月庚辰，太陰犯建星。壬午，賜文臣燕於拱辰堂。己丑，冀寧路嘉禾生，異畝同穎。壬辰，太陰犯鉞星，又犯井宿。壬寅，許有壬進講明仁殿，帝悅，賜酒宣文閣中，仍賜貂裘、金織紋幣。

冬十月丁未，享于太廟。己酉，封阿沙不花順寧王，昔寶赤寒食順國公。甲寅，中書省臣奏：「海運不給，宜令江浙行省於中政院財賦府撥賜諸人寺觀田糧，總運二百六十萬石。」從之。乙卯，歲星犯氐宿。丁巳，太陰犯月星。戊午，月食既。

十一月丙子，道州路賊何仁甫等反。戊寅，彰德屬縣各添設縣尉一員。庚辰，分吏部、禮部、兵部、刑部爲二庫，戶部、工部爲二庫，各設管勾一員。己亥，太陰犯東〔井〕〔咸〕。〔九〕庚子，太陰犯天江。徭賊寇邊，詔湖廣行省平章政事鞏卜班總兵討平之，定賞有差。

十二月乙卯，詔：「民年八十以上，蒙古人賜縉帛二表裏，其餘州縣，旌以高年耆德之名，免其家雜役。」丁巳，太白犯壘壁陣。己未，立四川安岳縣。增設嘉興等處鹽倉。壬戌，雲南車里寨賽、刀等反，〔一〇〕詔雲南行省平章政事脫脫木兒討平之。癸亥，以在庫至元、中統鈔二百八十二萬二千四百八十八錠可支二年，住造明年鈔本。詔革王伯顏察兒等所獻檀、景等處產金地土。山東、燕南强盜縱橫，至三百餘處，選官捕之。復立拱儀局。己巳，以翰林學士承旨張起巖知經筵事。是月，復立司禋監。加封眞定路滹沱河神爲昭佑靈源侯。

二年春正月丁丑，享于太廟。丙戌，開京師金口河，深五十尺，廣一百五十尺，役夫一十萬。戊子，太陰犯明堂。癸巳，遣翰林學士三保等代祀五嶽四瀆。甲午，熒惑犯月星。是月，大同饑，人相食，運京師糧賑之。順寧保安饑，賑鈔一萬錠。廣平磁、威州饑，賑鈔五萬錠。降咸平府爲縣。升懿州爲路，以大寧路所轄興中、義州屬懿州。

二月壬寅〔朔〕，頒農桑輯要。戊申，祭社稷。乙卯，李沙的僞造御寶聖旨，稱樞密院都事，伏誅。己巳，織造明宗御容。是月，彰德路安陽、臨漳等縣饑，賑鈔二萬錠。大同路渾源州饑，以鈔六萬二千錠、糧二萬石兼賑之。大名路饑，以鈔萬二千錠賑之。河間路饑，以鈔五萬錠賑之。

三月戊寅，親試進士七十八人，賜拜住、陳祖仁及第，其餘出身有差。辛巳，冀寧路饑，賑糶米三萬石。戊子，太陰犯房宿。是月，順德路平鄉縣饑，賑鈔萬五千錠。衞輝路饑，賑鈔萬五千錠。杭州路火災，給鈔萬錠賑之。

夏四月辛丑〔朔〕，冀寧路平晉縣地震，聲鳴如雷，裂地尺餘，民居皆傾。乙巳，享于太廟。己酉，罷雲南蒙慶宣慰司。庚申，太陰犯羅堰。是月，車駕時巡上都。

五月甲申，太白經天。丁亥，以江浙行省平章政事只而瓦台爲河南行省平章政事。東平雨雹如馬首。

六月戊申，命江浙撥賜僧道田還官徵糧，以備軍儲。壬子，濟南山崩，水湧。乙丑，罷邦牙宣慰司。是月，汾水大溢。

秋七月庚午〔朔〕，惠州路羅浮山崩。辛未，享于太廟。乙未，太陰掩太白。丁酉，太白晝見。己亥，慶遠路莫八聚衆反，攻陷南丹、左右兩江等處，命脫脫赤顏討平之。立司獄司於上都，比大都兵馬司。是月，拂郎國貢異馬，長一丈一尺三寸，高六尺四寸，身純黑，後二蹄皆白。

八月庚子朔，日有食之。〔二〕癸卯，罷上都事產提舉司。丙午，太白晝見。戊申，祭社稷。是月，冀寧路饑，賑糶米萬五千石。

九月己巳〔朔〕，詔遣湖廣行省平章政事鞏卜班領河南、江浙、湖廣諸軍討道州賊，平之，復平峽峒堡寨二百餘處。辛未，車駕至自上都。丁丑，太陰犯羅堰。京城强賊四起。戊子，太陰犯井宿。是月，歸德府睢陽縣因黄河爲患，民饑，賑糶米萬三千五百石。

冬十月己亥朔，日有食之。癸卯，太陰犯建星。陝西行省平章政事朶朶辭職侍親，不允。丁未，享于太廟。甲寅，太陰犯天關。壬戌，詔遣官致祭孔子于曲阜。罷織染提舉司。

甲子，杭州、嘉興、紹興、溫州、台州等路各立檢校批驗鹽引所。權免兩浙額鹽十萬引，福建餘鹽三萬引。

十一月甲申，詔免雲南明年差稅。辛卯，歲星、熒惑、太白聚於尾宿。

十二月壬寅，申服色之禁。丙午，命中書右丞太平、樞密副使姚庸、御史中丞張起巖知經筵事。己酉，京師地震。辛亥，封晃火帖木兒之子徹里帖木兒爲撫寧王。丙辰，賜雲南行省參知政事不老三珠虎符，以兵討死可伐。癸亥，阿魯、秃滿等以謀害宰臣，圖爲叛逆，伏誅。

校勘記

〔一〕龍虎金符　按陶宗儀輟耕錄卷二「權臣擅政」條作「龍鳳牌」。新元史改「虎」爲「鳳」，疑是。

〔二〕辛巳彗星〔不〕見自二月己酉至三月庚辰凡〔見〕三十二日　據本書卷四九天文志補。按此次彗星之見，自二月己酉至三月庚辰凡三十二日，紀、志所載相同，日數不誤。辛巳爲庚辰之次日，志書「不見」是。

〔三〕大天（元延壽）〔源延聖〕寺　見卷三〇校勘記〔四〕。

〔四〕（𠻀𠻀）〔巎巎〕　見卷三四校勘記〔一〕。

〔五〕怯烈干十三站　按本書卷五八地理志及經世大典站赤，元於嶺北行省立帖里干、木憐、納憐等三道驛站共一百一十九處。「帖里干」之名本書屢見，有「鐵里干」、「鐵烈干」、「帖烈堅」、「帖列干」等異譯。此處「怯烈干」疑爲「帖烈干」之誤。

〔六〕太（白）〔陰〕犯虛梁　本書卷四九天文志作「太陰犯虛梁北第一星」，據改。按是日虛梁黃經三〇三度至三四〇度，金星黃經二四四度，不合；月黃經三三一度半，合。

〔七〕辰星犯天（罡）〔江〕　本書卷四九天文志作「辰星犯天江北第一星」，據改。按是日天江四黃經二五三度，水星黃經二五四度，合。「罡」誤。

〔八〕掠明遠縣　元無「明遠」縣。按本書卷六三地理志，道州路屬縣有營道、寧遠、江華、永明，此處「明遠」疑係「寧遠」或「永明」、「寧遠」之誤。

〔九〕太陰犯東（井）〔咸〕　本書卷四九天文志作「太陰犯東咸南第一星」，據改。按是日月黃經二三五度半，井宿黃經八五度至九〇度，不合；東咸南第一星黃經二三八度，合。

〔一〇〕雲南車里寒賽刀等反　按本書卷二九泰定帝紀泰定元年十月己巳條有「（塞）〔寒〕賽子尼面雁、搆木子刁零出降」。此處「寒賽」下之「刀」字另指一人，其下當有脫文。

〔一一〕八月庚子朔日有食之　按是日當公曆一三四二年九月一日，合朔不入食限，無日食。是年四月辛丑朔，當公曆一三四二年五月五日，十九時四十分合朔，日有偏食。此處繫八月，誤。

元史卷四十一

本紀第四十一

順帝四

三年春正月丙子，中書左丞許有壬辭職。丁丑，享于太廟。乙酉，中書平章政事納麟辭職。庚寅，沙汰怯薛丹名數。

二月戊戌，祭社稷。甲辰，太陰犯井宿。塡星犯牛宿。熒惑犯羅堰。丁未，立四川省檢校官。遼陽吾者野人叛。乙卯，太陰犯氐宿。是月，汴梁路新鄭、密二縣地震。寶慶路饑，判官文殊奴以所受敕牒貸官糧萬石賑之。秦州成紀縣，鞏昌府寧遠、伏羌縣山崩，水涌，溺死人無算。

三月壬申，造鹿頂殿。監察御史成遵等言：「可用終場下第舉人充學正、山長，國學生會試不中者，與終場舉人同。」戊寅，詔：「作新風憲。在內之官有不法者，監察御史劾之；在外之官有不法者，行臺監察御史劾之。歲以八月終出巡，次年四月中還司。」壬午，太陰犯氐宿。是月，詔修遼、金、宋三史，以中書右丞相脫脫爲都總裁官，中書平章政事鐵木兒塔識、中書右丞太平、御史中丞張起巖、翰林學士歐陽玄、侍御史呂思誠、翰林侍講學士揭傒斯爲總裁官。

夏四月丙申朔，日有食之。乙巳，享于太廟。是月，兩都桑果葉皆生黃色龍文。車駕時巡上都。

五月，河決白茅口。

六月壬子，命經筵官月進講者三。是月，回回剌里五百餘人渡河寇掠解、吉、隰等州。中書戶部以國用不足，請撙節浮費。

秋七月丁卯，享于太廟。戊辰，修大都城。戊寅，立永昌等處宣慰司。〔一〕庚辰，太白犯右執法。是月，興國路大旱。河南自四月至是月，霖雨不止。戶部復言撙節錢糧。

八月甲午朔，晉寧路臨汾縣獻嘉禾，一莖有八穗者。命朶思麻同知宣慰司事鎖兒哈等討四川上蓬瑣吃賊。戊戌，祭社稷。山東有賊焚掠兗州。是月，車駕還自上都。

九月甲子，湖廣行省平章政事鞏卜班擒道州、賀州猺賊首唐大二、蔣仁五至京，誅之。其黨蔣丙，自號順天王，攻破連、桂二州。甲申，修理太廟，遣官告祭，奉遷神主於後殿。

冬十月乙未，增立巡防捕盜所於永昌。丁酉，告祭太廟，奉安神主。戊戌，帝將祀南郊，告祭太廟。至寧宗室，問曰：「朕，寧宗兄也，當拜否？」太常博士劉聞對曰：「寧宗雖弟，其爲帝時，陛下爲之臣。春秋時，魯閔公弟也，僖公兄也，閔公先爲君，宗廟之祭，未聞僖公不拜。陛下當拜。」帝乃拜。丁未，月食。己酉，帝親祀上帝于南郊，以太祖配。癸丑，命僉樞密院事韓元善爲中書參知政事，中書參議買朮丁同知宣徽院事。己未，以郊祀禮成，詔大赦天下，文官普減一資，武官陞散官一等，蠲民間田租五分，賜高年帛。以湖廣行省平章政事鞏卜班爲宣徽院使，行樞密院知院剌剌爲翰林學士承旨。

十一月辛未，享于太廟。

十二月丙申，詔寫金字藏經。丁未，以別兒怯不花爲中書左丞相。是月，膠州及屬邑高密地震。河南等處民饑，賑糶麥十萬石。

是歲，詔立常平倉，罷民間食鹽。徵遺逸脫因、伯顏、張瑾、杜本。本辭不至。

四年春正月辛未，享于太廟。辛巳，詔：「定守令黜陟之法，六事備者陞一等，四事備者減一資，三事備者平遷，六事俱不備者降一等。」庚寅，河決曹州，雇夫萬五千八百修築之。是月，河又決汴梁。

二月戊戌，祭社稷。辛丑，四川行省立惠民藥局。是月，中書右丞太平陞平章政事。

閏月辛酉朔，永平、澧州等路饑，賑之。乙亥，月食。

三月丁酉，復立武功縣。壬寅，特授八禿麻朶兒只征東行省左丞相，嗣高麗國王。癸丑，以河南行省平章政事納麟爲中書平章政事，集賢大學士姚庸爲中書左丞。

夏四月丁亥，復立廣樣局。是月，車駕時巡上都。

五月乙未，右丞相脫脫辭職，不許。甲辰，許之，以阿魯圖爲中書右丞相。乙巳，封脫脫爲鄭王，食邑安豐，賜金印及海靑、文豹等物，俱辭不受。是月，大霖雨，黃河溢，平地水二丈，決白茅堤、金堤，曹、濮、濟、兗皆被災。

六月戊辰，鞏昌隴西縣饑，每戶貸常平倉粟三斗，俟年豐還官。己巳，賜脫脫松江田，爲立松江等處稻田提領所。

秋七月戊子朔，溫州颶風大作，海水溢，地震。益都瀕海鹽徒郭火你赤作亂。己丑，享于太廟。是月，灤河水溢。

八月戊午，祭社稷。丁卯，山東霖雨，民饑相食，賑之。丙戌，賜脫脫金十錠、銀五十錠、鈔萬錠、幣帛二百匹，辭不受。是月，陝西行省立惠民藥局。莒州蒙陰縣地震。郭火你赤上太行，由陵川入壺關，至廣平，殺兵馬指揮，復還益都。車駕還自上都。

九月丁亥朔，日有食之。丙午，命太平提調都水監。辛亥，以南臺治書侍御史秦從德爲江浙行省參知政事，提調海運。癸丑，命御史大夫也先帖木兒、平章政事鐵木兒塔識知經筵事，右丞達識帖睦邇提調宣文閣、知經筵事。

冬十月乙酉，議修黃河、淮河堤堰。

十一月丁亥朔，以各郡縣民饑，不許抑配食鹽。復令民入粟補官，以備賑濟。戊子，禁內外官民宴會不得用珠花。己亥，保定路饑，以鈔八萬錠、糧萬石賑之。戊申，河南民饑，禁酒。

十二月己未，四川廉訪司建言：「廣元等五路，廣安等三府，永寧等兩宣撫司，請依內郡設置推官一員。」從之。壬戌，太陰犯外屏。癸亥，漢陽地震。戊寅，猺賊寇靖州。是月，東平地震。禁淫祠。賑東昌、濟南、般陽、慶元、撫州饑民。是歲，徭賊寇潯州，同知府事保童率民兵擊走之。

五年春正月辛卯，享于太廟。是月，薊州地震。

二月戊午，祭社稷。

三月辛卯，帝親試進士七十有八人，賜普顏不花、張士堅進士及第，其餘賜出身有差。

是月，以陳思謙參議中書省事。先是思謙建言：「所在盜起，蓋由歲饑民貧，宜大發倉廩賑之，以收人心，仍分布重兵鎮撫中夏。」不聽。大都、永平、鞏昌、興國、安陸等處幷桃溫萬戶府各翼人民饑，賑之。

夏四月丁卯，大都流民，官給路糧，遣其還鄉。是月，汴梁、濟南、邠州、瑞州等處民饑，賑之。募富戶出米五十石以上者，旌以義士之號。車駕時巡上都。

五月己丑，詔以軍士所掠雲南子女一千一百人放還鄉里，仍給其行糧，不願歸者聽。丁未，河間轉運司竈戶被水災，詔權免餘鹽二萬引，俟年豐補還官。

六月，廬州張順興出米五百餘石賑饑，旌其門。

秋七月丁亥，河決濟陰。己丑，享于太廟。丙午，命也先帖木兒、鐵木兒塔識並爲御史大夫。詔作新風紀。

八月戊午，祭社稷。是月，車駕還自上都。

九月(壬午)〔辛巳朔〕，日有食之。〔三〕戊戌，開酒禁。辛丑，以中書右丞達識帖睦邇爲翰林學士承旨，中書參知政事搠思監爲右丞，資政院使朶兒直班爲中書參知政事。是月，革罷奧魯。

冬十月壬子，以中書平章政事太平爲御史大夫。乙卯，享于太廟。辛酉，命奉使宣撫巡行天下，詔曰：

朕自踐祚以來，至今十有餘年，託身億兆之上，端居九重之中，耳目所及，豈能周知。故雖夙夜憂勤，覬安黎庶，而和氣未臻，災眚時作，聲教未洽，風俗未淳，吏弊未袪，民瘼滋甚。豈承宣之寄，糾劾之司，奉行有所未至歟？若稽先朝成憲，遣官分道奉使宣撫，布朕德意，詢民疾苦，疏滌冤滯，蠲除煩苛。體察官吏賢否，明加黜陟，有罪者，四品以上停職申請，五品以下就便處決。民間一切興利除害之事，悉聽舉行。

命江西行省左丞忽都不丁、吏部尚書何執禮巡兩浙江東道，前雲南行省右丞散散、將作院使王士弘巡江西福建道，大都路達魯花赤拔實、江浙行省參知政事秦從德巡江南湖廣道，吏部尚書定僧、宣政僉院魏景道巡河南江北道，資政院使蠻子、兵部尚書李獻巡燕南山東道，兵部尚書不花、樞密院判官靳義巡河東陝西道，宣政院同知伯家奴、宣徽僉院王也速迭兒巡山北遼東道，荆湖北道宣慰使阿乞剌、兩淮運使杜德遠巡雲南省，上都留守阿牙赤、陝西行省左丞王紳巡甘肅永昌道，大都留守答爾麻失里、河南行省參知政事王守誠巡四川省，前西臺中丞定定、集賢侍講學士蘇天爵巡京畿道，平江路達魯花赤左答納失里、都水監賈惟貞巡海北海南廣東道。黃河泛溢。辛未，遼、金、宋三史成，右丞相阿魯圖進之，帝曰：「史既成書，前人善者，朕當取以爲法，惡者取以爲戒，然豈止激勸爲君者，爲臣者亦當知之。卿等其體朕心，以前代善惡爲勉。」己卯，監察御史不答失里請罷造作不急之務。是月，以呂思誠爲中書參知政事。

十一月甲午，至正條格成。奉元路陳望叔僞稱燕帖古思太子，伏誅。

十二月丁巳，詔定薦舉守令法。

是歲，宣徽院使篤憐鐵穆邇知樞密院事，馮思溫爲御史中丞。

六年春二月庚戌朔，日有食之。辛未，興國雨雹，大者如馬首。是月，山東地震，七日乃止。

三月辛未，〔三〕盜扼李（開）〔海〕務之閘河，〔四〕刼商旅船。兩淮運使宋文瓚言：「世皇開會通河千有餘里，歲運米至京者五百萬石。今騎賊不過四十人，刼船三百艘而莫能捕，恐運道阻塞，乞選能臣率壯勇千騎捕之。」不聽。戊申，京畿盜起，范陽縣請增設縣尉及巡警兵，從之。山東盜起，詔中書參知政事鎖南班至東平鎮遏。八番龍宜來進馬。

夏四月壬子，遼陽爲捕海東青煩擾，吾者野人及水達達皆叛。癸丑，以長吉爲皇太子宮傅官。頒至正條格於天下。甲寅，以中書參知政事呂思誠爲左丞。乙卯，享于太廟。丁卯，車駕時巡上都。發米二十萬石賑糶貧民。萬戶買住等討吾者野人遇害，詔恤其家。以中書左丞呂思誠知經筵事。命左右二司、六部吏屬於午後講習經史。

五月壬午，陝西饑，禁酒。象州盜起。江西田賦提舉司擾民，罷之。丁亥，盜竊太廟神主。遣火兒忽答討吾者野人。丁酉，以黃河決，立河南山東都水監。

六月己酉，汀州連城縣民羅天麟、陳積萬叛，陷長汀縣，福建元帥府經歷眞寶、萬戶廉和尚等討之。丁巳，詔以雲南賊死可伐盜據一方，侵奪路甸，命亦禿渾爲雲南行省平章政事討之。

秋七月己卯，享于太廟。丙戌，以遼陽吾者野人等未靖，命太保伯撒里爲遼陽行省左丞相鎮之。丁亥，降詔招諭死可伐。散毛洞蠻覃全在叛，招降之，以爲散毛誓厓等處軍民宣撫使，置官屬，給宣敕、虎符，設立驛鋪。癸巳，詔選怯薛官爲路、府、縣達魯花赤。〔五〕丙申，以朶兒直班爲中書右丞，答兒麻爲參知政事。壬寅，以御史大夫亦憐眞班等知經筵事。甲辰，京畿奉使宣撫定定奏言御史撒八兒等罪，杖黜之。時諸道奉使，皆與臺憲互相掩蔽，惟定定與湖廣道拔實糾舉無避。

八月丙午〔朔〕，命江浙行省右丞忽都不花、江西行省右丞禿魯統軍合討羅天麟。戊申，祭社稷。是月，車駕還自上都。

九月乙酉，克復長汀。戊子，邵武地震，有聲如鼓，至夜復鳴。

冬十月，思、靖猺寇犯武岡，詔湖廣省臣及湖南宣慰元帥完者帖木兒討之，俘斬數百級，猺賊敗走。

閏月乙亥〔朔〕，詔赦天下，免差稅三分，水旱之地全免。靖州猺賊吳天保陷黔陽。癸未，汀州賊徒羅德用殺首賊羅天麟、陳積萬，以首級送官，餘黨悉平。

十二月丁丑，省臣改擬明宗母壽童皇后徽號曰莊獻嗣聖皇后。己卯，改立山東東西道宣慰使司都元帥府，開設屯田，駐軍馬。甲申，詔復立大護國仁王寺昭應宮財用規運總管府，凡貸民間錢二十六萬餘錠。辛卯，有司以賞賚汎濫，奏請恩賜必先經省、臺、院定擬。甲午，設立（海）海剌禿屯田二處。〔六〕詔：「犯贓罪之人，常選不用。」復立八百宣慰司，以土官韓部襲其父爵。辛丑，以吉剌班爲太尉，開府，置僚屬。壬寅，山東、河南盜起，遣左、右阿速衞指揮不兒國等討之。

是歲，黃河決。尙書李絅請躬祀郊廟，近正人，遠邪佞，以崇陽抑陰，不聽。

七年春正月甲辰朔，日有食之。大寒而風，朝官仆者數人。己酉，享于太廟。壬子，命中書左丞相別兒怯不花爲右丞相，尋辭職。丁巳，復立東路都蒙古軍都元帥府。庚申，雲南老丫等蠻來降，立老丫耿凍路軍民總管府。丙寅，以廣西宣慰使章伯顏討徭、獠有功，陞湖廣行省左丞。詔以怯薛丹支給浩繁，除累朝定額外，悉罷之。

二月甲戌朔，興聖宮作佛事，賜鈔二千錠。己卯，山東地震，壞城郭，棣州有聲如雷。河南、山東盜蔓延濟寧、滕、邳、徐州等處。庚辰，以中書參知政事鎖南班爲中書右丞，道童爲中書參知政事。丙戌，以宦者伯帖木兒爲司徒。是月，徭賊吳天保寇沅州。以阿吉剌爲知樞密院事，整治軍務。

三月甲辰，中書省臣言：「世祖之朝，省、臺、院奏事，給事中專掌之，以授國史纂修。近年廢弛，恐萬世之後，一代成功無從稽考，乞復舊制。」從之。乙巳，遣使銓選雲南官員。修光天殿。庚戌，試國子監，會食弟子員，選補路府及各衞學正。戊午，詔編六條政類。庚申，監察御史王士點劾集賢大學士吳直方躐進官階，奪其宣命。乙丑，雲南王孛羅來獻死可伐之捷。壬申，遣使修上都大乾元寺。命有司定弔賻諸王、公主、駙馬禮儀之數。

夏四月乙亥，命江浙省臣講究役法。己卯，享于太廟。辛巳，遣達本、賀方使于占城。以通政院使朶郎吉兒爲遼陽行省參知政事，討吾者野人。己丑，發米二十萬石賑糶貧民。以翰林學士承旨定住爲中書右丞。庚寅，復命別兒怯不花爲中書右丞相，以中書平章政事鐵木兒塔識爲左丞相。臨清、廣平、灤河等處盜起，遣兵捕之。通州盜起，監察御史言：「通州密邇京城，而盜賊蜂起，宜增兵討之，以杜其源。」不聽。是月，河東大旱，民多饑死，遣使賑之。車駕時巡上都。

五月庚戌，徭賊吳天保陷武岡路，詔遣湖廣行省右丞沙班統軍討之。乙丑，右丞相別兒怯不花，以調燮失宜、災異迭見罷，詔以太保就第。是月，臨淄地震，七日乃止。

六月，詔免太師馬札兒台官，安置西寧州，其子脫脫請與父俱行。以御史大夫太平爲中書平章政事。彰德路大饑，民相食。

秋七月甲寅，召隱士完者圖、執禮哈琅爲翰林待制，張樞、董立爲翰林修撰，李孝光爲著作郎。張樞不至。丙辰，太陰犯壘壁陣。丁巳，以江南行臺大夫納麟爲御史大夫。是月，徭賊吳天保復寇沅州，陷溆浦、辰(漢)〔溪〕縣，〔七〕所在焚掠無遺。徙馬札兒台於甘肅，以別兒怯不花之譖也。

九月癸卯，八憐內哈剌那海、禿魯和伯賊起，斷嶺北驛道。甲辰，遼陽霜早傷禾，賑濟驛戶。戊申，車駕還自上都。癸丑，上都斡耳朵成，用鈔九千餘錠。甲寅，詔舉材能學業之人，以備侍衞。丁巳，中書左丞相鐵木兒塔識薨。辛酉，以御史大夫朵兒只爲中書左丞相。甲子，集慶路盜起，鎮南王孛羅不花討平之。丁卯，徭寇吳天保復陷武岡，延及寶慶，殺湖廣行省右丞沙班于軍中。

冬十月辛未，享于太廟。丁丑，詔：「左右丞相、平章、樞密知院、御史大夫，得賜玉押字印，餘官不與。」庚辰，詔建木華黎、伯顏祠堂於東平。丙戌，亦憐只答兒反，遣兵討之。辛卯，開東華射圃。戊戌，西蕃盜起，凡二百餘所，陷哈剌火州，刼供御蒲萄酒，殺使臣。是月，徭賊吳天保復寇沅州，州兵擊走之。

十一月辛丑，監察御史曲曲，以宦者隴普憑藉寵幸，驟陞榮祿大夫，追封三代，田宅踰制，上疏劾之。甲辰，沿江盜起，剽掠無忌，有司莫能禁。兩淮運使宋文瓚上言：「江陰、通、泰，江海之門戶，而鎭江、眞州次之，國初設萬戶府以鎭其地。今戍將非人，致使賊艦往來無常。集慶花山刼賊才三十六人，官軍萬數，不能進討，反爲所敗，後竟假手鹽徒，雖能成功，豈不貽笑！宜亟選知勇，以任兵柄，以圖後功。不然，東南五省租賦之地，恐非國家之有。」不聽。撥山東地土十六萬二千餘頃屬大承天護聖寺。乙巳，中書戶部言：「各處水旱，田禾不收，湖廣、雲南盜賊蜂起，兵費不給，而各位怯薛冗食甚多，乞賜分揀。」帝牽於衆請，令三年後減之。庚戌，太陰犯天廩。懷慶路饑。徭賊吳天保復陷武岡，命湖廣行省平章政事苟爾領兵討之。以河決，命工部尙書迷兒馬哈謨行視金堤。甲寅，徭賊吳天保陷靖州，命威順王寬徹不花、鎭南王孛羅不花及湖廣、江西二省以兵討之。丁巳，命中書平章政事太平爲左丞相，辭，不允。戊午，命河南、山東都府發兵討湖廣洞蠻。己未，以中書省平章政事韓嘉訥爲陝西行臺御史大夫。迤北荒旱缺食，遣使賑濟驛戶。丁卯，海北、湖南徭賊竊發，〔八〕兩月餘，有司不以聞，詔罪之，幷降散官一等。是月，馬札兒台薨，召脫脫還京師。

十二月庚午，以中書左丞相朶兒只爲右丞相，平章政事太平爲左丞相，詔天下。丙子，以連年水旱，民多失業，選臺閣名臣二十六人出爲郡守縣令，仍許民間利害實封呈省。壬午，晉寧、東昌、東平、恩州、高唐等處民饑，賑鈔十四萬錠、米六萬石。丙戌，中書省臣建議，以河南盜賊出入無常，宜分撥達達軍與揚州舊軍於河南水陸關隘戍守，東至徐、邳，北至夾馬營，遇賊掩捕，從之。是月，陝西行御史臺臣劾奏，別兒怯不花乃逆臣之親子，不可居太保之職，不從。

是歲，置中書議事平章四人。隆福宮三皇后弘吉剌氏木納失里薨。

八年春正月戊戌朔，命也先帖木兒知樞密院事。丁未，享于太廟。辛亥，黃河決，遷濟寧路於濟州。詔：「各官府諳練事務之人，毋得遷調。」詔翰林國史院纂修后妃、功臣列傳，學士承旨張起巖、學士楊宗瑞、侍講學士黃溍爲總裁官，左丞相太平、左丞呂思誠領其事。甲子，木憐等處大雪，羊馬凍死，賑之。是月，詔給銅虎符，以宮尉完者不花、貴赤衞副指揮使壽山監湖廣軍。命湖廣行省右丞禿赤、湖南宣慰都元帥完者帖木兒討莫磐洞諸蠻，斬首數百級，其餘二十餘洞，縛其洞首楊鹿五赴京師。

二月癸酉，御史大夫納麟加太尉致仕。乙亥，以北邊沙土苦寒，罷(海)海剌禿屯田。丙子，命太子愛猷識理達臘習讀畏吾兒文字。庚辰，太陰犯軒轅。癸未，太陰犯平道。甲申，命星吉爲江南行臺御史大夫。壬辰，太平言：「孛答、乃禿、忙兀三處屯田，世祖朝以行營舊站撥屬虎賁司，後爲豪有力者所奪，遂失其利。今宜仍前撥還。」從之。是月，以前奉使宣撫賈惟貞稱職，特授永平路總管。會歲饑，惟貞請降鈔四萬餘錠賑之。詔濟寧鄆城立行都水監，以賈魯爲都水。

三月丁酉〔朔〕，詔以束帛旌郡縣守令之廉勤者。遼東鎖火奴反，詐稱大金子孫，水達達路脫脫禾孫唐兀火魯火孫討擒之。壬寅，土番盜起，有司請不拘資級，委官討之。福建盜起，地遠，難於討捕，詔汀、漳二州立分元帥府轄之。癸卯，帝親試進士七十有八人，賜阿魯輝帖木兒、王宗哲進士及第，餘出身有差。己酉，湖廣行省遣使獻石壁洞蠻捷。丙辰，太陰犯建星。己未，遣使詣江浙、江西、湖廣、四川、雲南銓福建、番、廣蠻夷等處官員選。辛酉，遼陽兀顏撥魯歡妄稱大金子孫，受玉帝符文，作亂，官軍討斬之。壬戌，六條政類書成。京畿民饑。徽州路達魯花赤哈剌不花以政績聞，詔賜金帛旌之。是月，徭賊吳天保復寇沅州。

夏四月辛未，河間等路以連年河決，水旱相仍，戶口消耗，乞減鹽額，詔從之。乙亥，帝幸國子學，賜衍聖公銀印，升秩從二品。定弟子員出身及奔喪、省親等法。詔：「守令選立社長，專一勸課農桑。」詔：「京官三品以上，歲舉守令一人，守令到任三月，亦舉一人自代。其玉典赤、拱衛百戶，不得授縣達魯花赤，止授佐貳，久著廉能則用之。」平江、松江水災，給海運糧十萬石賑之。丁丑，遼陽董哈剌作亂，鎮撫欽察討擒之。己卯，海寧州（沐）〔沭〕陽縣等處盜起，〔九〕遣翰林學士禿堅不花討之。是月，享于太廟。車駕時巡上都。命脫脫爲太傅。湖廣章伯顏引兵捕土寇莫萬五、蠻雷等。已而廣西峒賊乘隙入寇，伯顏退走。

五月丁酉朔，大霖雨，京城崩。庚子，廣西山崩，水湧，灕江溢，平地水深二丈餘，屋宇、人畜漂沒。壬子，寶慶大水。丁巳，四川旱，饑，禁酒。

六月丙寅朔，陞徐州爲總管府，以邳、宿、滕、嶧四州隸之。丙戌，立司天臺於上都。是月，山東大水，民饑，賑之。

秋七月丙申朔，日有食之。辛丑，復立五道河屯田。乙巳，享于太廟。旌表大都節婦鞏氏門。戊申，西北邊軍民饑，遣使賑之。壬子，量移竄徙官於近地安置，死者聽歸葬。乙卯，遣使祭曲阜孔子廟。江州路總管劉恒有政績，陞授山東宣慰使。丙辰，以阿剌不花爲大司徒。

八月丙子，太陰犯壘壁陣。己卯，山東雨雹。是月，車駕還自上都。

九月己未，太陰犯靈臺。

冬十月丁亥，廣西蠻掠道州。

十一月辛亥，徭賊吳天保率衆六萬掠全州。

是歲，詔賜高年帛。設分元帥府於沂州，以買列的爲元帥，備山東寇。台州方國珍爲亂，聚衆海上，命江浙行省參知政事朶兒只班討之。監察御史張楨劾太尉阿乞剌欺罔之罪，又言：「明里董阿、也里牙、月魯不花，皆陛下不共戴天之讎，伯顏賊殺宗室嘉王、郯王一十二口，稽之古法，當伏門誅，而其子、兄弟尙仕于朝，宜急誅竄。別兒怯不花阿附權姦，亦宜遠貶。今災異迭見，盜賊蜂起，海寇敢於要君，閫帥敢於玩寇，若不振舉，恐有唐末藩鎭噬臍之禍。」不聽。監察御史李泌言：「世祖誓不與高麗共事，陛下踐世祖之位，何忍忘世祖之言，乃以高麗奇氏亦位皇后。今災異屢起，河決地震，盜賊滋蔓，皆陰盛陽微之象，乞仍降爲妃，庶幾三辰奠位，災異可息。」不聽。

校勘記

〔一〕立永昌等處宣慰司　按本書卷九一百官志，至正三年七月置永昌等處宣慰使司都元帥府。「元制，宣慰司掌軍民之務，有邊陲軍旅之事，則兼都元帥府。時永昌等地，「達達人口、頭匹時被西番刼奪殺傷」，故有司府設置。此處但載宣慰司而無「都元帥府」，疑脫。

〔二〕九月（壬午）〔辛巳朔〕日有食之　按是年九月辛巳朔，當公曆一三四五年九月二十六日，十九時五十九分合朔，日偏食。此作「壬午」誤，今改。

〔三〕辛未　按是月庚辰朔，無辛未日。此「辛未」誤。

〔四〕盜扼李（開）〔海〕務之閘河　據本書卷六四河渠志改。

〔五〕詔選怯薛官爲路府縣達魯花赤　按元制，地方分置路、府、州、縣，均設達魯花赤總轄政務。蒙史于「府」下補「州」，疑是。

〔六〕（海）海剌秃　據本書卷二九泰定帝紀泰定元年六月庚午、二年閏正月丁卯條删。蒙語「海剌秃」，義爲「有楡」。新元史已校。下同。

〔七〕辰（漢）〔溪〕縣　據本書卷六三地理志改。道光本已校。

〔八〕海北湖南徭賊竊發　按本年内史不載海北海南道有徭兵反元事，此處所指當係上文所見之吳天保。「海北」疑爲「湖北」之誤。

〔九〕（沭）〔沭〕陽縣　據本書卷五九地理志改。蒙史已校。

元史卷四十二

本紀第四十二

順帝五

九年春正月丁酉，享于太廟。癸卯，立山東河南等處行都水監，專治河患。乙巳，廣西徭賊復陷道州，萬戶鄭均擊走之。丙午，命中書平章政事太不花提調會同館。庚戌，太白犯建星。辛亥，太白犯平道。

二月戊辰，祭社稷。辛巳，太不花辭職，不允。甲申，太陰犯建星。

三月丁酉，壩河淺澀，以軍士、民夫各一萬濬之。己亥，太白犯壘壁陣。己巳，命大司農達識帖睦邇爲湖廣行省平章政事。是月，河北潰。陳州麒麟生，不乳而死。〔徭〕賊吳天保復寇沅州。〔一〕

夏四月丁卯，享于太廟。丁丑，以知樞密院事欽察台爲中書平章政事。己卯，以燕南廉訪使韓元善爲中書左丞。立鎮撫司於直沽海津鎮。壬午，以河間鹽運司水災，住煎鹽三萬引。是月，車駕時巡上都。

五月戊戌，命太傅脫脫提調大斡耳朶內史府。庚子，詔修黄河金堤，民夫日給鈔三貫。辛丑，罷瑞州路上高縣長官司。庚戌，命翰林國史院等官薦舉守令。丙辰，定守令督攝之法，路督攝府，府督攝州，州督攝縣。是月，白茅河東注沛縣，遂成巨浸。蜀江大溢，浸漢陽城，民大饑。

六月丙子，刻小玉印，以「至正珍祕」爲文，凡祕書監所掌書畫，皆識之。

秋七月庚寅〔朔〕，監察御史斡勒海壽劾奏殿中侍御史哈麻及其弟雪雪罪惡，御史大夫韓嘉訥以聞，不省，章三上，詔奪哈麻、雪雪官，出海壽爲陝西廉訪副使，韓家訥爲宣政院使。壬辰，詔命太子愛猷識理達臘習學漢人文書，以李好文爲諭德，歸暘爲贊善，張冲爲文學。李好文等上書辭，不許。賜公主不答昔你平江田五十頃。甲午，以也先帖木兒爲御史大夫。乙未，以湖廣行省左丞相亦憐真班知樞密院事。丙午，太陰犯壘壁陣。癸丑，太陰犯天關。甲寅，以柏顏爲集賢大學士。乙卯，罷右丞相朶兒只，依前爲國王，左丞相太平爲翰林學士承旨。是月，大霖雨，水沒高唐州城，江、漢溢，漂沒民居、禾稼。

閏月辛酉，詔脫脫爲中書右丞相，仍太傅；韓家訥爲江浙行省平章政事。庚午，以也可扎魯忽赤搠思監爲中書右丞，同知樞密院事玉樞虎兒吐華爲中書參知政事。辛巳，詔赦湖廣猺賊詿誤者。戊子，命岐王阿剌乞鎮西番。〔三〕

八月甲辰，以集賢大學士柏顏爲中書平章政事，河南行省平章政事月魯不花爲宣政院使。庚戌，以司徒雅普化提調太史院、知經筵事。是月，車駕還自上都。

九月甲子，凡建言中外利害者，詔委官選其可行之事以聞。丙寅，命平章政事柏顏提調留守司。丙子，中書平章政事定住以疾辭職，不允。辛巳，命知樞密院事亦憐眞班提調武備寺。丙戌，熒惑犯靈臺。是月，遣御史中丞李獻代祀河瀆。

冬十月辛卯，享于太廟。丁酉，命皇太子愛猷識理達臘自是日爲始入端本堂肄業。命脫脫領端本堂事，司徒雅普化知端本堂事。端本堂虛中座，以俟至尊臨幸，太子與師傅分東西向坐授書，其下僚屬以次列坐。

十一月戊午朔，日有食之。戊辰，太陰犯畢宿。庚辰，太白犯壘壁陣。

十二月戊戌，太白復犯壘壁陣。丁未，徭賊吳天保陷辰州。

是歲，詔汰冗官，均俸祿，賜致仕官及高年帛。漕運使賈魯建言便益二十餘事，從其八事：其一曰京畿和糴，二曰優卹漕司舊領漕戶，三曰接運委官，四曰通州總治豫定委官，五曰船戶困於壩夫、海糧壞於壩戶，六曰疏濬運河，七曰臨清運糧萬戶府當隸漕司，八曰宜以宣忠船戶付本司節制。冀寧平遙等縣曹七七反，命刑部郎中八十、兵馬指揮沙不丁討平之。

十年春正月丙辰朔，以中書右丞搠思監爲平章政事，玉樞虎兒吐華爲中書右丞。壬戌，立四川容美洞軍民總管府。壬申，太陰犯熒惑。甲戌，隕石棣州，色黑，中微有金星；先有聲自西北來，至州北二十里乃隕。

二月丙戌〔朔〕，詔加封天妃父種德積慶侯，母育聖顯慶夫人。辛丑，太陰犯平道。甲辰，太陰犯鍵閉。

三月己卯，熒惑犯太微垣。是月，奉化州山石裂，有禽鳥、草木、山川、人物之形。

夏四月己丑，左司都事武祺建言更鈔法。丁酉，赦天下，其略曰：「朕纂承洪業，撫臨萬邦，夙夜厲精，靡遑暇逸。比緣倚注失當，治理乖方，是用圖任一相，俾贊萬機。爰命脫脫爲中書右丞相，統正百官，允釐庶績，曾未期月，百廢具舉，中外協望，朕甚嘉焉。尙慮軍國之重，民物之繁，政令有未孚，生息有未遂，可赦天下。」丙午，太白犯鬼宿。是月，車駕時巡上都。

六月壬子，星大如月，入北斗，震聲若雷，三日復還。

秋七月辛酉，太陰犯房宿。癸亥，以大護國仁王寺昭應宮財用規運總管府仍屬宣政院。辛未，太白晝見。丁丑，太白復晝見。

八月壬寅，車駕還自上都。

九月癸丑朔，太白晝見。辛酉，祭三皇，如祭孔子禮。先是，歲祀以醫官行事，江西廉訪使文殊訥建言，禮有未備，乃敕工部具祭器，江浙行省造雅樂，太常定儀式，翰林撰樂章，至是用之。壬戌，熒惑犯天江。庚午，命樞密院以軍士五百修築白河堤。壬午，脫脫以吏部選格條目繁多，莫適據依，銓選者得以高下之，請編類爲成書，從之。

冬十月癸巳，歲星犯軒轅。乙未，吏部尚書偰哲篤建言更鈔法，命中書省、御史臺、集賢、翰林兩院之臣集議之。丙申，太陰犯昴宿。辛丑，置諸路寶泉都提舉司於京城。是月，大名、東平、濟南、徐州，各立兵馬指揮司以捕上馬賊。

十一月壬子朔，日有食之。丙辰，以高麗瀋王之孫脫脫不花等爲東宮怯薛官。辛酉，罷遼陽濱海民煎熬野鹽。戊辰，太陰犯鬼宿。己巳，詔天下以中統交鈔壹貫文權銅錢壹千文，準至元寶鈔貳貫，仍鑄至正通寶錢並用，以實鈔法，至元寶鈔通行如故。是月，三星隕于耀州，化爲石，如斧形，削之有屑，擊之有聲。

十二月壬午朔，修大都城。辛卯，以大司農禿魯等兼領都水監，集河防正官議黃河便益事。命前同知樞密院事不顏不花等討廣西徭賊。乙未，太陰犯鬼宿。己酉，方國珍攻溫州。

是歲，京師麗正門樓上忽有人妄言災禍，鞫問之，自稱薊州人，已而不知所往。

十一年春正月乙卯，享于太廟。丙辰，辰星犯牛宿。庚申，命江浙行省左丞孛羅帖木兒討方國珍。丁卯，蘭陽縣有紅星大如斗，自東南墜西北，其聲如雷。己卯，命搠思監提調大都留守司。

二月庚寅，太陰犯鬼宿。乙未，太陰犯太微。丁酉，太陰犯亢宿。是月，命游皇城，中書省臣諫止之，不聽。立湖南元帥府分府于寶慶路。

三月庚戌〔朔〕，立山東分元帥府于登州。丙辰，親策進士八十三人，賜朶烈圖、文允中進士及第，其餘賜出身有差。壬戌，徵建寧處士彭炳爲端本堂說書，不至。丁卯，太陰犯東咸。戊辰，太陰犯天江。是月，遣使賑湖南、北被寇人民，死者鈔五錠，傷者三錠，燬所居屋者一錠。

夏四月壬午，詔開黃河故道，命賈魯以工部尚書爲總治河防使，發汴梁、大名十三路民十五萬，廬州等戍十八翼軍二萬，自黃陵岡南達白茅，放于黃固、哈只等口，又自黃陵西至陽青村，合于故道，凡二百八十里有奇，仍命中書右丞玉樞虎兒吐華、同知樞密院事黑厮以兵鎮之。冀寧路屬縣多地震，半月乃止。乙酉，享于太廟。詔加封河瀆神爲靈源神祐弘濟王，仍重建河瀆及西海神廟。改永順安撫司爲宣撫司。丁酉，孟州地震。庚子，罷海西遼東道巡防捕盜所，立鎮寧州。辛丑，師壁安撫司土官田驢什用、盤順府土官墨奴什用降，立長官司四、巡檢司七。乙巳，彰德路雨雹，形如斧，傷人畜。是月，罷沂州分元帥府，改立兵馬指揮使司，復分司于膠州。車駕時巡上都。

五月己酉朔，日有食之。辛亥，潁州妖人劉福通爲亂，以紅巾爲號，陷潁州。初，欒城人韓山童祖父，以白蓮會燒香惑衆，謫徙廣平永(平)〔年〕縣。〔三〕至山童，倡言天下大亂，彌勒佛下生，河南及江淮愚民皆翕然信之。福通與杜遵道、羅文素、盛文郁、王顯忠、韓咬兒復鼓妖言，謂山童實宋徽宗八世孫，當爲中國主。福通等殺白馬、黑牛，誓告天地，欲同起兵爲亂，事覺，縣官捕之急，福通遂反。山童就擒，其妻楊氏，其子韓林兒，逃之武安。癸丑，文水縣雨雹。壬申，命同知樞密院事禿赤以兵討劉福通，授以分樞密院印。丙子，命大都至汴梁二十四驛，凡馬一匹助給鈔五錠。

六月，發軍一千，從直沽至通州，疏濬河道。是月，劉福通據朱皐，攻破羅山、眞陽、確山，遂犯舞陽、葉縣等處。江浙左丞孛羅帖木兒爲方國珍所敗。

秋七月丙辰，廣西大水。丁巳，罷四川大奴管勾洞長官司，改立忠孝軍民府。己未，太陰犯斗宿。壬戌，太(陰)〔白〕犯右執法。〔四〕己巳，太白犯左執法。熒惑入鬼宿。是月，開河功成，乃議塞決河。命大司農達識帖睦邇及江浙行省參知政事樊執敬、浙東廉訪使董守慤同招諭方國珍。

八月丁丑朔，中興地震。戊寅，祭社稷。乙酉，太陰犯天江。丙戌，蕭縣李二及老彭、趙君用攻陷徐州。李二號芝麻李，與其黨亦以燒香聚衆而反。是月，車駕還自上都。蘄州羅田縣人徐貞一，名壽輝，與黃州麻城人鄒普勝等，以妖術陰謀聚衆，遂舉兵爲亂，以紅巾爲號。

九月戊申，以中書平章政事朶兒直班提調宣文閣、知經筵事，平章政事定住提調會同館事。壬子，命御史大夫也先帖木兒知樞密院事，及衛王寬徹哥總率大軍出征河南妖寇，各賜鈔一千錠，從征者賜予有差。乙卯，辰星犯左執法。丁巳，太白犯房宿。壬戌，詔以高麗國王不答失里之弟伯顏帖木兒襲其王封，不答失里之子遂廢。戊辰，太陰犯鬼宿。是月，劉福通陷汝寧府及息州、光州，衆至十萬。徐壽輝陷蘄水縣及黃州路。

冬十月戊寅，熒惑犯太微垣。己卯，享于太廟。辛巳，太陰犯斗宿。癸未，立寶泉提舉司于河南行省及濟南、冀寧等路凡九，江浙、江西、湖廣行省等處凡三。命知樞密院事老章以兵同也先帖木兒討河南妖寇。乙酉，太白犯斗宿。己丑，太白晝見。熒惑犯歲星。辛卯，太白犯斗宿。立中書分省于濟寧。癸巳，歲星犯右執法。癸卯，以宗王神保克復睢寧、虹縣有功，賜金帶一，從征者賞銀有差。丙午，熒惑犯左執法。是月，天雨黑子于饒州，大如黍菽。徐壽輝據蘄水爲都，國號天完，僭稱皇帝，改元治平，以鄒普勝爲太師。

十一月癸丑，有星孛于婁宿。甲寅，孛星見于胃宿。乙卯、丙辰，亦如之。丁巳，太陰犯填星。孛星徹見于畢宿。黄河堤成，散軍民役夫。庚午，監察御史徹徹帖木兒等言，右丞相脫脫治河功成，宜有異數以旌其勞。甲戌，江西妖人鄧南二作亂，攻瑞州，總管禹蘇福擒斬之。是月，遣使以治河功成告祭河伯。召賈魯還朝，超授榮祿大夫、集賢大學士，賜金繫腰一、銀十錠、鈔千錠、幣帛各二十匹。都水監幷有司官有功者三十七員，皆陞遷其職。詔賜脫脫答剌罕之號，俾世襲之，以淮安路爲其食邑。命立河平碑。

十二月丙子朔，太白晝見。丁丑，太白經天。己卯，立河防提舉司，隸行都水監。庚辰，太白經天，是夜，犯壘壁陣。甲申，太陰犯填星。丙戌，太白復經天，是夜，復犯壘壁陣。以治書侍御史烏古孫良楨爲中書參知政事。辛卯，太白經天。壬辰，復如之。丁酉，太白晝見。太陰犯熒惑。命脫脫於淮安立諸路打捕鷹房民匠錢糧總管府，秩從三品。庚子，太白經天。辰星犯天江。辛丑，太白經天。也先帖木兒復上蔡縣，擒韓咬兒等至京師，誅之。壬寅，太白晝見。

是歲，括馬。

十二年春正月丙午朔，詔印造中統元寶交鈔一百九十萬錠、至元鈔十萬錠。戊申，竹山縣賊陷襄陽路，總管柴肅死之。是日，荆門州亦陷。己酉，時享太廟。庚戌，以宣政院使月魯不花爲中書平章政事。壬子，中書省臣言：「河南、陝西、腹裏諸路，供給繁重，調兵討賊，正當春首耕作之時，恐農民不能安於田畝，守令有失勸課，宜委通曉農事官員，分道巡視，督勒守令，親詣鄉都，省諭農民，依時播種，務要人盡其力，地盡其利。其有曾經盜賊、水患、供給之處，貧民不能自備牛、種者，所在有司給之。仍令總兵官，禁止屯駐軍馬，毋得踏踐，以致農事廢弛。」從之。乙卯，淮東宣慰司添設同知宣慰司事及都事各一員。丙辰，徐壽輝遣僞將丁普郎、徐明遠陷漢陽。丁巳，陷興國府。己未，徐壽輝遣鄒普勝陷武昌，威順王寬徹普化、湖廣行省平章政事和尙棄城走。刑部尙書阿魯收捕山東賊，給敕牒十一道，使分賞有功者。辛酉，徐壽輝僞將曾法興陷安陸府，知府丑驢戰不勝，死之。癸亥，刑部添設尙書、侍郎、郎中、員外郎各一員，五愛馬添設忽剌罕赤二百名。乙丑，太陰犯熒惑。丙寅，以河復故道，大赦天下。己巳，歲星犯右執法。辛未，徐壽輝兵陷沔陽府。壬申，中興路陷，山南宣慰司同知月古輪失領兵出戰，衆潰，宣慰使錦州不花、山南廉訪使卜禮月敦皆遁走。是月，命逯魯曾爲淮東添設元帥，統領兩淮所募鹽丁五千討徐州。拘刷河南、陝西、遼陽三省及上都、大都、腹裏等處漢人馬。命四川行省平章政事月魯帖木兒爲總兵官，與四川行省右丞長吉討興元、金州等處賊；宣政院同知桑哥率領亦都護畏吾兒軍與荊湖北道宣慰使朶兒只班同守襄陽；濟寧兵馬指揮使寶童統領右都衞軍，〔五〕從知樞密院事月闊察兒討徐州。

二月乙亥朔，詔許溪洞蠻猺自新。丁丑，以集賢大學士賈魯爲中書添設左丞。以河南廉訪使哈藍朶兒只爲荊湖北道宣慰使都元帥，守襄陽。癸未，命諸王禿堅領從官百人，馳驛守揚州，賜金一錠、鈔一千錠。命〔西〕寧王牙安沙鎭四川。〔六〕賜鎭南王孛羅不花鈔一萬錠。甲申，鄧平縣馬子昭爲亂，捕斬之。乙酉，徐壽輝兵陷江州，總管李黼死之，遂陷南康路。丙戌，霍州靈石縣地震。徐壽輝兵陷岳州。房州賊陷歸州。戊子，詔：「徐州內外羣聚之衆，限二十日，不分首從，並與赦原。」置安東、安豐分元帥府。己丑，游皇城。庚寅，太陰犯太微垣。癸巳，太陰犯氐宿。辛丑，鄧州賊王權、張椿陷澧州，龍鎭衞指揮使俺都剌哈蠻等帥師復之。〔七〕褒贈伏節死義宣徽使帖木兒等二十七人。壬寅，以御史大夫納麟爲江南行臺御史大夫，仍太尉。命翰林學士承旨八剌與諸王孛蘭奚領軍守大名。癸卯，命中書平章政事月魯不花知經筵事，左丞賈魯、參知政事帖理帖木兒、烏古孫良楨並同知經筵事。

是月，賊侵滑、濬，命德住爲河南右丞，守東明。德住時致仕于家，聞命，馳至東明，浚城隍，嚴備禦，賊不敢犯。徐壽輝僞將歐〔普〕祥陷袁州。〔八〕命帖理帖木兒以中書參知政事分省濟寧。

三月乙巳朔，追封太師、忠王馬扎兒台爲德王。丁未，徐壽輝僞將許甲攻衡州，洞官黃安撫敗之。徐壽輝僞將陶九陷瑞州，總管禹蘇福、萬戶張岳敗之。壬子，河南左丞相太不花克復南陽等處。癸丑，中書省臣請行納粟補官之令：「凡各處士庶，果能爲國宣力，自備糧米供給軍儲者，照依定擬地方實授常選流官，依例陞轉、封廕；及已除茶鹽錢穀官有能再備錢糧供給軍儲者，驗見授品級，改授常流。」從之。戊午，太陰犯進賢。辛酉，命親王阿兒麻以兵討商州等處賊。以鞏卜班知行樞密院事。壬戌，太陰犯東咸。甲子，徐壽輝僞將項普略陷饒州路，遂陷徽州、信州。四川未附生蠻向亞甲洞主墨得什用出降，立盤順府。丁卯，江南行臺御史大夫帖木哥乞致仕，不允，以爲甘肅行省平章政事。以出征馬少，出幣帛各一十萬匹，於迤北萬戶、千戶所易馬。戊辰，太白晝見。詔：「南人有才學者，依世祖舊制，中書省、樞密院、御史臺皆用之。」中書省臣言：「張理獻言，饒州德興三處，膽水浸鐵，可以成銅，宜卽其地各立銅冶場，直隸寶泉提舉司，宜以張理就爲銅冶場官。」從之。以江浙行省左丞相亦憐眞班爲江西行省左丞相，領兵收捕饒、信賊。庚午，詔：「隨朝一品職事及省、臺、院、六部、翰林、集賢、司農、太常、宣政、宣徽、中政、資正、國子、祕書、崇文、都水諸正官，各舉循良材幹、智勇兼全、堪充守令者二人。知人多者，不限員數。各處試用守令，並授兼管義兵防禦諸軍奧魯勸農事，所在上司不許擅差。守令既已優陞，其佐貳官員，比依入廣例，量陞二等。任滿，驗守令全治者，與眞授；不治者，全削二等，依本等敍；半治者，減一等敍。雜職人員，其有知勇之士，並依上例。凡除常選官於殘破郡縣及迫近賊境之處，陞四等；稍近賊境，陞二等。」是月，方國珍復刼其黨下海，入黃巖港，台州路達魯花赤泰不花率官軍與戰，死之。隴西地震百餘日，城郭頹夷，陵谷遷變，定西、會州、靜寧、莊浪尤甚。會州公宇中牆崩，獲弩五百餘張，長者丈餘，短者九尺，人莫能挽。改定西爲安定州，會州爲會寧州。詔定軍民官不守城池之罪。

閏三月辛巳，以台州路達魯花赤泰不花爲江浙行省參知政事，行台州路事，命下，泰不花已死。壬午，以大理宣慰使答失八都魯爲四川行省添設參知政事，與本省平章政事咬住討山南、湖廣等處賊。乙酉，徐壽輝僞將陳普文陷（安吉）〔吉安〕路，〔九〕鄉民羅明遠起義兵復之。命工部尙書朶來、兵部侍郎馬某火者，分詣上都、察罕腦兒、集寧等處，給散出征河南達達軍口糧。立淮南江北等處行中書省，治揚州，轄揚州、高郵、淮安、滁州、和州、廬州、安豐、安慶、蘄州、黃州。壬辰，以大都留守兀忽失爲江浙行省添設右丞，討饒、信賊。丙申，阿速愛馬里納忽台擒滑州、開州賊韓兀奴罕有功，授資用庫大使。丁酉，湖廣行省參知政事鐵傑，以湖南兵復岳州。戊戌，詔淮南行省設官二十五員，以翰林學士承旨晃火兒不花、湖廣平章政事失列門並爲平章政事，淮東元帥蠻子爲右丞，燕南廉訪使秦從德爲左丞，陝西行臺侍御史答失禿、山北廉訪使趙璉並爲參知政事。庚子，以樞密副使悟良哈台爲中書添設參知政事、同知經筵事。辛丑，命淮南行省平章政事晃火兒不花提調鎮南王傅事。是月，詔四川行省平章政事咬住以兵東討荆襄賊，克復忠、萬、夔、雲陽等州。命江西行省左丞相亦憐眞班以兵守江東、西關隘。命諸王亦憐眞班、愛因班，參知政事也先帖木兒與陝西行省平章政事月魯帖木兒討南陽、襄陽賊，刑部尙書阿魯討海寧賊，江西行省右丞火你赤與參知政事朶𧣴討江西賊。〔一〇〕以浙東宣慰使恩寧普代江浙行省左丞左答納失里守蕪湖。命江西行省右丞兀忽失、江浙行省左丞老老與星吉、不顔帖木兒、蠻子海牙同討饒、信等處賊。方國珍不受招安之命，命江浙左丞左答納失里討之。命典瑞院給淮南行省銀字圓牌三面、驛劵五十道。詔江西行省左丞相亦憐眞班、淮南行省平章政事晃火兒不花、江浙行省左丞左答納失里、湖廣行省平章政事也先帖木兒、四川行省平章政事八失忽都及江南行臺御史大夫納麟與江浙行省官，並以便宜行事。也先帖木兒駐軍沙河，軍中夜驚，軍潰，退屯朱仙鎭。詔以中書平章政事蠻子代總其兵，也先帖木兒還京師，仍命爲御史大夫。

夏四月癸卯朔，日有食之。江西臨川賊鄧忠陷建昌路。己酉，時享太廟。甲寅，以御史大夫搠思監爲中書平章政事，提調留守司。乙卯，鐵傑及萬戶陶夢禎復武昌、漢陽，尋再陷。丙辰，江西宜黃賊塗佑與邵武建寧賊應必達等攻陷邵武路，總管吳按攤不花以兵討之，千戶魏淳以計擒塗佑、應必達，復其城。辛酉，翰林學士承旨渾都海牙乞致仕，不允，以爲中書平章政事。四川行省參知政事桑哥失里復渠州。甲子，翰林學士承旨歐陽玄以湖廣行省右丞致仕，錫玉帶及鈔一百錠，給全俸終其身。戊辰，諸王禿堅帖木兒、平章政事也先帖木兒討和州有功，各賜金繫腰幷鈔一千錠。辛未，荊門知州聶炳復荊門州。平章政事忽都海牙年老有疾，詔免其朝賀。是月，大駕時巡上都。永懷縣賊陷桂陽。〔一〕咬住復歸州，進攻峽州，與峽州總管趙余褫大破賊兵，誅賊將李太素等，遂平之。詔天下完城郭，築隄防。命亦都護月魯帖木兒領畏吾兒軍馬，同豫王阿剌忒納失里、知樞密院事老章討襄陽、南陽、鄧州賊。陝西行臺監察御史蒙古魯海牙、范文等糾言也先帖木兒喪師辱國，乞明正其罪，詔不允。左遷西臺御史大夫朶爾直班爲湖廣行省平章政事，蒙古魯海牙十二人爲各路添設佐貳官。

五月癸酉朔，太白犯鎮星。戊寅，命龍虎山張嗣德爲三十九代天師，給印章。海道萬戶李世安建言權停夏運，從之。命江南行臺御史大夫納麟給宣敕與台州民陳子由、楊恕卿、趙上正、戴甲，令其集民丁夾攻方國珍。己卯，咬住復中興路。庚辰，監察御史徹徹帖木兒等言：「河南諸處羣盜，輒引亡宋故號以爲口實。宜以瀛國公子和尚趙完普及親屬徙沙州安置，禁勿與人交通。」從之。罷茈兒棚等處金銀場課。癸未，建昌民戴良起鄉兵克復建昌路。乙酉，命留守帖木哥與諸王朶兒只守口北龍慶州。是月，答失八都魯至荆門，增募兵，趨襄陽，與賊戰，大敗克之。命左答納失里仍守蕪湖險隘。

六月丙午，中書省臣言，大名路開、滑、濬三州、元城十一縣水旱蟲蝗，饑民七十一萬六千九百八十口，給鈔十萬錠賑之。戊申，命治書侍御史杜秉彝、中書參議李稷並兼經筵官。辛亥，太白犯井宿。河南行省左丞匝納祿、參知政事王也速迭兒，並以失誤軍需，左遷添設淮西宣慰使，隨軍供給。命河南行省平章政事禿魯、參知政事李獻供給汝寧軍需。丁巳，賜中書參知政事悟良哈台珠衣幷帽。乙丑，宣讓王帖木兒不花，諸王乞塔歹、曲憐帖木兒及淮南廉訪使班祝兒並平賊有功，賜金繫腰、銀、鈔有差。紹慶宣慰使楊延禮不花遙授湖廣左丞，楊伯顏卜花爲紹慶宣慰使，換文資；楊城爲沿邊溪洞招討使兼征行萬戶，回賜先所拘收牌面。丙寅，紅巾周伯顏陷道州。修太廟西神門。

秋七月丁丑，時享太廟。庚辰，饒、徽賊犯昱嶺關，陷杭州路。辛巳，命通政院使答兒麻失里與樞密副使禿堅不花討徐州賊，給敕牒三十道以賞功。己丑，湘鄉賊陷寶慶路。庚寅，以殺獲西番首賊功，錫岐王阿剌乞巴鈔一千錠，邠王嵬厘、諸王班的失監、平章政事鎖南班各金繫腰一。以征西元帥斡羅爲章佩添設少監，討徐州。脫脫請親出師討徐州，詔許之。辛卯，命脫脫台爲行樞密院使，〔一三〕提調二十萬戶，賜金繫腰一、銀鈔幣帛有差。丁酉，辰星犯靈臺。以杜秉彝爲中書添設參知政事。湖南元帥副使小云失海牙、總管兀顏思忠復寶慶路。是月，徐壽輝僞將王善、康壽四、江二蠻等陷福安、寧德等縣。

八月癸卯，命中書參知政事帖理帖木爾、淮南行省右丞蠻子供給脫脫行軍一應所需。方國珍率其衆攻台州城，浙東元帥也忒迷失、福建元帥黑的兒擊退之。甲辰，以同知樞密院事哈麻爲中書添設右丞。齊王失列門獻馬一萬五千匹于京師。賜脫脫金三錠，銀三十錠，鈔一萬錠，幣、帛各一千匹。丁未，日本國白高麗賊過海剽掠，身稱島居民，高麗國王伯顏帖木兒調兵勦捕之，賜金繫腰一、鈔二千錠。己酉，命知樞密院事咬咬、中書平章政事搠思監、也可扎魯忽赤福壽，並從脫脫出師征徐州，錫金繫腰及銀、鈔、幣、帛有差。翰林學士承旨闊怯鎮遏五投下百姓，賜金繫腰一。壬子，以扎撒溫孫爲河南行省右丞，偰哲篤爲淮南行省左丞，各賜鈔五十錠。丙辰，以禿思迷失爲淮南行省平章政事。丁巳，命中書平章政事普化知經筵事。脫脫將出師，六部尙書密邇麻和謨等上言：「大臣天子之股肱，中書庶政之根本，不可以一日離。乞詔留賢相，弼亮天工，如此則內外有兼治之宜，社稷有倚重之寄。」不報。脫脫言，皇后斡耳朶思支用不敷，自今爲始，每年宜給金一十錠、銀五十錠。以同知樞密院事雪雪出軍南陽，同知樞密院事禿赤出軍河南，皆有功，各進階榮祿大夫。中書右丞哈麻進階榮祿大夫。庚申，命哈麻等提調各怯薛、各愛馬口糧。丁卯，太白犯歲星。詔：「脫脫以答剌罕、太傅、中書右丞相分省于外，督制諸處軍馬，討徐州。中書省、樞密院、御史臺分官屬從行，稟受節制，爵賞有功，誅殺有罪，綏順討逆，悉聽便宜從事。」是日，發京師。是月，大駕還大都。安陸賊將俞君正復陷荆門州，知州聶炳死之。賊將党仲達復陷岳州。

九月乙亥，俞君正復陷中興，咬住領兵與戰於樓臺，敗績，奔松滋，本路判官上都死之。己卯，監察御史及河南分御史臺、行樞密院、河南廉訪司、鞏昌總帥府、陝西都府、義兵萬戶府等官，交章言御史大夫也先帖木兒出征河南功績。庚辰，賜也先帖木兒金繫腰一、金一錠、銀一十錠、鈔五千錠、幣帛各一百匹。癸未，中興義士范忠，偕荆門僧李智率義兵復中興路，俞君正敗走，龍鎮衞指揮使俺都剌哈蠻領兵入城，咬住自松滋還，屯兵于石馬。乙酉，脫脫至徐州。丁亥，命知行樞密院事阿剌吉從脫脫討徐州，賜金繫腰一，金一錠，銀五錠，鈔、幣有差。辛卯，脫脫復徐州，屠其城，芝麻李等遁走。壬辰，太陰犯軒轅。戊戌，賜哈麻鈔三百錠買玉帶。己亥，賊攻辰州，達魯花赤和尚擊走之。庚子，詔加脫脫爲太師，班師還京。

冬十月丁未，時享太廟。庚戌，知樞密院事老章進階金紫光祿大夫。命平章定住、右丞哈麻同知經筵事。癸丑，命和糴粟豆五十萬石于遼陽。甲寅，拜知行樞密院事阿乞剌爲太尉、淮南行省平章政事。戊午，太陰犯鬼宿。甲子，太陰犯歲星。乙丑，太陰犯亢宿。

十一月辛未，命江浙行省平章政事慶童收捕常州賊。乙亥，以星吉爲江西行省平章政事，出師湖廣。丙子，中書省臣請爲脫脫立徐州平寇碑及加封王爵。癸未，命江浙行省〔右〕〔左〕丞帖理帖木兒總兵討方國珍。〔一三〕己丑，以脫脫平徐功，錫金一十錠、銀一百錠、鈔五萬錠、幣帛各三千匹，上表辭，從之。庚寅，太陰犯太微垣。

十二月壬寅，答失八都魯復襄陽。辛亥，詔以、杭、常、湖、信、廣德諸路皆克復，赦詿誤者，蠲其夏稅、秋糧，命有司撫恤其民。辛酉，以湖廣行省參知政事卜顏不花、右丞阿兒灰討徭賊，復湖南潭、岳等處有功，〔一四〕卜顏不花陞散階從一品，阿兒灰陞正二品。癸未，〔一五〕脫脫言：「京畿近地水利，召募江南人耕種，歲可得粟麥百萬餘石，不煩海運而京師足食。」帝曰：「此事有利於國家，其議行之。」

是歲，海運不通。立都水庸田使司于汴梁，掌種植之事。潁州沈丘人察罕帖木兒與信陽州羅山人李思齊同起義兵，破賊有功，授察罕帖木兒中順大夫、汝寧府達魯花赤，李思齊知汝寧府。

校勘記

〔一〕〔徭〕賊吳天保　從北監本補。

〔二〕阿剌乞　按下文至正十二年七月庚寅條作「阿剌乞巴」，疑此處脫「巴」字。

〔三〕謫徙廣平永〔平〕〔年〕縣　按本書卷五八地理志，廣平路有永年縣，無「永平縣」。明史卷一二二韓林兒傳云「謫徙永年」，據改。

〔四〕太〔陰〕〔白〕犯右執法　據本書卷四九天文志改。按是日右執法黃經一七六度半，月黃經三一七度半，不合。金星黃經一七六度，合。

〔五〕右都衛軍　按「右都威衛軍」本書多見，蒙史補「威」字，疑是。

〔六〕命〔西〕寧王牙安沙鎭四川　據下文至正十三年十二月丁巳條及本書卷一四四卜顏帖木兒傳所見「西寧王牙罕沙」補。蒙史已校。

〔七〕龍鎭衛指揮使　按本書卷八六百官志有「隆鎭衛」，此處「龍」當作「隆」。下同。蒙史已校。

〔八〕歐〔普〕祥　明太祖實錄卷一五甲辰年六月丁巳條附有歐普祥小傳，據補。續通鑑已校。

〔九〕（安吉）〔吉安〕路　按元無「安吉」路。明太祖實錄卷八壬辰年閏五月戊午條附有徐壽輝小傳，稱

「閏三月，遣陳普文陷吉安」，據改。類編已校。

〔一〇〕江西行省右丞火你赤　按下文至正十三年十一月丁亥條及本書卷一四四道童傳、卷一四五亦憐眞班傳均作「左丞」，庚申外史亦稱「左丞」。疑「右」爲「左」之誤。

〔一一〕永懷縣賊陷桂陽　按元無「永懷」縣。元桂陽有三：湖廣行省有桂陽路，郴州路有桂陽縣；另江西行省有桂陽州。郴州路有永興縣，與桂陽縣相去不遠，疑「永懷」係「永興」之誤。

〔一二〕命脫脫台爲行樞密院使　此行樞密院使脫脫台當卽「請親出師討徐州」之中書右丞相脫脫。新元史删「台」字，疑是。

〔一三〕江浙行省(右)〔左〕丞帖理帖木兒　按下文至正十三年三月、十四年四月諸條及國初羣雄事略卷八劉基天妃廟碑均作「左丞」，據改。

〔一四〕湖南潭岳等處　按本書卷六三地理志，兩州皆屬湖廣行省，潭州爲湖南道宣慰司所在地，岳州則屬江南湖北道。疑此處「湖南」當作「湖廣」。

〔一五〕癸未　按是月庚子朔，無癸未日。此「癸未」在辛酉二十二日後，疑爲癸亥二十四日之誤。

元史卷四十三

本紀第四十三

順帝六

十三年春正月庚午朔，用帝師請，釋放在京罪囚。以中書添設平章政事哈麻爲平章政事，〔一〕參知政事悟良哈台爲右丞，參知政事烏古孫良楨爲左丞。詔印造中統元寶交鈔一百九十萬錠、至元鈔一十萬錠。辛未，命悟良哈台、烏古孫良楨兼大司農卿，給分司農司印。西自西山，南至保定、河間，北至檀、順州，東至遷民鎮，凡係官地及元管各處屯田，悉從分司農司立法佃種，合用工價、牛具、農器、穀種、召募農夫諸費，給鈔五百萬錠，以供其用。旌表眞定路藁城縣董氏婦貞節。壬申，命陝西行省平章政事卜答失里爲總兵官。癸酉，享于太廟。以皇第二子育於太尉衆家奴家，賜衆家奴及乳母鈔各一千錠。甲戌，重建穆清閣。乙亥，命中書右丞禿禿以兵討商州賊。丙子，方國珍復降。以司農司舊署賜哈廨。庚辰，中書省臣言：「近立分司農司，宜於江浙、淮東等處召募能種水田及修築圍堰之人各一千名爲農師，教民播種。宜降空名添設職事敕牒一十二道，遣使齎往其地，有能募農民一百名者授正九品，二百名者正八品，三百名者從七品，卽書塡流官職名給之，就令管領所募農夫，不出四月十五日，俱至田所，期年爲滿，卽放還家。其所募農夫，每名給鈔十錠。」從之。以杜秉彝爲中書參知政事。乙酉，太陰犯太微垣。丙戌，以武衞所管鹽臺屯田八百頃，除軍見種外，荒閑之地，盡付分司農司。答失八都魯克復襄陽、樊城有功，陞四川行省右丞，賜金繫腰一。庚寅，知樞密院事老章克復南陽唐州，賜金一錠、銀一十錠、鈔一千錠、幣帛各五十匹。戊戌，熒惑、太白、辰星聚於奎宿。

二月丁未，祭先農。己酉，太陰犯軒轅。庚戌，太白犯熒惑。壬子，太陰犯太微垣。甲寅，中書省臣言徐州民願建廟宇，生祠右丞相脫脫，從之，詔仍立脫脫平徐勳德碑。壬戌，以宣政院使篤憐帖木兒知經筵事，中書右丞悟良哈台、左丞烏古孫良楨、參知政事杜秉彝並同知經筵事。

三月己卯，命脫脫領大司農司。甲申，詔修大承天護聖寺，賜鈔二萬錠。丁亥，命脫脫以太師開府，提調太史院、回回、漢兒司天監。己丑，以各衙門係官田地幷宗仁等衞屯田地土，並付司農分司播種。是月，會州、定西、靜寧、莊浪等州地震。命江浙行省左丞帖里帖木兒、江南行臺侍御史左答納失里招諭方國珍。

夏四月戊戌朔，命南北兵馬司各分官一員，就領通州、漷州、直沽等處巡捕官兵，往來巡邏，給分司印，一同署事，半載一更。特命烏古孫良楨得用軍器。庚子，以禮部所轄掌薪司幷地土給付司農分司。以甘肅行省平章政事鎖南班爲永昌宣慰使，總永昌軍馬，仍給平章政事俸。先是，永昌愚魯罷等爲亂，鎖南班討平之，至是復起，故有是命。辛丑，太白犯井宿。乙巳，時享太廟。己酉，詔取勘徐州、汝寧、南陽、鄧州等處荒田幷戶絕籍沒入官者。立司牧署，掌司農分司耕牛。又立玉田屯署。降徐州路爲武安州，以所轄縣屬歸德府，其滕州、嶧州仍屬益都路。辛亥，太陰犯房宿。是月，車駕時巡上都。

五月己巳，命東安州、武清、大興、宛平三縣正官添給河防職名，從都水監官巡視渾河隄岸，或有損壞，卽修理之。辛未，江西行省左丞相亦憐眞班、江浙行省左丞老老引兵取道自信州，元帥韓邦彥、哈迷取道由徽州、浮梁，同復饒州，蘄、黃等賊聞風皆奔潰。癸酉，以太尉阿剌吉爲嶺北行省左丞相。知行樞密院事伯家奴封武國公，與諸王孛羅帖木兒同出軍。甲戌，行樞密院添設僉院二員。乙亥，太陰犯歲星。乙未，泰州白駒場亭民張士誠及其弟士德、士信爲亂，陷泰州及興化縣，遂陷高郵，據之，僭國號大周，自稱誠王，建元天祐。

六月丙申朔，立詹事院，設詹事三員、同知二員、副詹事二員、丞二員。命四川行省平章政事玉樞虎兒吐華便宜行事。丁酉，立皇子愛猷識（達）〔理〕達臘爲皇太子、中書令、樞密使，〔二〕授以金寶，告祭天地、宗廟。命右丞相脫脫兼詹事。己亥，詔征西都元（都）〔帥〕汪只南發本處精鋭勇敢軍一千人從征討，〔三〕以千戶二員、百戶一十員領之。庚子，知樞密院事失剌把都總河南軍，平章政事答失八都魯總四川軍，自襄陽分道而下，克復安陸府。辛丑，罷宮傅府，以所掌錢帛歸詹事院。癸卯，詔以敕牒二十道、鈔五萬錠，給付淮南行省平章政事達世帖睦邇，於淮南、淮北等處召募壯丁，并總領漢軍、蒙古守禦淮安。遼東搠羊哈及乾帖困、朮赤朮等五十六名吾者野人以皮貨來降，給搠羊哈等三人銀牌一面，管領吾者野人。甲辰，以立皇太子詔天下，大赦。己酉，亦都護高昌王月魯帖木兒薨于南陽軍中，命其子桑哥襲亦都護高昌王爵。辛亥，親王完者禿泰州陣亡，八禿亳州陣亡，各賻鈔五百錠。命前河西廉訪副使也先不花爲淮西添設宣慰副使，討泰州。丙辰，詔皇太子位下立儀衛司，設指揮二員，給二珠金牌，副指揮二員，一珠金牌。賜吳王搠思監金二錠、銀五錠、鈔二千錠、幣帛各九匹。以資政院所轄左、右都威衛屬詹事院。是月，命淮南行省平章政事達世帖睦邇便宜行事。詔淮南行省平章政事福壽討興化。

是夏，薊州大水。

秋七月丁卯，泉州天雨白絲，海潮日三至。時享太廟。戊辰，太白晝見。宦官至一品二品者，依常例給俸祿。壬申，湖廣行省參知政事阿魯輝復武昌及漢陽府。癸酉，詔詹事院自行銓注本院屬官。壬辰，親王只兒哈忽薨于海寧軍中，以其子寶童繼襲王爵。

八月癸卯，親王闊兒吉思、帖木兒獻馬。辛亥，賜脫脫東泥河田一十二頃。親王只兒哈郎討捕金山賊，薨于軍中，命其子禿魯帖木兒入備宿衞。庚申，命不花帖木兒襲封文濟王。是月，車駕還自上都。資政院使脫火赤以兵復江州路。以四川行省平章政事玉樞虎兒吐華、右丞完者不花守鎭中興路。左遷平章政事咬住爲淮西元帥，供給烏撒軍，進討蘄、黃。

九月乙丑朔，日有食之。乙亥，以怯薛官廣平王咬咬征討慢功，削其王爵，降爲河南行省平章政事。己丑，廣寧王渾都帖木兒薨，賻鈔一千錠。建皇太子鹿頂殿于聖安殿西。歪剌歹桑哥失里獻馬一百匹，賜金繫腰一、幣帛各九。庚寅，太陰犯熒惑。辛卯，扎你別之地獻大撒哈剌、察赤兒、米西兒刀、弓、鎖子甲及青、白西馬各二匹，賜鈔二萬錠。壬辰，太白經天。熒惑犯左執法。南臺御史大夫納麟以老疾辭職，從之，命太尉如故。

〔冬十月〕丁酉，享于太廟。庚子，太白經天。（冬十月）癸卯，〔四〕以江浙行省參知政事買住丁陞本省右丞，提調明年海運。甲辰，歲星犯氐宿。丁未，廣西元帥甄崇福復道州，誅賊將周伯顏。庚戌，從帖里帖木兒、左答納失里之請，授方國珍徽州路治中，國瑛廣德路治中，國瑛信州路治中，督遣之任，國珍疑懼，不受命。立水軍都萬戶府於崑山州，以浙東宣慰使納麟哈剌爲正萬戶，宣慰使董摶霄爲副萬戶。庚申，賜皇太子妃鈔十萬錠。壬戌，賜皇太子五愛馬怯薛丹二百五十人鈔各一百一十錠。癸亥，太白犯亢宿。是月，撤世祖所立氊殿，改建殿宇。

十一月壬申，太陰犯壘壁陣。乙酉，立典藏庫，貯皇太子錢帛。丁亥，江西左丞火你赤以兵平富州、臨江，遂引兵復瑞州。是月，立義兵千戶、水軍千戶所于江西，事平，願還爲民者聽。

十二月丁酉，太白犯東咸。己亥，寧王旭滅該還大斡耳朶思，賜金繫腰一、鈔一千錠。庚子，熒惑入氐宿。癸卯，脫脫請以趙完普家產田地賜知樞密院事桑哥失里。庚戌，京城天無雲而雷鳴，少頃，有火墜于東南。懷慶路及河南府西北有聲如擊鼓者數四，已而雷聲震地。癸丑，以西安王阿剌忒納失里爲豫王，弟答兒麻討南陽賊有功，以西安王印與之，命鎭寵吉兒之地。丁巳，太陰犯心宿。西寧王牙罕沙鎭四川，還沙州，賜鈔一千錠。是月，大同路疫，死者太半。江浙行省平章政事卜顏帖木兒、南臺御史中丞蠻子海牙及四川行省參知政事哈臨禿、左丞桑禿失里、〔五〕西寧王牙罕沙，合軍討徐壽輝於蘄水，敗之，壽輝遁走，獲其僞官四百餘人。陝西行省平章政事孛羅、四川行省右丞答失八都魯復均、房等州，詔孛羅等守之，答失八都魯討東正陽。

是歲，自六月不雨至于八月。造清寧殿前山子、月宫諸殿宇，以宦官留守也先帖木兒、留守同知也速迭兒及都水少監陳阿木哥等董其役。哈麻及秃魯帖木兒等陰進西天僧于帝，行房中運氣之術，號演揲兒法，又進西番僧善祕密法，帝皆習之。

十四年春正月甲子朔，汴梁城東汴河冰，皆成五色花草如繪畫，三日方解。乙丑，熒惑犯歲星。丁卯，太白犯建星。辛未，享于太廟。壬申，命帖木兒不花襲封廣寧王，賜鈔一千錠。癸酉，熒惑犯房宿。立遼陽等處漕運庸田使司，屬分司農司。丁丑，帝謂脫脫曰：「朕嘗作朶思哥兒好事，迎白傘蓋遊皇城，實爲天下生靈之故。今命剌麻選僧一百八人，仍作朶思哥兒好事，凡所用物，官自給之，毋擾于民。」丙戌，以答兒麻監藏遙授陝西行省平章政事，實授行宣政院使，整治西番人民。是月，命桑哥失里、哈臨禿守中興。答失八都魯復峽州。

二月戊戌，祭社稷。乙卯，命中書平章政事搠思監提調規運總管府。戊午，太白犯壘壁陣。己未，以湖廣行省平章政事苟兒爲淮南行省平章政事，以兵攻高郵。是月，以呂思誠爲湖廣行省左丞。命湖廣行省右丞伯顏普化、江南行臺中丞蠻子海牙、江浙行省平章政事卜顏帖木兒、參知政事阿里溫沙，會合湖廣行省平章政事也先帖木兒討沿江賊。立鎭江水軍萬戶府，命江浙行省右丞佛家閭領之。詔河南、淮南兩省並立義兵萬戶府。建淸河大壽元忠國寺，以江浙廢寺田歸之。

三月癸亥朔，日有食之。己巳，廷試進士六十二人，賜薛朝晤、牛繼志進士及第，餘授官出身有差。壬申，以皇太子行幸，和買駝馬。甲戌，命親王速哥帖木兒以兵討宿州賊。丙子，潁州陷。是月，中書定擬義兵立功者權任軍職，事平授以民職，從之。命四川行省右丞答失八都魯陞本省平章政事兼知行樞密院事，總荆、襄諸軍，從宜調遣。詔和買馬于北邊以供軍用，凡有馬之家，十匹內和買二匹，每匹給鈔一十錠。

夏四月癸巳朔，汾州介休縣地震，泉湧。以武祺參議中書省事。是月，車駕時巡上都。江西、湖廣大饑，民疫癘者甚衆。御史臺臣糾言江浙行省左丞帖里帖木兒等罪。先是，帖里帖木兒與江南行臺侍御史左答納失里奉旨招諭方國珍，報國珍已降，乞立巡防千戶所，朝廷授以五品流官，令納其船，散遣徒衆，國珍不從，擁船一千三百餘艘，仍據海道，阻絕糧運，以故歸罪二人。以江浙行省參知政事阿兒溫沙陞本省右丞，浙東宣慰使恩寧普爲江浙行省參知政事，皆總兵討方國珍。發陝西軍討河南賊，給鈔令自備鞍馬軍器，合二萬五千人，馬七千五百匹，永昌、鞏昌沿邊人匠雜戶亦在遣中。造過街塔於盧溝橋，命有司給物色人匠，以御史大夫也先不花督之。復立應昌、全寧二路。先是，有詔罷之，以撥屬魯王馬某沙王傅府，至是有司以爲不便，復之。詔復起永昌、鞏昌、喃巴、臨洮等處軍。命各衞軍人修白浮、甕山等處隄堰。

五月甲子，安豐、正陽賊圍廬州。是月，詔修砌北巡所經色澤嶺、黑石頭河西沿山道路，創建龍門等處石橋。皇太子徙居宸德殿，命有司修葺之。立南陽、鄧州等處毛胡蘆義兵萬戶府，募土人爲軍，免其差役，令討賊自效。因其鄉人自相團結，號毛胡蘆，故以名之。詔以玉樞虎兒吐華募兵萬人下蜀江，代答失八都魯守中興、荆門。命答失八都魯以兵赴汝寧。陞湖廣行省參知政事阿兒灰爲右丞，討廬州。募寧夏善射者及各處回回、朮忽殷富者赴京師從軍。復發禿卜軍萬人，命太傅阿剌吉領之。〔六〕命荆王答兒麻失里代闊（瑞）〔端〕阿合鎭河西，〔七〕討西番賊。

六月辛卯朔，薊州雨雹。高郵張士誠寇揚州。丙申，達識帖睦邇以兵討張士誠，敗績，諸軍皆潰。詔江浙行省參知政事佛家閭會達識帖睦邇，復進兵討之。甲辰，太陰入斗宿。己酉，盱眙縣陷。庚戌，陷泗州，官軍潰。

秋七月甲子，潞州襄垣縣大風拔木偃禾。乙丑，太陰犯角宿。壬申，詔免大都、上都、興和三路今年稅糧。命刑部尚書阿魯於海寧州等處募兵討泗州。壬午，太陰犯昴宿。是月，汾州孝義縣地震。

八月，冀寧路榆次縣桃李花。車駕還自上都。

九月己未朔，賜親王撒蠻答失金二錠、銀二十錠、鈔一萬錠、幣帛表裏各三百匹。創設奧剌赤二十名，仍給衣糧草料。庚申，以湖廣行省左丞呂思誠復爲中書左丞。辛酉，以知樞密院事月(赤)〔闊〕察兒爲中書平章政事。〔八〕詔脫脫以太師、中書右丞相，總制諸王各愛馬、諸省各翼軍馬，董督總兵、領兵大小官將，出征高郵。甲子，封高麗國王脫脫不花爲瀋王。丁卯，普顏忽都皇后母歿，賻鈔三百錠。立寧宗影堂。戊子，免河南蒙古軍人雜泛差役。是月，賜穆清閣工匠皮衣各一領。蓋海青鷹房。禁河南、淮南酒。階州西番賊起，遣兵擊之。方國珍拘執元帥也忒迷失、黃巖州達魯花赤宋伯顏不花、知州趙宜浩，以俟詔命。

冬十月甲午，享于太廟。戊戌，詔答失八都魯及泰不花等會軍討安豐。甲辰，詔加號海神爲輔國護聖庇民廣濟福惠明著天妃。壬子，太陰犯太微垣。

十一月丙寅，敕：「中書省、樞密院、御史臺，凡奏事先啓皇太子。」詔：「江浙應有諸王、公主、后妃、寺觀、官員撥賜田糧，及江淮財賦、稻田、營田各提舉司糧，盡數赴倉，聽候海運，以備軍儲，價錢依本處十月時估給之。」丁卯，脫脫領大兵至高郵。辛未，戰于高郵城外，大敗賊衆。丙子，太陰犯鬼宿。癸未，賜親王喃答失金鍍銀印。乙酉，脫脫遣兵平六合縣。是月，答失八都魯復苗軍所據鄭、(均)〔鈞〕、許三州。〔九〕皇太子修佛事，釋京師死罪以下囚。

十二月辛卯，絳州北方有紅氣如火蔽天。丙申，以中書平章政事定住爲左丞相；宣政院使哈麻、永昌宣慰鎖南班並爲中書平章政事，進階光祿大夫。監察御史袁賽因不花等劾奏：「脫脫出師三月，略無寸功，傾國家之財以爲己用，半朝廷之官以爲自隨。又其弟也先帖木兒，庸材鄙器，玷污清臺，綱紀之政不修，貪淫之心益著。」章三上，詔令也先帖木兒出都門聽旨，以宣徽使汪家奴爲御史大夫。丁酉，詔以脫脫老師費財，已逾三月，坐視寇盜，恬不爲意，削脫脫官爵，安置淮安路，弟御史大夫也先帖木兒安置寧夏路。以河南行省平章政事泰不花爲本省左丞相，中書平章政事月闊察兒加太尉，集賢大學士雪雪知樞密院事，一同總兵，總領諸處征進軍馬，幷在軍諸王、駙馬，省、院、臺官及大小出軍官員，其滅里、卜亦失你山、哈八兒禿、哈怯來等拔都兒、云都赤、禿兒怯里兀、孛可、西番軍人、各愛馬朶憐赤、高麗、回回民義丁壯等軍人，並聽總兵官節制。詔：「被災殘破之處，令有司賑恤，仍蠲租稅三年。賜高年帛。」罷庸田、茶運、寶泉等司。戊戌，以定住領經筵事，中政院使桑哥失里爲中書添設右丞。己亥，太陰掩昴宿。庚子，以桑哥失里同知經筵事。冀國公禿魯加太尉，進階金紫光祿大夫。癸卯，命哈麻提調經正監、都水監、會同館，知經筵事，就帶元降虎符。甲辰，以桑哥失里提調宣文閣；哈麻兼大司農，呂思誠兼司農卿，提調農務。己酉，紹興路地震。是月，命織造世祖御容。詔威順王寬徹普化還鎮湖廣。先是以賊據湖廣，命奪其王印，至是寬徹普化討賊累立功，故詔還其印，仍守舊鎮。命甘肅右丞嵬的討捕西番賊。答失八都魯復河陰、鞏縣。徭賊自耒陽寇衡州，萬戶許脫因死之。

是歲，詔諭：「民間私租太重，以十分爲率普減二分，永爲定例。」降鈔十萬錠賞江西守城官吏軍民。京師大饑，加以疫癘，民有父子相食者。帝於內苑造龍船，委內官供奉少監塔思不花監工。帝自製其樣，船首尾長一百二十尺，廣二十尺，前瓦簾棚、穿廊、兩暖閣，後吾殿樓子，龍身幷殿宇用五彩金粧，前有兩爪。上用水手二十四人，身衣紫衫，金荔枝帶，四帶頭巾，於船兩旁下各執篙一。自後宮至前宮山下海子內，往來游戲，行時，其龍首眼口爪尾皆動。又自製宮漏，約高六七尺，廣半之，造木爲匱，陰藏諸壺其中，運水上下。匱上設西方三聖殿，匱腰立玉女捧時刻籌，時至，輒浮水而上。左右列二金甲神人，一懸鐘，一懸鉦，夜則神人自能按更而擊，無分毫差。當鐘鉦之鳴，獅鳳在側者皆翔舞。匱之西東有日月宮，飛僊六人立宮前，遇子午時，飛僊自能耦進，度僊橋，達三聖殿，已而復退立如前。其精巧絕出，人謂前代所鮮有。時帝怠於政事，荒于游宴，以宮女三聖奴、妙樂奴、文殊奴等一十六人按舞，名爲十六天魔，首垂髮數辮，戴象牙佛冠，身被纓絡、大紅綃金長短裙、金雜襖、雲肩、合袖天衣、綬帶鞋襪，各執加巴剌般之器，內一人執鈴杵奏樂。又宮女一十一人，練槌髻，勒帕，常服，或用唐帽、窄衫。所奏樂用龍笛、頭管、小鼓、箏、蓁、琵琶、笙、胡琴、響板、拍板。以宦者長安迭不花管領，遇宮中讚佛，則按舞奏樂。宮官受祕密戒者得入，餘不得預。

校勘記

〔一〕以中書添設平章政事哈麻爲平章政事　按哈麻以至正十二年八月爲中書添設右丞，十三年正月正除右丞，十四年冬遷平章政事，紀、表、傳均有記載。續通鑑改「平章政事」爲「右丞」，疑是。

〔二〕愛猷識（達）〔理〕達臘　從北監本改。按本書卷一〇七宗室世系表及卷一四四后妃表均作「愛猷識理達臘」。

〔三〕征西都元（都）〔帥〕　從道光本改。

〔四〕〔冬十月〕丁酉至（冬十月）癸卯　按九月乙丑朔，無丁酉、庚子日。此丁酉之上爲壬辰九月二十八日，則丁酉當爲十月初三日，庚子爲初六日，與下文之「冬十月」倒置。今改正。道光本已校。

〔五〕桑禿失里　按上文至正十二年四月辛酉、下文十四年正月條作「桑哥失里」，蒙史改「禿」爲

「哥」，疑是。

〔六〕太傅阿剌吉　「阿剌吉」，本書又作「阿吉剌」。蒙史三公表至正十四年太尉阿吉剌下注云：「舊紀，發禿卜軍萬人，命太傅阿吉剌領之。按阿吉剌卽阿乞剌。太傅爲太尉之誤。」

〔七〕闊（瑞）〔端〕阿合　據本書卷九二百官志改。蒙史云：「闊端者，斡歌歹汗之子，分地河西，建牙永昌，子孫世襲其封，今世系已絕，故命答兒麻失里代之。阿合，蒙兀語兄也，宗室諸王在兄位者之稱。」

〔八〕月（赤）〔闊〕察兒　據上文至正十二年正月、下文至正十四年十二月丁酉條及本書卷一三八脫脫傳、卷一四二也速傳改。

〔九〕鄭（均）〔鈞〕許三州　按本書卷五九地理志，汴梁路屬有鄭、鈞、許等州，而均州則屬襄陽路。蒙史改「均」爲「鈞」，並注云：「鈞，舊誤作均，按均與鄭、許二州地不相接。」從改。

元史卷四十四

本紀第四十四

順帝七

十五年春正月戊午朔，以中書平章政事搠思監提調留守司，宣徽使黑厮爲中書平章政事，河南行省左丞許有壬爲集賢大學士，遼陽行省左丞奇伯顏不花陞本省平章政事。壬戌，以宣政院副使忻都爲太子詹事。癸亥，享于太廟。甲子，親王禿堅帖木兒歿于軍中，賜鈔五百錠。江西行省平章政事道童加大司徒。戊辰，太陰犯五車。辛未，太陰犯鬼宿。大斡耳朵儒學教授鄭咺建言：「蒙古乃國家本族，宜教之以禮。而猶循本俗，不行三年之喪，又收繼庶母、叔嬸、兄嫂，恐貽笑後世，必宜改革，繩以禮法。」不報。丙子，上都饑，賑糶米二萬石。丁丑，徐壽輝僞將倪文俊復陷沔陽府。威順王寬徹普化令王子報恩奴等同湖南元帥阿思藍水陸並進討之。至漢川，水淺，文俊用火筏燒船，報恩奴遇害。庚辰，復設仁虞、雲需、尙供三總管府。丙戌，大同路饑，出糧一萬石減價糶之。是月，詔以湖廣行省平章政事乞剌班慢功，削其官爵，令從軍自效。詔安置脫脫于亦集乃路，收所賜田土。命河南行省參知政事洪丑驢守禦河南，陝西行省參知政事述律朶兒只守禦潼關，宗王扎牙失里守禦興元，陝西行省參知政事阿魯溫沙守禦商州，通政院使朶來守禦山東。詔豫王阿剌忒納失里與陝西行省平章政事搠思監從宜商議軍事。

閏月壬寅，以各衞軍人屯田京畿，人給鈔五錠，以是日入役，日支鈔二兩五錢，仍給牛、種、農器，命司農司令本管萬戶督其勤惰。丙午，太陰犯心宿。丙辰，太白經天。是月，上都路饑，詔嚴酒禁。命河南行省參知政事搭失帖木爾領元管陝西軍馬，守禦河南。

二月己未，劉福通等自碭山夾河迎韓林兒至，立爲皇帝，又號小明王，建都亳州，國號宋，改元龍鳳。以其母楊氏爲皇太后，杜遵道、盛文郁爲丞相，羅文素、劉福通爲平章，劉六知樞密院事；拆鹿邑縣太清宮材建宮闕；遵道等各遣子入侍。遵道得寵專權，劉福通疾之，命甲士撾殺遵道，福通遂爲丞相，後稱太保。丙寅，以中書平章政事黑厮、左丞許有壬並知經筵事。戊辰，命太傅、御史大夫汪家奴爲中書右丞相，中書平章政事定住爲左丞相，詔天下。庚午，以河南行省平章政事咬咬爲遼陽行省左丞相。壬申，立淮東等處宣慰使司都元帥府于天長縣，統濠、泗義兵萬戶府并洪澤等處義兵，聽富民願出丁壯義兵五千名者爲萬戶，五百名者爲千戶，一百名者爲百戶，仍降宣敕牌面。丙子，以達識帖睦邇爲中書平章政事，提調留守司；平章政事黑厮兼大司農。是月，命刑部尙書董銓等與江西行省平章政事火你赤專任征討之務，便宜從事，遣使先降曲赦，諭以禍福，如能出降，釋其本罪，執迷不悛，剋日進討。

三月庚寅，太陰犯五車。癸巳，徐壽輝兵陷襄陽路。甲午，命汪家奴攝太尉，持節授皇太子愛猷識理達臘玉册，錫以冕服九旒，祇謁太廟。丙申，太陰犯房宿。辛丑，以監察御史言，安置脫脫于雲南鎭西路，也先帖木兒于四川碉門，脫脫長男哈剌章安置肅州，次男三寶奴安置蘭州，仍籍其家產。己酉，命知樞密院事衆家奴知經筵事，知樞密院事揑兀失該提調內史府。癸丑，太白經天。

夏四月壬戌，中書省臣言：「江南因盜賊阻隔，所在闕官，宜遣人與各省及行臺官以廣東、廣西、海北、海南三品以下通行遷調，五品以下先行照會之任，江浙行省三年一次遷調，福建等處闕官亦依前例。」從之。命彰德等處分樞密院添設同知、副使、都事各一員。癸亥，以中書平章政事達識帖睦邇知經筵事。命樞密院添設僉院一員、判官二員，直沽分樞密院添設副使一員、都事一員。以御史中丞扎撒兀孫同知經筵事。乙丑，以中書右丞臧卜、左丞烏古孫良楨分省彰德。辛未，命御史中丞伯家奴同知經筵事，中書參議成遵兼經筵官。癸酉，以左丞相定住爲右丞相，平章政事哈麻爲左丞相，太子詹事桑哥失里爲中書平章政事，雪雪爲御史大夫。丁丑，加知樞密院事衆家奴太傅。辛巳，親王脫脫薨，賜鈔二百錠。是月，車駕時巡上都。詔翰林待制烏馬兒、集賢待制孫撝招安高郵張士誠，仍齎宣命、印信、牌面，與鎭南王孛羅不花及淮南行省、廉訪司等官商議給付之。御史臺劾奏中書左丞呂思誠，罷之。詔四川等處立宣化鎭南軍民府；改四川忠孝軍民府爲忠孝軍民安撫司；罷盤順府，改立盤順軍民安撫司；罷四川羊母甲洞、臬南王洞長官司，改立忠義軍民安撫司。立汴梁等處義兵萬戶府。

五月壬辰，復襄陽路。監察御史也里忽都等劾奏河南行省左丞相太不花慢功虐民，詔削其官職，仍令率領火赤溫，從總兵官、平章政事答失八都魯征進，答失八都魯管領太不花一應軍馬。庚戌，倪文俊自沔陽陷中興路，元帥朶兒只班死之。是月，命淮南行省平章政事咬住、淮東廉訪使王也先迭兒撫諭高郵。

六月丙辰，命御史大夫雪雪提調端本堂。癸亥，太白經天。丁卯，監察御史哈林禿劾奏脫脫之師集賢大學士吳直方及其參軍黑漢、長史火里赤等並宜追奪，從之。監察御史歪哥等辯明中書左丞呂思誠，給付元追所授宣命、玉帶。戊辰，命中書平章政事搠思監兼大司農，桑哥失里知經筵事。己巳，靖安王闊不花薨，無後，命其姪襲封靖安王。癸酉，以四川行省平章政事答失八都魯爲河南行省平章政事。乙亥，命將作院判官烏馬兒招安濠、泗等處，章佩監丞普顏帖木兒招安沔陽等處。諸王倒吾沒於軍中，賻鈔二百錠。丁丑，保德州地震。己卯，陝西行省平章政事禿禿加答剌罕。庚辰，徵徽州隱士鄭玉爲翰林待制，不至。江浙省臣言：「至正十五年稅課等鈔，內除詔書已免稅糧等鈔，較之年例，海運糧幷所支鈔不敷，乞減海運，以甦民力。」戶部定擬本年稅糧，除免之外，其寺觀幷撥賜田糧，十月開倉，盡行拘收；其不敷糧，撥至元折中統鈔一百五十萬錠，於產米處糴一百五十萬石，貯瀕河之倉，以聽撥運。從之。癸未，中書參知政事實理門言：「舊立蒙古國子監，專敎四怯薛幷各愛馬官員子弟，今宜諭之，依先例入學，俾嚴爲訓誨。」從之。是月，大明皇帝起兵，自和州渡江，取太平路。自紅巾妖寇倡亂之後，南北郡縣多陷沒，故大明從而取之。荆州大水。命湖廣行省平章政事阿魯灰領軍，與淮南行省平章政事蠻子海牙、淮西道宣慰使完者不花以兵攻和州等處。命郡王只兒瞰伯、湖廣行省右丞卜蘭奚攻討河南。以湖廣行省平章政事咬住爲總兵官，領本省軍馬幷江州楊完者、黃州李勝等軍，守禦湖廣。江浙行省參知政事納麟哈剌統領水軍萬戶等軍，會本省平章政事定定，進攻常州、鎭江等處。命將作院判官烏馬兒、利用監丞八十奴招諭濠、泗，淮南行省左丞相太平助之；章佩監丞普顏帖木兒、翰林修撰烈瞻招諭沔陽，四川行省平章政事玉樞虎兒吐華等助之。以怯薛丹潑皮等六十名從江南行御史臺大夫福壽守禦集慶路。國王朶兒只薨于揚州軍中，命郡王只兒瞰伯管領其所部軍馬。

秋七月辛卯，享于太廟。壬寅，倪文俊復陷武昌、漢陽等路。是月，命親王失里門以兵守曹州，山東宣慰馬某火者以兵分府沂州、莒州等處。命知樞密院事答兒麻監藏及四川行省左丞沙剌班、湖南同知宣慰使劉答兒麻失里，以兵屯中興，招諭諸處，有不降者，與親王禿魯及玉樞虎兒吐華討之。命湖廣行省平章政事桑哥、亦禿渾及禿禿守禦襄陽，參知政事哈林禿及王塔失帖木爾守禦沔陽，如賊徒不降，卽進兵討之。陞台州海道巡防千戶所爲海道防禦運糧萬戶府。

八月庚申，命南陽等處義兵萬戶府召募毛胡蘆義兵萬人，進攻南陽。戊辰，以中書平章政事達識帖睦邇爲江浙行省左丞相，便宜行事，賜鈔一千錠。甲戌，以大宗正府扎魯忽赤迭里迷失爲甘肅行省平章政事。戊寅，太白經天。雲南死可伐等降，令其子莽三以方物來貢，乃立平緬宣撫司。四川向思勝降，以安定州改立安定軍民安撫司。是月，車駕還自上都。詔淮南行省左丞相太平統淮南諸軍討所陷郡邑，仍命湖廣行省平章政事阿魯灰以所部苗軍聽其節制。立吾者野人乞列迷等處諸軍萬戶府于哈兒分之地。命親王寬徹班守興元，永昌宣慰使完者帖木兒討西番賊。以淮南行省平章政事蠻子海牙與同知樞密院事絆住馬等，自蕪湖至鎭江南岸守禦，同阿魯灰所部軍馬協力衞護江南行臺。命答失八都魯從便調度湖廣行省左丞卜蘭奚所領苗軍，江浙行省平章政事卜顏帖木兒守禦蘄、黄、蘭溪等處。

九月癸未〔朔〕，命搠思監提調武衞。以知嶺北行樞密院事紐的該爲中書平章政事。乙酉，立分海道防禦運糧萬戶府于平江路。己丑，太白犯太微垣。辛卯，命祕書卿答蘭提調別吉太后影堂祭祀，知樞密院事野仙帖木兒提調世祖影堂祭祀，宣政院使蠻子提調裕宗、英宗影堂祭祀。己亥，倪文俊圍岳州路。壬子，命桑哥失里提調宣文閣，呂思誠知經筵事，集賢大學士許有壬兼太子諭德。是月，移置脫脫于阿輕乞之地。命答失八都魯移軍住陳留。

冬十月丁巳，立淮南行樞密院于揚州。己未，太陰犯壘壁陣。甲子，命兵、工二部尚書撒八兒、王安童，以金銀牌一百六十五面，給淮東宣慰使司等處義兵官員。命哈麻領大司農司。帝謂右丞相定住等曰：「敬天地，尊祖宗，重事也。近年以來，闕於舉行。當選吉日，朕將親祀郊廟，務盡誠敬，不必繁文，卿等其議典禮，從其簡者行之。」遂命右丞斡欒、左丞呂思誠領其事。以中書右丞拜住爲平章政事。庚午，以襲封衍聖公孔克堅同知太常禮儀院事，以克堅子希學爲襲封衍聖公。癸酉，太陰犯軒轅。哈麻奏言：「郊祀之禮，以太祖配。皇帝出宮，至郊祀所，便服乘馬，不設內外儀仗、教坊隊子，齋戒七日，內散齋四日於別殿，致齋三日，二日於大明殿西幄殿，一日在南郊祀所。」丙子，以郊祀，命皇太子愛猷識理達臘祭告太廟。己卯，以翰林學士承旨慶童爲淮南行省平章政事。立黃河水軍萬戶府于小淸口。

十一月甲申，熒惑犯氐宿。庚寅，塡星犯井宿。壬辰，親祀上帝于南郊，以皇太子愛猷識理達臘爲亞獻，攝太尉、右丞相定住爲終獻。甲午，以太不花爲湖廣行省左丞相，總兵招捕湖廣、沔陽等處，湖廣、荆襄諸軍悉聽節制，給還元追奪河南行省丞相宣命，仍給以功賞宣敕、金銀牌面。戊戌，介休縣桃杏花。己亥，太陰犯鬼宿。戊申，右丞相定住以病辭職，命以太保就第治病。庚戌，賊陷饒州路。辛亥，賜高麗國王伯顏帖木兒爲親仁輔義宣忠奉國彰惠靖遠功臣。是月，答失八都魯攻夾河賊，大破之。賊陷懷慶，命河南行省右丞不花討之。以湖廣歸州改隸四川行省。

十二月壬子朔，熒惑犯房宿。給湖廣行省分省印。丁巳，命中書參知政事月倫失不花、陳敬伯分省彰德。癸亥，立忠義、忠勤萬戶府于宿州、武安州。己巳，以諸郡軍儲供餉繁浩，命戶部印造明年鈔本六百萬錠給之。壬申，以平章政事帖里帖木兒、右丞斡欒並知經筵事，參議丁好禮兼經筵官。乙亥，以天下兵起，下詔罪己，大赦天下。是月，答失八都魯大敗劉福通等于太康，遂圍亳州，僞宋主遁于安豐。立興元等處宣慰使司都元帥府于興元路。

是歲，薊州雨血。詔：「凡有水田之處，設大兵農司，招集人夫，有警乘機進討，無事栽植播種。」詔濬大內河道，以宦官同知留守埜先帖木兒董其役。埜先帖木兒言，自十一年以來，天下多事，不宜興作，帝怒，命往使高麗，改命宦官答失蠻董之。以中書平章政事拜住分省濟寧，設四部。

是歲，察罕帖木兒與賊戰于河南北，屢有功，除中書刑部侍郎。

十六年春正月壬午〔朔〕，改福建宣慰使司都元帥府爲福建行中書省。戊子，親享太廟。命中書平章政事帖里帖木兒提調國子監。己丑，太陰犯昴宿。丁酉，太保定住以病辭職，太尉、大宗正府扎魯忽赤月闊察兒以出軍中傷辭職，皆不允。(乙)〔己〕亥，〔一〕詔命太尉阿吉剌開府設官屬。乙巳，以遼陽行省左丞相咬咬爲太子詹事，翰林學士承旨朵列帖木兒同知詹事院事。丙(子)〔午〕，〔二〕以知樞密院事實理門兼大府監卿。戊申，雲南土官阿蘆降，遣姪腮斡以方物來貢。庚戌，左丞相哈麻罷。辛亥，御史大夫雪雪亦罷，以搠思監爲御史大夫。復以定住爲右丞相。是月，薊州地震。倪文俊建僞都于漢陽，迎徐壽輝據之。

二月癸(酉)〔丑〕，〔三〕禿魯帖木兒辭職，不允。搠思監糾言哈麻及其弟雪雪等罪惡，帝曰：「哈麻兄弟雖有罪，然侍朕日久，與朕弟懿璘質班皇帝實同乳，且緩其罰，令之出征自效。」甲寅，命右丞相定住依前太保，中書一切機務，悉聽總裁，詔天下。丙辰，以鎮南王孛羅不花自兵興以來率怯薛丹討賊，累立戰功，賜鈔一萬錠。定住及平章政事桑哥失里等復奏哈麻兄弟罪惡，遂命貶哈麻惠州安置，雪雪肇州安置，尋杖殺之。壬戌，詹事伯撒里辭職。乙丑，禁銷毀、販賣銅錢。丙寅，命翰林國史院、太常禮儀院定擬皇后奇氏三代功臣謚號、王爵。甲戌，命六部、大司農司、集賢翰林國史兩院、太常禮儀院、祕書、崇文、國子、都水監、侍儀司等正官，各舉才堪守令者一人，不拘蒙古、色目、漢、南人，從中書省斟酌用之，或任內害民受贓者，舉官量事輕重降職。命蠻蠻爲靖安王，賜金印，置王傅等官。己卯，命集賢直學士楊俊民致祭曲阜孔子廟，仍葺其廟宇。詔諭：「山東鹽法，軍民毋得沮壞。」賜定住篤憐赤、怯薛丹三十名，給衣糧、馬匹、草料。是月，高郵張士誠陷平江路，據之，改平江路爲隆平府，遂陷湖州、松江、常州。

三月辛巳〔朔〕，復立酒課提舉司。命中書平章政事帖里帖木兒、參知政事成遵等議鈔法。壬午，徐壽輝復寇襄陽。癸未，臺臣言：「係官牧馬草地，俱爲權豪所占。今後除規運總管府見種外，餘盡取勘，令大司農召募耕墾，歲收租課以資國用。」從之。丁亥，以今秋出師，詔和買馬六萬匹。戊子，命宣讓王帖木兒不花、威順王寬徹普化以兵鎮遏懷慶路，各賜金一錠、銀五錠、幣帛九匹、鈔二千錠。庚寅，大明兵取集慶路，江南行臺御史大夫福壽死之。丙申，倪文俊陷常德路，總兵官俺都剌遁。命搠思監提調承徽寺。丁酉，立行樞密院于杭州。命江浙行省左丞相達識帖睦邇兼知行樞密院事，節制諸軍，省、院等官並聽調遣，凡賞功、罰罪、招降、討逆，許以便宜行事。大明兵取鎮江路。戊申，方國珍復降，以爲海道運糧漕運萬戶，兼防禦海道運糧萬戶。其兄方國璋爲衢州路總管，兼防禦海道事。是月，有兩日相盪。

夏四月辛亥〔朔〕，以搠思監爲中書左丞相。丙辰，以資正院使普化爲御史大夫。丁巳，命左丞相搠思監領經筵事，中書平章政事悟良哈台、御史大夫普化並知經筵事。庚申，以河南行省左丞卜蘭奚爲湖廣行省平章政事。答失八都魯加金紫光祿大夫。丙寅，命阿因班太子與陝西行省官同討均、房、南陽。遼陽行省平章政事奇伯顏不花加大司徒。丁卯，以陝西行臺御史大夫朵朵爲陝西行省左丞相，大司農咬咬爲遼陽行省左丞相。以知樞密院事實理門分院濟寧，翰林學士承旨脫脫同知詹事院事。壬申，命豫王阿剌忒納失里與陝西行省官商議軍機，從宜攻討。

五月壬辰，太白犯鬼宿。癸巳，亦如之。甲午，太陰入斗宿。丙申，倪文俊陷灃州路。己卯，命悟良哈台兼太子諭德。是月，車駕時巡上都。

六月甲寅，江浙行省平章政事三旦八、參知政事楊完者以兵守嘉興路，禦張士誠。乙丁酉，太陰犯壘壁陣。乙巳，賊寇辰州，守將和尚以鄉兵擊敗之。

丑，〔四〕大明兵取廣德路。

秋七月癸未，以翰林學士禿魯帖木兒爲侍御史。丁酉，太陰犯壘壁陣。是月，張士誠遣兵陷杭州，江浙行省平章政事左答納失里戰死，丞相達識帖睦邇遁，楊完者及萬戶普賢奴擊敗之，復其城。

八月丙辰，奉元路判官王淵等以義兵復商州，陞淵同知關商襄鄧等處宣慰司事。己未，賊侵河南府路，參知政事洪丑驢以兵敗之。丁卯，太陰犯昴宿。庚午，倪文俊陷衡州路，元帥甄崇福戰死。甲戌，彗星見張宿，色青白，彗指西南，長尺餘，至十〔二〕月戊午始滅。〔五〕是月，車駕還自上都。黃河決，山東大水。

九月庚辰，汝、潁賊李武、崔德等破潼關，參知政事述律杰戰死。壬午，豫王阿剌忒納失里、同知樞密院事定住引兵復潼關，河南行省平章政事伯家奴以兵守之。丙申，潼關復陷，伯家奴兵潰，豫王阿剌忒納失里復以兵取之，李武、崔德敗走。戊戌，賊陷陝州及虢州。詔以太尉納麟復爲江南行臺御史大夫，遷行臺治紹興。是月，察罕帖木兒復陝州及虢州，復襲敗賊兵于平陸、安邑，以功由兵部尚書陞僉河北行樞密院事。

冬十月丁未〔朔〕，大名路有星如火，從東南流，芒尾如曳篲，墮地有聲，火燄蓬勃，久之乃息，化爲石，青黑色，光瑩，形如狗頭，其斷處如新割者，命藏于庫。壬辰，太陰犯井宿，〔六〕

是月，詔罷太尉也先帖木兒。

十一月丙戌，以老的沙、答里麻失〔里〕並爲詹事。〔七〕丁亥，流星大如酒盃，色青白，尾跡約長五尺餘，光明燭地，起自東北，東南行，沒於近濁，有聲如雷。壬辰，太陰犯井宿。是月，河南陷，河南廉訪副使俺普遁。置河南廉訪司于沂州，又於沂州設分樞密院，以兵馬指揮使司隸之。

十二月，倪文俊陷岳州路，殺威順王子歹帖木兒。湖廣參知政事也先帖木兒與左江義兵萬戶鄧祖勝合兵復衡州。

是歲，詔：「沿海州縣爲賊所殘掠者，免田租三年。賜高年帛。」河南行省左丞相太不花駐軍于南陽嵩、汝等州，〔八〕叛民皆降，軍勢大振。陝西行臺監察御史李尙絅上關中形勝急論，凡十有二事。命大司農司屯種雄、霸二州以給京師，號京糧。

校勘記

〔一〕（乙）〔己〕亥　按是月壬午朔，無乙亥日。此「乙亥」在丁酉十六日、乙巳二十四日間，爲己亥十八日之誤，今改。道光本已校。

〔二〕丙（子）〔午〕　按是月壬午朔，無丙子日。此「丙子」在乙巳二十四日、戊申二十七日間，爲丙午二十五日之誤，今改。道光本已校。

〔三〕癸（酉）〔丑〕 按是月壬子朔，癸酉爲二十二日。此「癸酉」在甲寅初三日前，爲癸丑初二日之誤，今改。道光本已校。

〔四〕乙丑 按明太祖實錄卷四丙申年六月乙卯條有「元帥鄧愈、邵成、總管湯昌率兵攻廣德路，克之，改爲廣興府」。是月庚戌朔，乙卯爲初六日，乙丑則爲十六日。續通鑑作「乙卯」，疑是。

〔五〕至十（二）月戊午始滅 按本書卷四九天文志，八月甲戌彗星見於正東，「至十月戊午滅跡，西北行四十餘日」。自八月甲戌二十六日至十月戊午十二日，正合「四十餘日」之數。此處「二」字衍，今删。新元史已校。

〔六〕壬辰太陰犯井宿 按是月丁未朔，無壬辰日。下文十一月條及本書卷四九天文志均載本年十一月壬辰「太陰犯井宿」，干支、紀事全同，疑此處爲錯簡複文。

〔七〕答里麻失〔里〕 按「答里麻失里」之名本書屢見，此名梵語，義爲「法吉祥」。此處「失」下脱「里」字，今補。

〔八〕河南行省左丞相太不花 按上文至正十五年十一月甲午條及本書卷一四一太不花傳，太不花至正十五年拜湖廣行省左丞相，十八年還中書右丞相。此處「河南」當爲「湖廣」之誤。蒙史已校。